Direitos Humanos e Trabalhadores

Atividade Normativa da Organização Internacional do Trabalho e os Limites do Direito Internacional do Trabalho

B296d Barzotto, Luciane Cardoso
Direitos humanos e trabalhadores: atividade normativa da Organização Internacional do Trabalho e os limites do Direito Internacional do Trabalho / Luciane Cardoso Barzotto. – Porto Alegre: Livraria do Advogado Editora, 2007.
229 p.; 23 cm.

ISBN 978-85-7348-489-2

1. Trabalhador: Direitos humanos. 2. Direito do trabalho: Organização internacional. 3. Direitos econômicos e sociais. 4. Organização Internacional do Trabalho. I. Título.

CDU - 349.2

Índices para o catálogo sistemático:

Trabalhador: Direitos humanos
Direitos econômicos e sociais
Organização Internacional do Trabalho
Direito do Trabalho: Organização internacional

(Bibliotecária responsável: Marta Roberto, CRB-10/652)

Luciane Cardoso Barzotto

Direitos Humanos e Trabalhadores

Atividade Normativa da Organização Internacional do Trabalho e os Limites do Direito Internacional do Trabalho

livraria DO ADVOGADO editora

Porto Alegre, 2007

Capa, projeto gráfico e diagramação de
Livraria do Advogado Editora

Revisão
Rosane Marques Borba

Rua Riachuelo, 1338
90010-273 Porto Alegre RS
Fone/fax: 0800-51-7522
editora@livrariadoadvogado.com.br
www.doadvogado.com.br

Impresso no Brasil / Printed in Brazil

Prefácio

Poder prefaciar a obra da Professora Doutora Luciane Cardoso Barzotto, versando sobre o tema sempre atual e relevante dos *Direitos Humanos e Trabalhadores*, é sem dúvida motivo de orgulho e alegria. Orgulho por se tratar da publicação da tese de doutoramento que a ilustre autora apresentou, com brilho, perante banca examinadora presidida pela ilustre colega Professora Doutora Aldacy Rachid Coutinho, no justamente prestigiado Programa de Pós-Graduação da Faculdade de Direito da Universidade Federal do Paraná, em Curitiba. Alegria, por poder, ao menos de certo modo – e é isto que se espera – contribuir no processo de socialização, mediante a publicação como livro, de mais um trabalho que veio para contribuir com o debate qualificado sobre os direitos humanos e fundamentais dos trabalhadores, investindo em seara essencial à plena implementação de tais direitos no ordenamento brasileiro, designadamente no que diz com o reconhecimento e aplicação dos parâmetros normativos internacionais entre nós, a partir de sólida pesquisa bibliográfica e mediante a indispensável reflexão crítica inerentes a uma tese doutoral que mereça ostentar este título. Neste sentido, basta um breve olhar sobre a rica bibliografia e a qualidade do texto, para que se possa confirmar a nossa afirmação.

Sem que se vá aqui aprofundar qualquer aspecto ligado ao tema, já que – pelo menos é esta a nossa convicção – não cabe ao prefaciador erigir uma barreira e, por vezes, até mesmo um filtro, entre a obra e o público, de tal sorte a privar o leitor de um contato direto com o texto e as idéias do autor, importa, todavia, destacar que a Constituição Federal de 1988 acabou recolhendo em seu texto e erigindo à condição de direitos fundamentais uma série de conquistas na seara das relações de trabalho e que já vinham sendo objeto de regulamentação legal e, em parte, jurisprudencial. Embora as críticas endereçadas por alguns setores contra a excessiva generosidade do Constituinte de 1988 no que diz com a previsão especialmente de um grande elenco de direitos sociais e dos trabalhadores, o fato é que a nossa vigente Constituição encontra na valorização do trabalho e do direito do trabalho um dos seus pilares e eixos axiológicos. De outra parte, a consideração dos direitos dos trabalhadores como autênticos direitos fundamentais que são (e esta é uma tecla que vale a pena ser "batida e rebatida" à exaustão) deveria ser acompanhada também das diversas conseqüências agregadas ao regime jurídico privilegiado dos direitos fundamentais na ordem jurídico-constitucional, que alcançam desde o reconhecimento da abertura material do catálogo constitucional dos direitos à consideração da aplicabilidade imediata (portanto, eficácia plena) das normas de direitos fundamentais. Que justamente quanto a estes pontos existem inúmeras controvérsias aguardando um adequado equacionamento, dispensa, nesta quadra, maiores comentários.

O que há de ser ressaltado é que a autora, com a atenção voltada precisamente para a circunstância de que os direitos dos trabalhadores são, em geral, tanto direitos humanos (pois reconhecidos pela ordem jurídica internacional) quanto direitos fundamentais, consagrados na Constituição, priorizou e enfrentou, com talento, os mais relevantes aspectos que dizem respeito ao necessário, mas nem sempre fácil diálogo entre a ordem jurídica internacional (notadamente no que diz respeito aos parâmetros normativos da Organização Internacional do Trabalho) e a ordem jurídico-institucional nacional, abordando e desenvolvendo, além disso, os aspectos mais polêmicos e carentes de um desenvolvimento doutrinário calcado na mais moderna principiologia jurídica e na teoria dos direitos humanos e fundamentais.

Por todo o exposto, seja pelo tema, seja pela qualidade da obra e pelo seu esperado e possível impacto positivo para a comunidade acadêmica e profissional em geral, almejamos que a autora, Professora Doutora Luciane Cardoso Barzotto, venha a alcançar o merecido sucesso, não apenas com a acolhida ampla deste livro pela academia, mas também por todos os que acreditam que os direitos dos trabalhadores, na condição de direitos humanos e fundamentais, não podem dispensar, para além da militância política e social, uma militância acadêmica responsável e equilibrada. Além de repisarmos ter sido uma satisfação e um privilégio poder escrever estas linhas, nos resta parabenizar a autora, a editora e a comunidade de leitores que, a depender dos nossos votos, deverá se multiplicar a cada nova edição.

Porto Alegre, maio de 2007.

Prof. Dr. Ingo Wolfgang Sarlet

Titular da Faculdade de Direito do Programa de
Pós-Graduação em Direito (Mestrado e Doutorado) da PUCRS

Sumário

Introdução

A temática proposta no presente trabalho, direitos humanos dos trabalhadores, se justifica porque, em que pese ser assunto relevante para o Direito do Trabalho, foi pouco abordado, o que se reflete na limitada bibliografia existente no Brasil, e, portanto, na escassa discussão da proteção da dignidade dos trabalhadores, por este viés. Revela-se necessário o aprofundamento desta nova perspectiva dos Direitos Humanos no Direito Internacional do Trabalho e suas possibilidades e limites, na proteção do trabalhador, no contexto da sociedade globalizada.

Portanto, os problemas que são propostos neste estudo dizem respeito à relação existente entre o tema de direitos humanos e direitos dos trabalhadores. Examinam-se as concepções de direitos humanos e a sua compatibilidade e consistência para a defesa dos direitos dos trabalhadores.

À luz do amparo normativo trazido aos trabalhadores no plano internacional, especialmente fornecido pela Organização Internacional do Trabalho – OIT –, observa-se uma nova ação desta organização, com relação aos Estados nacionais. Trata-se da *Declaração relativa aos Princípios e Direitos Fundamentais no Trabalho*, de 1998.

Através desta declaração, a OIT, como resultado de sua cooperação no plano internacional para promover a justiça social, via harmonização de padrões de trabalho decente no mundo, entrega à comunidade mundial um plano de ação de direitos humanos para a promoção dos trabalhores.

A proposta e efetiva ação da OIT, no sentido de vincular, em 1998, quatro grupos de Convenções Internacionais do Trabalho (erradicação de trabalho infantil, erradicação de trabalho escravo, liberdade sindical e não-discriminação no emprego) aos direitos humanos básicos no trabalho é o objeto de análise. Perquire-se qual o significado da *Declaração relativa aos Princípios e Direitos Fundamentais no Trabalho*, de 1998, para os trabalhadores, no cenário internacional. Na explicitação do sentido da ação normativa da OIT, abordam-se os limites intrínsecos da organização para fazer com que os países-membros cumpram um mínimo de direitos humanos básicos e o os limites extrínsecos (econômicos, políticos, jurídicos e culturais) da sua atuação.

Adotando-se a perspectiva histórica de avaliação, torna-se clara a pertinência da noção de direitos humanos com a defesa dos direitos dos trabalhadores. Os direitos sociais, como direitos de segunda geração, não são incompatíveis com a teoria dos direitos humanos, embora admita-se que o paradigma tradicional dos direitos humanos se funde sobre as declarações liberais. Numa compreensão construtivista de direitos humanos, a primeira geração destes direitos, associada aos direitos de liberdade, viu-se igualmente complementada pelas reinvindicações dos trabalhadores para participarem do "bem-estar social". O movimento dos trabalhadores impulsionou o rompimento de um modelo de natureza político-jurídica individualista, que contemplava os direitos humanos nas Declarações francesas e na Constituição norte-americana. A constitucionalização dos direitos sociais representou um avanço normativo dos direitos sociais nos Estados. Outro avanço normativo considerável quanto à legislação social laboral foi a internacionalização das normas trabalhistas, que impeliu a uma crescente busca, no plano internacional, de harmonização da proteção do trabalhador. O debate sobre direitos humanos e direitos dos trabalhadores tem aumentado, no Direito Internacional, especialmente porque se tem pretendido, em alguns fóruns, como a OMC (Organização Mundial do Comércio), por exemplo, vincular os direitos humanos no trabalho às questões de comércio internacional.

A Organização Internacional do Trabalho, como foro privilegiado das discussões trabalhistas, uma das instituições internacionais responsáveis pela internacionalização do sistema de proteção dos direitos humanos, no plano internacional, definiu o atual papel das normas internacionais do trabalho, e propôs, em 1998, uma *Declaração relativa aos Princípios e Direitos Fundamentais no Trabalho*, como uma plataforma social mínima de âmbito mundial. Com esta Declaração, a OIT vincula expressamente a discussão das normas trabalhistas internacionais aos direitos humanos, excluindo, entretanto, que estes direitos sejam utilizados para fins comerciais ou protecionistas. Portanto, consideram-se, para fins deste trabalho, como direitos humanos dos trabalhadores os listados recentemente, em 1998, pela Organização Internacional do Trabalho, e explicitados nas Convenções que prevêem a erradicação do trabalho infantil e do trabalho escravo, a proclamação da liberdade sindical e não-discriminação no trabalho. São ao todo oito convenções criadas não em 1998, mas ao longo de um processo de elaboração normativo, durante toda a existência da OIT. A referida declaração tem efeitos importantes nos Estados nacionais, quanto à problemática dos trabalhadores, visto que enfatiza a existência de padrões mínimos de trabalho decente, trabalho digno, no mundo. Ainda que outras declarações de direitos humanos anteriores contemplassem indiretamente a proteção ao trabalhador, a declaração da OIT, de 1998, torna explícito este nexo dos direitos humanos e a dignidade do trabalhador. Dado seu caráter positivado, a declaração não apresenta apenas exigências morais, mas reafirma direitos básicos que passam a fazer parte dos ordenamentos jurídicos nacionais. Isso pelo fato de que os Estados nacionais que participam da OIT, se obrigam a respeitar e seguir os princípios da Constituição da OIT ampliados ou reformulados em termos de direitos humanos, pela *Declaração relativa aos Princípios e Direitos Fundamentais no Trabalho.*

A partir da *Declaração relativa aos Princípios e Direitos Fundamentais no Trabalho,* buscou-se investigar qual conceito de direitos humanos dá suporte à ação normativa da OIT. Desta forma, entre as teorias sobre direitos humanos, constatou-se que os direitos humanos dos trabalhadores permitem três enfoques principais: como direitos subjetivos, como necessidades e como princípios. Como direitos subjetivos, os direitos humanos dos trabalhadores se traduzem por normas específicas, normas de direitos fundamentais sociais, no interior dos Estados nacionais e pugnam pela sua efetividade e aplicabilidade. Direitos humanos dos trabalhadores na esteira da concepção de necessidades sublinham a urgência de fixação de padrões mínimos de trabalho digno no mundo e enfrentam os aspectos de desenvolvimento econômico das nações. Direitos humanos percebidos como princípios envolvem uma concepção de direitos que, sem perder o caráter obrigatório, permitem a sua aplicação gradual, de acordo com a realidade fática de cada ordem jurídica. Institucionalmente, na OIT, como centro de debates sobre direitos humanos dos trabalhadores, foram privilegiados, em determinados períodos históricos, aspectos da dignidade jurídica, econômica e política do trabalhador, que se vinculam, respectivamente, às concepções de direitos humanos como direitos subjetivos, como necessidades e princípios. Porém, é importante que se defina que o modelo predominante de direitos humanos está subentendido na Declaração da OIT, de 1998.

Embora a *Declaração relativa aos Princípios e Direitos Fundamentais no Trabalho,* de 1998, contemple uma ampla carga principiológica, que faculta a inserção das normas de direitos humanos básicos nos Estados nacionais, as perspectivas de atuação da OIT, na proteção dos direitos humanos e propagação do trabalho decente no mundo, revelam inúmeras barreiras. Num ambiente de crescente interdependência econômica, examinam-se quais são as barreiras para a concretização destes direitos, propostos como direitos humanos dos trabalhadores, pela OIT, nos Estados nacionais fragilizados em sua soberania.

As dificuldades para a consecução dos direitos humanos dos trabalhadores se traduzem por limites internos e externos à OIT. Os limites internos dizem respeito ao fato de pertencer a um regime internacional e possuir um mandato claro, fixado nos limites da sua Constituição. Os limites externos estão mais associados aos problemas limites políticos, econômicos e jurídicos que a OIT encontra nos Estados nacionais que os impedem de empreender a promoção do trabalho digno no mundo.

Na atual fase de globalização, na qual os Estados nacionais perdem força, uma declaração social no plano internacional reacende os debates sobre o valor do trabalho na sociedade, sobre as teorias da justiça social que o justificam e sobre a efetivação e o concreto financiamento destes direitos sociais. Do ponto de vista dos Estados nacionais, a "questão social" precisa ser repensada a partir de padrões de solidariedade, com a redução da oposição clássica entre o indivíduo e o coletivo, que proclama a fundação de um novo Estado Providência, devido à possibilidade cada vez maior de planificação do futuro e diante da escassez do bem trabalho.[1]

Ao lado da crise de soberania do Estado-nação envolvido por uma crescente globalização neoliberal, existem os limites econômicos do Direito Internacional do Trabalho,[2] que se vê obrigado, de um lado, a limitar a fúria protecionista dos países desenvolvidos, e, por outro lado, necessita sustentar positivamente as ações que manifestem esforços dos países em desenvolvimento para promover a dignidade dos seus trabalhadores, numa linha de responsabilidade e eqüidade.[3]

Atenta-se para os limites jurídicos da implementação das normas de direitos humanos, visto que a coação que a OIT exerce é tida como apenas moral. As propostas para a solução deste problema surgem, por um lado , da esfera privada, como os códigos de conduta das empresas transnacionais, e, por outro lado, de outras organizações internacionais e blocos econômicos, que tentam vincular as cláusulas sociais, como normas trabalhistas mínimas no comércio internacional, com o objetivo de sancionar comercialmente o país que as descumprem. Entretanto, tanto no plano interno dos Estados, como no plano internacional, o trabalho humano está em contínuo movimento de adaptação, o que torna dinâmicas as mudanças no Direito do Trabalho, que ora se orientam para uma maior cogência, e ora se inclinam por uma maior flexibilidade. Se no interior dos Estados pressões têm ocorrido no sentido de que o Direito do Trabalho se torne mais comutativo, ou seja, mais privado e flexível, no campo do Direito Internacional, esta pressão pela flexibilidade das normas internacionais se ilustra, pela

[1] ROSANVALLON, Pierre. *A nova questão social*. Brasília: Instituto Teotônio Vilela, 1998, p. 159-168.

[2] FERNÁNDEZ PARDO, Carlos Alberto. *Régimen Internacional del trabajo. La OIT en la política mundial*. Buenos Aires: Ad-hoc, 2001.

[3] SEN, Amartya. *Desigualdade reexaminada*. Rio de Janeiro: Record, 2001, p. 223.

adoção de códigos de conduta, com conteúdo laboral, pelas grandes empresas transnacionais. Por outro lado, pretende-se uma maior cogência e normatização dos direitos sociais, tanto no interior dos Estados como no plano do Direito Internacional do Trabalho. Esta segunda tendência pode ser sentida nos debates sobre a possibilidade de aplicar-se sanções quando um país descumpre padrões mínimos de proteção ao trabalhador, como é, por exemplo, o debate das cláusulas sociais nos acordos de comércio internacionais. Portanto, contemporaneamente, apresentam-se duas tendências opostas no Direito do Trabalho, em níveis nacional e internacional: de um lado, tem-se um movimento que pode ser chamado de "codificador", que pretende regular juridicamente as relações de trabalho mediante regras, e de outro, um movimento de flexibilização, que pretende retirar do campo do direito positivo várias dimensões das relações de trabalho. A OIT, com a Declaração de 1998, não optou por uma destas duas tendências, preconizando a via da regulação dos direitos sociais pelo enfoque dos direitos humanos. A OIT foge do modelo codificador, na medida em que do ponto de vista normativo, os direitos humanos expressam-se como princípios, e não como regras. O modelo flexibilizador, por sua vez, também é recusado, na medida em que os direitos humanos do trabalhador formam o cerne do Direito Internacional do Trabalho, e portanto, não são disponíveis.

Em síntese, o presente trabalho se propõe a analisar o significado do Direito Internacional do Trabalho e dos direitos dos trabalhadores enunciados como direitos fundamentais pela OIT, num contexto dos direitos humanos e da globalização. O objeto principal deste estudo é relacionar direitos humanos básicos dos trabalhadores (erradicação do trabalho infantil e trabalho escravo, liberdade sindical e não-discriminação) e os limites econômicos, políticos, jurídicos e culturais deste discurso, num plano internacional, bem como os reflexos desta vinculação, no plano dos Estados, tendo como ator preponderante a Organização Internacional do Trabalho.

A metodologia utilizada para o trabalho foi a análise qualitativa sobre material empírico decorrente de pesquisa bibliográfica, composta basicamente por livros, periódicos, documentos da OIT e outras Organizações Internacionais. O tema *direitos humanos dos trabalhadores* merece maior atenção e exige um enfoque interdisciplinar, envolvendo áreas conexas ao Direito Internacional, especialmente Direito Internacional do Trabalho e Direito Internacional dos Direitos Humanos. Também, secundariamente, enfrentam-se noções de Direito Internacional Público, Direito Econômico Internacional, Economia, Teoria do Estado e da Justiça.

Como o tema dos direitos humanos do trabalhador é amplo, requer uma abordagem geral, embora sublinhando-se o papel da

Organização Internacional do Trabalho para garantir o trabalho digno no mundo, via discurso de direitos humanos. Optou-se por explicitar os autores que compõem o referencial teórico ao longo do trabalho, considerando-se a diversidade de fontes de pesquisa que o enfoque interdisciplinar exige.

Não serão aprofundados, por opção de delimitação do tema, os mecanismos procedimentais que ensejam as apurações das violações de Direitos Humanos, tanto universais, como regionais, o que mereceria um estudo à parte. Com relação ao exame da questão social nas organizações internacionais, que não a OIT, e nos blocos econômicos, lança-se mão de um exame geral da regulação da questão social.

Como os limites da aplicação dos direitos dos trabalhadores enunciados como direitos fundamentais dependem de uma série de circunstâncias específicas de cada país membro da OIT, a situação do Brasil é sempre aplicada como um caso concreto e exemplificativo de um limite econômico, jurídico ou político para a atuação da OIT. Portanto, não se pretende esgotar a problemática da aplicabilidade das normas internacionais do trabalho no Brasil, ou de outro país.

Por fim, para o desenvolvimento do tema, divide-se o trabalho em três partes.

Na primeira parte, verificam-se noções gerais sobre o tema dos direitos humanos dos trabalhadores, bem como a evolução do Direito Internacional do Trabalho e sua vinculação ao tema dos direitos humanos.

Na segunda parte, aprofunda-se a análise da OIT, como fórum privilegiado para elaboração de normas de proteção ao trabalhador, e quais são os motivos que a levou a vincular direitos trabalhistas aos direitos humanos. Examina-se de forma mais detalhada a *Declaração relativa aos Princípios e Direitos Fundamentais no Trabalho,* as convenções que a compõem e o seu significado como estratégia de promoção do trabalho decente no mundo.

E, por fim, numa terceira parte, analisa-se a vinculação do Direito Internacional do Trabalho com os direitos humanos, numa perspectiva crítica. São evidenciados os limites de atuação da OIT para a concretização da *Declaração relativa aos Princípios e Direitos Fundamentais no Trabalho.* Além dos limites intrínsecos, que dizem respeito à própria atuação da OIT, marcada por uma delimitação funcional decorrente da sua própria Constituição, existem os limites extrínsecos. Essas barreiras para a concretização dos direitos humanos dos trabalhadores expressam limites relacionados à situação política, econômica e jurídica dos Estados membros da OIT, cada vez mais interdependentes no atual cenário de globalização.

1. Direitos humanos dos trabalhadores

Inicialmente, abordam-se os direitos humanos dos trabalhadores em geral. Como ponto de partida, são apresentadas certas concepções de direitos humanos vinculadas à noção de direitos humanos dos trabalhadores. Por "direitos humanos dos trabalhadores", entendem-se aqueles que constam da Declaração da Organização Internacional do Trabalho relativa aos princípios e direitos fundamentais no trabalho, de 18 de junho de 1998.[4] Estes direitos estão relacionados em quatro temas: abolição do trabalho forçado, erradicação do trabalho infantil, liberdade sindical e não-discriminação.

No segundo capítulo, essas concepções são aplicadas aos direitos dos trabalhadores no plano internacional. Examina-se como são considerados os direitos dos trabalhadores no cenário internacional, em algumas organizações internacionais, que não se ocupam primeiramente do assunto laboral, e nos blocos econômicos, que são impelidos a adotar padrões de normas trabalhistas, seguindo, de certo modo, os parâmetros traçados pela Organização Internacional do Trabalho.

1.1. DIREITOS HUMANOS DOS TRABALHADORES: CONCEPÇÕES E ASPECTOS POLÊMICOS

Este capítulo divide-se em duas partes. Na primeira, tratam-se concepções de direitos humanos dos trabalhadores. Na segunda, são consideradas aproximações importantes para a compreensão dos direitos humanos e as conseqüências da transposição desta temática para a Organização Internacional do Trabalho.

1.1.1. Direitos humanos dos trabalhadores: preliminares conceituais

Conceituar direitos humanos é tarefa complexa devido à multiplicidade de debates que circundam esta disciplina. A dificuldade de

[4] Declaração adotada pela Conferência Internacional do Trabalho em sua 86ª sessão, em Genebra.

definição de direitos humanos é aumentada quando se trata de especificar os direitos humanos dos trabalhadores. Conjugam-se duas noções juridicamente ambíguas e politicamente polêmicas: direitos humanos e direitos dos trabalhadores. Isso resulta na ausência, na doutrina dos direitos humanos, de formulações que considerem as peculiaridades deste particular sujeito de direito que é o ser humano trabalhador.

Os direitos humanos[5] estão colocados num ponto médio entre os valores jurídicos e os direitos fundamentais. São exigências éticas com vocação para o reconhecimento jurídico. Quando o seu reconhecimento ocorre mediante uma determinação de conteúdos, em uma ordem jurídica, estes direitos humanos se convertem em direitos fundamentais. Assim, os direitos humanos diferem dos direitos fundamentais, que, numa expressão simplificada, são direitos humanos positivados.[6] Na abordagem do presente trabalho, adota-se a terminologia *direitos humanos* (gênero), que abrange a direitos fundamentais (espécie).

Os direitos humanos se instituem, do ponto de vista histórico, paradoxalmente, na afirmação e na negação da dignidade humana. Decorrem, por um lado, nos exemplos vitoriosos das revoluções norte-americana e francesa, a última originando a Declaração dos Direitos do Homem e do Cidadão, de 1789. Também se fundam na trágica experiência totalitária, da Segunda Guerra, que, por sua vez, motiva a Declaração Universal dos Direitos do Homem, de 1948, mesmo que esboçada pelos vencedores da Guerra.[7]

A partir do macro valor da dignidade humana, indica-se uma diretriz material para a interpretação de todos os princípios e direitos fundamentais, constantes dos textos constitucionais positivados e em declarações internacionais de direitos humanos. Liberdade, igualdade e fraternidade, como princípios, articulam-se em favor da dignidade humana. A dignidade da pessoa humana[8] se expressa na noção de que

[5] SORIANO, Ramón. *Valores Jurídicos y derechos Fundamentales*. Sevilla: Ed. Mad, 1999, p. 133.

[6] FERRAJOLI, Luigi. *Diritti Fondamentali:* un dibattito teorico. Roma: Editori Laterza. 2001, p. 5. Para Ferrajoli: Definição de direitos fundamentais: são todos os direitos subjetivos que dizem respeito a todos os seres humanos enquanto dotados de "status" de pessoa ou de cidadão ou de pessoa capaz de agir; entendido por direito subjetivo qualquer expectativa positiva (prestação) ou negativa (não lesão) adstrita a um sujeito por uma norma jurídica e por "status" a condição de um sujeito prevista por uma norma jurídica.

[7] Do ponto de vista específico dos direitos humanos dos trabalhadores, são também relevantes os grandes movimentos históricos do cartismo, o movimento de Chicago.

[8] Na tradição moral de Kant, o enunciado é expresso na máxima: "o homem e, com ele, cada criatura racional é fim em si mesmo". KANT, Immanuel. *Crítica da razão prática*. São Paulo: Martins Fontes, 2002, p. 141. E mais: "No reino dos fins tudo tem um preço ou uma dignidade. Quando uma coisa tem um preço, pode-se pôr em vez dela, qualquer outra como equivalente; mas quando uma coisa está acima de todo o preço, e, portanto, não permite equivalente, então ela tem dignidade (...) Autonomia é, pois, o fundamento da dignidade da natureza humana e de toda a natureza racional". KANT, Immanuel. *Fundamentação da Metafísica dos Costumes*. Lisboa: Edições 70, 1995, p. 77-9. Porém, a gênese da noção pode ser encontrada no séc. XIII, com Tomás de Aquino, sendo que a versão de dignidade como autodeterminação é formulada em Kant, e a

"o ser humano é sempre um valor em si e por si, e exige ser considerado e tratado como tal, e nunca ser considerado e tratado como um objeto que se usa, um instrumento, uma coisa"[9] e, mais "tudo o que existe sobre a terra deve ser ordenado em função do homem, como seu centro e seu termo".[10]

A dignidade humana está intrinsecamente vinculada ao respeito à liberdade e à igualdade do homem. O valor da liberdade manifesta a dignidade humana como um mínimo inviolável de direitos da pessoa, dos quais esta não pode se privar, no exercício de sua autodeterminação e expressão de sua personalidade. No que diz respeito à igualdade, a noção de dignidade humana se constrói a partir do declínio da sociedade hierárquica, com as revoluções liberais, em substituição à noção de honra.[11] Com o surgimento de uma sociedade formalmente isonômica, desenvolveu-se o conceito de dignidade, num contexto universalista, em que se proclama a igualdade a todos os cidadãos, nos direitos. Reconhecer-se digno é ser identificado como da mesma categoria de outro ser, igualmente humano. A igualdade consiste no igual direito às próprias diferenças que faz, ao mesmo tempo, um ser humano semelhante e diferente dos demais.[12] Em todos os direitos humanos declarados existe um substrato de dignidade da pessoa que contempla direta ou indiretamente valores da liberdade e da igualdade. A dignidade é qualidade inerente do ser humano. É bem indeclinável frente a outros bens aos quais ordena.

Como o ser humano faz jus ao respeito e consideração, a distinção que merece supõe ações de promoção do seu desenvolvimento e de prevenção de sua degradação. Numa ordem social, fala-se que a dignidade humana, analiticamente, se expressa em dignidade jurídica, política e econômica.[13] Ela resulta, do ponto de vista jurídico, do fato de que a pessoa é sujeito e fim do direito. O direito protege atributos da personalidade do homem, negando o domínio de uma pessoa sobre a outra. A dignidade humana é pressuposto da determinação do direito, como é também o seu limite, visto que introduz no ordenamento

---

noção de dignidade como liberdade igualitária (ausência de diferenciação) é formulada em Rousseau, conforme salienta Taylor. TAYLOR, Charles. *Multiculturalismo.* Lisboa: Instituto Piaget, 1994, p. 64. Do humanismo social cristão, desenvolveram-se os conceitos de dignidade da pessoa humana. Nesse sentido, noções sobre a dignidade humana já se encontram na Rerum Novarum de 1891, n. 25 (A ninguém é lícito violar impunemente a dignidade do homem).

9 Encíclica *"Chistifideles Laici"*, n. 37.

10 Documento do Concílio Vaticano II, *"Gaudium et Spes"*, n. 12.

11 TAYLOR, Charles. *Multiculturalismo.* Lisboa: Instituto Piaget, 1994, p. 52-9.

12 FERRAJOLI, Luigi. *Diritti Fondamentali:* un dibattito teorico. Roma: Editori Laterza. 2001, p. 345.

13 GONELLA, Guido. *Bases de uma ordem social.* Rio de Janeiro: Editora Vozes, 1947, p. 29-51. O autor explicita também a dignidade moral e religiosa, que não serão analisadas diante dos limites deste trabalho.

jurídico o respeito recíproco, que restringe a esfera de ação de cada indivíduo. O direito é produzido pelo homem e para o homem.

Compreendendo-se a dignidade jurídica do ser humano, a dignidade política lhe é complementar, relacionando o ser humano enquanto princípio, partícipe e fim do Estado.[14] Certas aspirações humanas são limitadas pelas imposições estatais, visando ao bem comum. Porém, há certos elementos da dignidade humana que precedem a sociedade política e, por isso, o Estado, como comunidade política, deve favorecer a realização do cidadão. Portanto, as relações de coordenação entre os indivíduos, bem como as de subordinação deste ao Estado, pressupõem direitos e deveres recíprocos, sustentados no primado da dignidade política da pessoa humana, que supera tanto o individualismo como o estadismo. Para o individualismo, o ser humano realiza-se à margem da vida em sociedade. Para o estadismo, o homem é apenas uma parte do todo social. Na participação da vida política da sua comunidade, a pessoa se realiza como um ser livre. Esta autonomia é compartilhada com outros cidadãos.

Na dimensão econômica da dignidade, importa que a economia esteja a serviço do homem, para satisfazer a necessidade de todos. O trabalho, desta forma, vincula-se à dignidade humana de forma inalienável, porque através dele o homem faz uso das riquezas da terra e aperfeiçoa sua personalidade. É redutiva a consideração do homem como *homo oeconomicus*, cuja atividade serve à economia, e não o contrário. O trabalho humano contém caráter econômico e ético, que contempla valores de natureza moral: proporciona o imprescindível para a satisfação das necessidades humanas e é instrumento de afirmação da personalidade do trabalhador, através da concretização dos valores de liberdade e igualdade. A dignidade econômica da pessoa rejeita a lógica da economia capitalista, que considera o máximo proveito de algumas pessoas em detrimento de outras. Inclui as exigências da *perfectio operis* e da *perfectio operantis*, ou seja, a melhoria da produtividade deve ser acompanhada pela melhoria da dignidade material e moral do trabalhador. Em síntese, a dignidade econômica da pessoa humana trabalhadora demanda em não-sacrifício da sua dignidade como meio, para obtenção de vantagens econômicas para si ou para outrem. Se o homem for aviltado na atividade laboral, torna-se injusta a distribuição das riquezas produzidas pelo trabalho.

Embora, aparentemente, os direitos humanos dos trabalhadores estejam vinculados à dignidade econômica, uma observação mais acurada vincula-os à dignidade da pessoa em todas as suas dimensões. Deste modo, quando a Declaração da OIT veda a utilização de trabalho

[14] SOUZA JUNIOR, Cezar Saldanha. Palestra proferida em Curso de Direito Constitucional no Colégio Rosário. Porto Alegre, 21 de outubro de 2001.

escravo e trabalho infantil, tem-se, de um modo mais claro, a proteção à dignidade econômica do trabalhador, mas ao afirmar a exigência da liberdade sindical, a Declaração adentra a esfera política, sendo os bens econômicos um efeito da organização dos trabalhadores. Por fim, ao proscrever a não-discriminação no trabalho, a OIT afirma a dignidade jurídica da pessoa, com o seu caráter intrinsecamente igualitário.

Os direitos humanos do trabalhador, portanto, se fundam no conceito de dignidade humana.[15] Trata-se de valor-referência do pensamento jurídico-político moderno que informa os valores sociais do trabalho nos seus aspectos jurídicos, políticos e econômicos.

Conceituam-se direitos humanos como o reconhecimento de direitos à pessoa enquanto pessoa, derivados da dignidade própria da condição humana. Direitos humanos dos trabalhadores, por conseqüência, são os fundados na dignidade da pessoa humana nas suas dimensões jurídica, política e econômica.

A partir deste conceito,[16] enunciam-se outras concepções. Como ponto de partida, toma-se o contraste entre conceito e concepções. Entre conceito e concepções, diferenciam-se níveis de abstração na explicitação de certos fenômenos.[17] No nível de maior generalidade, que é o conceitual, existe um acordo inicial sobre idéias gerais, que são levadas em consideração em todas as interpretações de um determinado fenômeno. Nas concepções, as controvérsias latentes no nível mais abstrato (conceito) são identificadas e assumidas concretamente. As estruturas das concepções, ao serem expostas, esmiuçam o argumento, melhorando a compreensão de um certo tema.

A partir desta distinção, serão analisadas concepções que interpretam o conceito de direitos humanos: direitos humanos dos trabalhado-

---

15 HERRERA FLORES, Joaquín. *Los derechos humanos desde la escuela de Budapest*. Madrid: Tecnos, 1989, p. 128

16 Este conceito é formulado tendo por fundamento as definições que seguem: Para Cassese, *"os direitos humanos representam a intenção de introduzir racionalidade nas instituições políticas e na sociedade de todos os Estados, com a meta da salvaguarda da pessoa humana"*. CASSESE, Antonio. *Los Derechos Humanos en el Mundo Contemporáneo*. Barcelona: Editora Ariel, 1993, p. 9. Ferrajoli entende que *"Direitos humanos são direitos primários da pessoa, ou dizem respeito indistintamente a todos os seres humanos"*. FERRAJOLI, Luigi. *Diritti Fondamentali: un dibattito teorico*. Roma: Editori Laterza. 2001, p. 8. Para González *"direitos humanos são direitos de um indivíduo ou de uma comunidade, que foram reconhecidos como universais em um dado momento histórico"*. GONZÁLEZ, Rodrigo Stumpf. *Direitos Humanos e Democracia na Transição Brasileira:* OAB, CNBB e Anistia Internacional. Dissertação (Mestrado em Ciência Política) UFRGS, 1994, p. 47. René Cassin define a teoria dos direitos humanos como *"um ramo especial das ciências sociais, cujo objeto é o estudo das relações humanas, à luz da dignidade humana, assim como a determinação de direitos e faculdades que são necessários, em conjunto, para o pleno desenvolvimento da personalidade de cada ser humano"*. *Apud* HERRERA FLORES, Joaquín. *Los derechos humanos desde la escuela de Budapest*. Madrid: 1989, p. 124. Cassin é um dos redatores da Declaração de 1948. Para Herrera Flores, os direitos humanos, mais que valores sociais ou jurídicos constituem bens dotados de maior conteúdo axiológico. São bens ou valores sociais garantidos formal e institucionalmente nas democracias, através das Constituições. Idem, ibidem, p. 104.

17 DWORKIN, Ronald. *O império do Direito*. São Paulo: Martins Fontes, 1999, p. 112-20.

res como direitos subjetivos, como necessidades, como princípios ou diretrizes políticas.

1.1.1.1. Direitos humanos dos trabalhadores como direitos subjetivos

Os direitos fundamentais dos trabalhadores apresentam problemas de várias ordens sintetizadas na sua caracterização como sociais e na emergência destas categorias ao patamar de direitos subjetivos.

Da identificação e explicitação do conteúdo do valor da dignidade humana decorrem "posições jurídico-subjetivas fundamentais". Isto significa, segundo Sarlet,[18] que a dignidade da pessoa humana pode servir de fundamento para o reconhecimento dos direitos subjetivos, num determinado ordenamento jurídico estatal. O problema do conceito de direitos subjetivos é que este repousa em uma noção patrimonialista e comutativa de direito.[19]

Direito subjetivo é um conceito moderno de direito e indica um poder ou faculdade de alguém sobre alguma coisa: "É o poder de disponibilidade sobre uma pessoa ou coisa, garantido juridicamente".[20]

Vale lembrar duas teorias, entre as principais, a respeito do direito subjetivo, formuladas pela doutrina jurídica. Pela teoria do direito subjetivo como vontade, conforme Windscheid, o direito subjetivo é o poder da vontade reconhecido pela ordem jurídica. Segundo a teoria do interesse, de Ihering, o direito subjetivo é o interesse juridicamente protegido.[21] As teorias são criticadas porque há direitos nos quais a vontade real do seu titular não é explicitada, bem como, existem

---

18 SARLET, Ingo Wolfgang. *A dignidade da pessoa humana e direitos fundamentais*. Porto Alegre: Livraria do Advogado, 2001, p. 83-84, p. 101-108.

19 Neste sentido, Ferrajoli diz que há uma a radical diferença de estrutura entre direitos fundamentais e direitos patrimoniais, nas quais o uso do termo *direitos subjetivos* tem significado diverso. FERRAJOLI, Luigi. *Diritti Fondamentali: un dibattito teorico*. Roma: Editori Laterza. 2001, p. 10. No sentido de superar a noção patrimonialista de direito subjetivo examina-se a tese de Perlingieri. A teoria da chamada "situação subjetiva" proporciona uma análise não-patrimonialista dos direitos humanos, pretendendo ver as situações de dignidade como situações subjetivas, nas quais alternam-se momentos de direito e dever, vistos como fenômenos existenciais. À luz da teoria de Perlingieri, que combina elemento do personalismo e do solidarismo, formula-se a concepção dos direitos fundamentais do trabalhador como situações subjetivas. O autor constrói a tese da situação subjetiva, segundo a previsão constitucional da solidariedade personalista. A situação do trabalhador é uma situação em que sua dignidade se constrói a partir da própria existência. O significado do trabalho, neste contexto, é que os frutos do trabalho não são apenas úteis e garantem a subsistência do trabalhador e da sociedade, mas refletem aspectos subjetivos que dizem respeito à realização pessoal de cada trabalhador (personalismo) e sua contribuição para o bem comum (solidarismo). Na hipótese, o autor trabalha sobre o referencial de solidariedade expresso na Constituição Italiana, o que pode ser apreciado na nossa constituição que no art. 3º, inciso I, prevê: "Constituem objetivos fundamentais da República Federativa do Brasil, I – construir uma sociedade livre, justa e solidária. " PERLINGIERI, Pietro. *Perfis do Direito Civil. Introdução ao Direito Civil Constitucional*. 2. ed: Rio de Janeiro, 2002, p. 105-7.

20 WEBER, Max. *Economia y sociedad*. México: Fondo de Cultura Económica, 1992, p. 532.

21 VILLEY, Michel. *Estudios en torno a la nocion de derecho subjetivo*. Santiago, 1976, p. 122.

interesses protegidos pela lei que não constituem direitos subjetivos. A ausência de consenso sobre o que seja direito subjetivo torna-se ainda mais complexa no campo dos direitos sociais. Para os direitos sociais, a noção é polêmica, sendo que alguns autores defendem que estes não seriam exigíveis juridicamente, não se constituiriam em direitos subjetivos, e, seriam sim, metas jurídicas programáticas, de conteúdo político não-vinculativo. Para outros, os direitos sociais devem ser justiciáveis, isto é, possuem *status* de direito subjetivos, o que significa dizer que o indivíduo pode pretendê-los judicialmente.

Para Soriano,[22] a categoria de direitos sociais insinua problemas de valoração dos direitos sociais e separação ou não destes das liberdades individuais. Na ótica neoliberal, os direitos sociais representam uma restrição para as liberdades individuais, considerados como os verdadeiros direitos, que se referem aos bens essenciais e primários. Já os utilitaristas colocam em relevo a insuficiência da teoria do direito, reafirmando a conveniência da harmonização das liberdades e direitos sociais, que se afetam mutuamente e servem para determinar metas politicamente aceitáveis. Quanto ao problema da separação dos direitos sociais das liberdades individuais, historicamente, ainda que haja uma precedência cronológica dos direitos individuais, a sua complementariedade é uma das mais consensuais teorias do constitucionalismo moderno. As diferenças entre direitos civis e políticos e direitos econômicos sociais e culturais não são substanciais, porque ambos, em maior ou menor grau, constituem um complexo de obrigações positivas e negativas do Estado, o que demanda, para estes direitos, um esforço contínuo para a sua concretização.[23] A adoção de tratado internacional consagrando direitos econômicos, sociais e cultural gera obrigações concretas para os Estados, que não os reconhecem apenas como declarações de intenções políticas.[24] Ademais, o cumprimento de quaisquer direitos humanos, por parte dos Estados, é sempre parcial, porque os direitos se atualizam, quer sejam sociais ou individuais. Este é um dos motivos pelos quais se diz que tanto os tipos civis ou sociais de direito devem ser justiciáveis.[25] As obrigações do Estado para com os direitos sociais são resumidas em

[22] SORIANO, Ramón. *Valores Jurídicos y derechos Fundamentales*. Sevilla: Editorial Mad, 1999, p. 152-60.

[23] ABRAMOVITCH, Víctor; COURTIS, Christian. Hacia la exigibilidad de los derechos económicos, sociales y culturales. *Contextos: Revista crítica de derecho social*. Buenos Aires, n. 1, 1997, p. 3-56.

[24] Neste sentido, o documento do Comitê de Direitos Econômicos Sociais e Culturais das Nações Unidas, comentário n. 9, de 1998 (UN doc. E/1999/22, Annex IV) In: STEINER, Henry; ALSTON, Philip. *International Human Rights in Context: Law, politics, morals*. 2. ed. New York: Oxford University Press, 2000, p. 276.

[25] COUTINHO, Aldacy Rachid. Tutela jurisdicional de los derechos sociales. *Contextos: Revista crítica de derecho social*. Buenos Aires, n. 3, 1999, p. 27-38.

obrigações de adotar medidas imediatas para a implementação de tais direitos, de garantir níveis essenciais de direitos para os grupos vulneráveis em período de recessão e, por fim, proibição de regressão social, com a implícita noção de progressividade de proteção.[26]

No constitucionalismo moderno, direitos fundamentais compreendem as garantias individuais e os direitos sociais. Ferrajoli, citando Dworkin, aduz que o constitucionalismo, como novo paradigma do direito, significa que o direito constitucional precisa ser "levado a sério"[27] como condição de sua efetividade. Os fundamentos axiológicos dos direitos fundamentais não são de uma racionalidade abstrata, mas representam uma convergência contingente de valores e necessidades afirmados historicamente, que precisam ser garantidos. São fruto da luta de sujeitos oprimidos, que reivindicaram a tutela de condições mínimas de igualdade, democracia, integração e convivência pacífica.[28] O problema é a crise da constituição, enquanto estrutura construtiva da soberania, num paradigma garantista. Há um novo absolutismo do poder das transnacionais e o retorno da guerra como forma de solução de controvérsia no plano internacional, o que torna os tratados inefetivos. O garantismo constitucional dos direitos fundamentais[29] continua sendo um programa para o futuro tanto nas cartas constitucionais estatais, quanto nas declarações internacionais. Para contemplar os Direitos Fundamentais, com o conteúdo de igualdade, a paz e a tutela do mais vulnerável, as democracias constitucionais avançariam em uma tríplice direção: a garantia de todos os direitos, tanto os de liberdade como os direitos sociais, ou seja, um constitucionalismo social; um constitucionalismo que inclua poderes públicos e privados; e, por fim, um constitucionalismo que abranja amplos níveis, ou seja, o direito estatal e o direito internacional.

A concepção de direitos humanos como direitos subjetivos traz uma dificuldade subjacente, que é a de determinar contra quem deve ser dirigida a pretensão jurídica: aos Estados, às organizações internacionais ou a ambos? Ou, ainda, os particulares, as pessoas jurídicas e sociedade civil assumem obrigações em relação aos direitos humanos? Em que medida possuem deveres correlatos?

Surge o problema da sanção. Deve existir sanção (ou condicionalidades) em normas de direitos humanos? Se a resposta for positiva, como é fixada a sanção e tipificada a violação? Estas são dificuldades que direitos humanos tidos por subjetivos não resolvem suficientemen-

[26] ABRAMOVITCH, Víctor; COURTIS, Christian. Hacia la exigibilidad de los derechos económicos, sociales y culturales. *Contextos: Revista crítica de derecho social*. Buenos Aires, n. 1, 1997, p. 3-56.

[27] FERRAJOLI, Luigi. *Diritti Fondamentali: un dibattito teorico*. Roma: Editori Laterza, 2001, p. 36.

[28] Idem, p. 347.

[29] Idem, p. 348-9.

te. Revelam-se problemas jurídicos das teorias dos direitos dos humanos e sociais.

Entretanto, é importante se observar que a evolução do Direito Internacional do Trabalho, num primeiro momento e nos limites da OIT, privilegiou a concepção dos direitos dos trabalhadores como direitos subjetivos. Isso se deu porque se destacava a proteção ao trabalhador que se opera na esteira dos Estados. Esta fase dura até os anos 70, quando as questões de desemprego estrutural fazem surgir a concepção de direitos humanos dos trabalhadores como necessidades.

1.1.1.2. Direitos humanos dos trabalhadores como necessidades

A positivação dos direitos sociais supõe o compromisso dos poderes públicos com a satisfação das necessidades básicas dos cidadãos.

No mundo moderno, o reino da necessidade, do trabalho, que era restrito à esfera privada, no mundo clássico, passa a ser preocupação da esfera pública, constituindo a esfera do social.[30]

Na relação entre conteúdos de necessidades e direitos humanos, Galtung[31] concebe estes como normas que identificam as necessidades humanas. As necessidades humanas (fome, descanso, trabalho) são localizadas nos seres humanos, enquanto os direitos humanos se manifestam no convívio humano, sublinhando-se o seu caráter intersubjetivo.

Considerar que o ser humano sofre por ausências de bens, que estão ou não declarados, é prioritário para que se compreendam os direitos humanos. Para Galtung, as primeiras declarações de direitos atendem de forma periférica às necessidades humanas. Trata-se de afirmar direitos cujo conteúdo indica antes um valor (liberdade, igualdade, etc.) do que uma necessidade (saúde, educação). Uma exceção digna de nota é a Declaração de Direitos do Homem e do Cidadão da Constituição Francesa de 1793.[32]

As necessidades foram trabalhadas em primeiro lugar como matrizes de direitos fundamentais positivados no caso dos direitos sociais inscritos nas constituições do México (1917) e da Alemanha (1919), no início do século XX.

Os direitos sociais supõem uma afirmação a partir das necessidades humanas:

---

30 ARENDT, Hannah. *A condição humana*. São Paulo: Forense Universitária, 2000, p. 31-58 (...)" a contradição entre público e privado, típica dos estágios iniciais da era moderna, foi um fenômeno temporário, que trouxe a completa extinção da própria diferença entre as esferas pública e privada e a submersão de ambas na esfera do social".

31 GALTUNG, Johan. *Direitos Humanos: uma nova perspectiva*. Lisboa: Piaget, 1994, p. 91-4 e 169.

32 Art. 21. A assistência pública é uma dívida sagrada. A sociedade deve sustentar os cidadãos infelizes, dando-lhes trabalho, ou assegurando os meios de subsistência aos que não estão em condições de trabalhar. In: COMPARATO, Fábio Konder. *A afirmação histórica dos direitos humanos*, p. 157.

Direitos sociais são os que se concretizam mediante diversos tipos de prestações, com a colaboração dos poderes públicos na satisfação das necessidades básicas do ser humano.[33]

A temática dos direitos sociais provocou uma reflexão sobre as necessidades humanas como fundamento dos direitos humanos. Neste sentido, os direitos humanos viabilizam a satisfação de necessidades do sujeito de direito, compreendido como um ser de carências.

A atenção aos aspectos das carências humanas levou à tematização dos recursos imperativos à satisfação dessas adversidades da condição humana. Aqui se verifica a vinculação dos direitos humanos e a problemática do desenvolvimento econômico. A opção de vincular necessidades humanas ao tema dos direitos humanos, a partir de uma teoria do desenvolvimento, traz à luz estruturas sociais deficientes. Os indicadores de desenvolvimento,[34] apontando problemas claros a partir de necessidades, direcionam medidas concretas, no campo econômico ou político, para tornar efetivos certos direitos humanos já declarados.[35] Se, de um lado, os direitos humanos pressupõem a satisfação de necessidades e explicitam o aspecto da dignidade econômica do ser humano, por outro, tornam-se, num certo sentido, dependentes da economia. A vinculação entre necessidades básicas e direitos humanos evidencia contornos econômicos na proteção dos direitos humanos, à medida que estes exigem um certo grau de desenvolvimento de todos os povos, para ser assegurado um mínimo vital necessário, na manutenção da dignidade humana.

Ainda que a temática das necessidades revele a importância da dimensão econômica, deve-se evitar o economicismo. A idéia de necessidades vinculadas aos direitos humanos, embora conexas às teorias do desenvolvimento, não esgota a compreensão das outras dimensões da dignidade humana, o que traz mais complexidade à noção de direitos humanos.

A premência de certas necessidades como direitos humanos requer que sejam discutidos os critérios de prioridades. Reconhecer as múltiplas necessidades dos trabalhadores é considerar que há um mínimo vital a ser garantido para a dignidade humana, o que é indispensável. O problema consiste na demarcação do que é mínimo, do que é existencial e essencial.

Todos os seres humanos compartilham certas necessidades que para serem satisfeitas exigem a participação na vida social. É um dever

---

33 CONTRERAS PELÁEZ, Francisco J. *Derechos sociales: teoría e ideología*. Madrid: Tecnos, 1994, p. 47.

34 Em 1998, o IDH (índice de desenvolvimento humano), da ONU, levava em consideração três aspectos: vida longa e saudável, acesso ao conhecimento e padrão de vida decente.

35 ROIG, Maria José Añón. *Necesidades y derechos: un ensaio de fundamentación*. Madrid: Centro de Estudios Constitucionales, 1994, p. 310–20. A autora vê a gênese desta concepção em Marx, o qual definiu o sentido econômico de necessidade. Idem, p. 44.

de justiça social que os seres humanos colaborem na satisfação das necessidades básicas dos outros seres humanos. As necessidades básicas são os pressupostos da conduta livre para a participação responsável do homem na sociedade. As necessidades admitem uma formulação instrumental-condicional porque são meios para que os seres humanos atinjam seus fins, realizem suas expectativas, segundo as exigências da justiça.[36] A identificação e hierarquização das necessidades deve se dar pela argumentação racional e pelo debate democrático.[37]

Nesse sentido, o trabalho é uma necessidade básica porque, mediante sua existência e realização, outras dimensões da vida humanas serão concretizadas.

Através do trabalho, são satisfeitas e criadas necessidades em um processo constante e dialético.[38]

Os valores sociais surgem da generalização de determinados grupos de necessidades, que são mediados pelo trabalho. Há um movimento constante de expectativas em relação às necessidades, que constituem a base da sociedade civil.[39]

Direitos humanos são vistos a partir de necessidades humanas para ao homem retornar após mediações e interações com outros homens, o que torna tais direitos dinâmicos e sempre atualizáveis, favorecendo um ambiente de democracia e desenvolvimento.

Nesse ponto, o Direito Internacional dos Direitos Humanos ressalta que a proteção da pessoa humana decorre de suas necessidades e de sua posição de vulnerabilidade. A formulação do conceito de necessidades básicas (*basic needs*), no plano internacional, deriva da Conferência Mundial da OIT sobre Emprego, Distribuição de Renda e Progresso Social, realizada em Genebra, em junho de 1976. Deste contexto, emergiu a compreensão de que as políticas de desenvolvimento econômico e social devem ser redirecionadas para o atendimento das necessidades básicas das populações, o que inclui um mínimo de sobrevivência digna para a família e para a comunidade do trabalha-

36 A satisfação das necessidades aproxima-se ao conceito desta ao de bens primários na terminologia de Rawls. Para Rawls, os bens primários dizem respeito à satisfação dos desejos racionais do ser humano, ou seja, servem para realizar um plano racional de vida, que deve ser eficiente e provável. O auto-respeito é o pressuposto material dos bens primários. A necessidade de alguns bens convenientes para a realização de um plano racional de vida. RAWLS, John. *Uma teoria da justiça*. São Paulo: Martins Fontes, 2000, p. 438-480.

37 Contreraz Peláez associa as teorias do consenso de Habermas para o reconhecimento das necessidades objetivas. CONTRERAS PELÁEZ, Francisco J. *Derechos sociales: teoría e ideologia*. Madrid: Tecnos, 1994, p. 88.

38 HERRERA FLORES, Joaquín. *Los derechos humanos desde la escuela de Budapest*. Madrid: Tecnos, 1989, p. 58. Aqui Herrera Flores analisa o pensamento de Agnes Heller, a qual relê a visão de Marx sobre as necessidades.

39 ROIG, Maria José Añón. *Necesidades y derechos: un ensaio de fundamentación*. Madrid: Centro de Estudios Constitucionales, 1994, p. 78.

dor.[40] A OIT foi a primeira organização internacional a conectar os direitos humanos dos trabalhadores na vertente das necessidades, grifando o aspecto econômico da dignidade do trabalhador.

1.1.1.3. Direitos humanos dos trabalhadores como princípios

A discussão acerca dos princípios adquire particular relevância para os direitos humanos dos trabalhadores. Com efeito, desde 1919, a OIT, ao abordar os direitos dos trabalhadores, tende a expressá-los na forma de princípios.

As controvérsias teóricas sobre o papel dos princípios, como valores superiores da ordem jurídica, ocupam lugar central na teoria contemporânea do direito. De fato, examinar a função dos princípios auxilia na compreensão das questões morais e políticas que informam o substrato das realidades jurídicas. Alguns autores afirmam a diferença entre princípios e regras, outros reforçam a interpenetração dessas esferas do direito, justificando os princípios como indicadores do sentido teleológico do sistema, o início ou fim deste.[41] Há os que enfatizam a distinção entre estas fontes, princípios e regras, com o objetivo de estabelecer diferentes formas de vinculação para a ação humana, e os que vêem nos princípios uma proeminente função interpretativa. Do ponto de vista metodológico, na medida em que o estudo científico do Direito se ocupa de princípios, supera-se o normativismo positivista.[42]

Para discorrer sobre a teoria dos princípios, explicitando concepções de direitos humanos, adotam-se as contribuições de Ronald Dworkin e Robert Alexy.

O ordenamento jurídico, para Dworkin,[43] é formado por um conjunto de padrões (*standards*), dentre os quais podemos distinguir

---

40 CANÇADO TRINDADE, Antônio Augusto. *Direitos Humanos e Meio-ambiente: paralelo dos sistemas de proteção internacional.* Porto Alegre: Sérgio Fabris Editor, 1993, p. 99-100.

41 DE LA TORRE, Angel Sanches, et al. *Los principios generales del Derecho.* Madrid: Ed. Actas, 1993, p. 18.

42 Canotilho apresenta-nos distinção entre princípios e regras: grau de abstração (os princípios apresentam maior abstração relativamente às regras); o grau de determinação (os primeiros carecem de intermediação concretizadora no momento da aplicação, as regras são aplicáveis de forma direta); caráter de fundamentalidade (os princípios ocupam posição privilegiada no ordenamento tanto por sua localização como por importância estruturante); conteúdo axiológico (os princípios derivam da idéia de justiça ou de direito, enquanto as regras têm conteúdo meramente funcional; natureza normogenética – os princípios são matriz criadora de regras. Canotilho, citando Dworkin, propõe que os princípios exerçam função argumentativa, no sentido de permitir vislumbrar a *ratio legis* de uma norma ou revelar normas não-expressas do ordenamento, permitindo a integração do direito. CANOTILHO, José Joaquim Gomes. *Direito Constitucional.* 5. ed. Coimbra: Livraria Almedina, 1992, p. 172.

43 O autor não concebe a divisão entre normas e princípios pensando em direitos dos trabalhadores; visto que sua obra é uma obra de teoria do Direito, na tradição da *common law*. Entretanto, entende-se possível a utilização destes conceitos gerais de princípios e políticas públicas para a explicação de fenômenos gerais do direito, inclusive desta concepção de direitos humanos.

entre regras, princípios e diretrizes políticas. As regras (*rules*) determinam que algo deve ser realizado, em circunstâncias dadas. Assim, se a regra prevê um determinado fato como hipótese de incidência, a realização concreta do referido fato leva à efetivação de uma determinada conseqüência jurídica. Os princípios, por sua vez, são padrões que incorporam uma dimensão moral, expressando uma exigência da justiça ou da eqüidade. Dworkin[44] explica que, além dos princípios, há um outro tipo de padrão que se distingue das regras; a diretriz política (*policy*). Esta expressa uma meta para a ação política, geralmente uma melhora da comunidade na dimensão política, econômica ou social. Ao passo que os princípios se referem a direitos individuais, a diretriz expressa um objetivo coletivo.

Alexy[45] lança mão da distinção entre princípios e regras, lembrando que as normas jusfundamentais devem ser tomadas como princípios. Alexy não distingue entre "policies" e princípios, porque os princípios são mandados de otimização, isto é, normas que determinam que algo deve ser cumprido na maior medida possível, ou seja, admitem uma realização gradativa e, por isso, são aplicados de forma ponderada, tendo em vista as possibilidades fáticas e princípios opostos.

São normas jurídicas impositivas de otimização, ou sejam, normas que apontam objetivos e modos de ação estatal, sujeitos a condicionantes fáticos, e não possuem o caráter de imposição, permissão ou proibição, que são as características das regras jurídicas comuns.[46] Nesse sentido, é indiferente se os princípios sejam metas morais, exigências da justiça ou metas políticas, na medida em que indicam idéia de gradualidade e ponderação. Para Alexy, portanto, não há distinção entre princípios e "policies". Será adotada esta posição, utilizando-se o termo *princípio* para qualquer mandado de otimização.

Alexy atribui natureza de princípios aos direitos fundamentais. A natureza principiológica dos direitos fundamentais torna possível a sua concretização de forma adequada, ponderada, adaptável e progressiva, tanto no plano do direito internacional quanto no plano do direito interno. No Direito Internacional, os direitos humanos são vistos como princípios, o que evidencia uma fonte peculiar do direito internacional. Direitos fundamentais foram traduzidos, por exemplo, por princípios fundamentais, no direito comunitário europeu.[47]

---

[44] DWORKIN, Ronald. *Levando os direitos a sério*. São Paulo: Martins Fontes, 2002, p. 36, 42-50 e 143.

[45] ALEXY, Robert. *Teoria de los Derechos Fundamentales*. Madrid: Centro de Estudios Constitucionales, 1993, p. 81-172.

[46] ALEXY, Robert. *Concepto y validez del derecho*. Barcelona: Gedisa, 1997, p. 162.

[47] PINILLA, Ignacio Ara. *Las Transformaciones de los Derechos Humanos*. Madrid: Editorial Tecnos, 1994, p. 38.

Sendo os direitos sociais, tanto no direito internacional, como no interior dos Estados, os que se desenvolvem e se alteram no tempo e no espaço, sob uma infinitude de variáveis, é interessante que sejam relidos como princípios de dignidade do ser humano. Manter-se a teoria da natureza jurídica principiológica dos direitos humanos, como direitos fundamentais, respeitando-se a idéia de uma progressão quanto às conquistas já realizadas, é importante do ponto de vista democrático e da autonomia dos Estados. De fato, se direitos humanos se interpretam como princípios, os Estados são capazes de adaptá-los para as realidades nacionais e locais. Uma das objeções ao entendimento dos direitos humanos do trabalhador como princípios poderia ser feita a partir das distinções entre regras e princípios introduzidas pela teoria contemporânea do direito. Com efeito, alguns dos direitos da Declaração se configuram, aparentemente, na forma de regras, e não de princípio. No tocante à abolição do trabalho escravo e da erradicação do trabalho infantil, estamos diante de regras que não admitem ponderação. Assim, a escravidão não pode ser justificada por referência a qualquer princípio, como por exemplo, o interesse público. Não há nenhuma situação em que ela possa vir a ser admitida. O direito a não ser escravizado é absoluto, funcionando ao modo de "tudo ou nada", próprio das regras. Apesar disso, a sua caracterização como princípio é plausível, na medida em que a OIT não dispõe sobre as conseqüências jurídicas da violação dos direitos previstos. Aqui temos um elemento caracterizador dos princípios: a ausência de conseqüência jurídica determinada, que, salvo melhor juízo, é suficiente para legitimar o uso do termo "princípio" para os direitos humanos do trabalhador.

Outro problema desta tese é que a concretização gradual dos princípios que expressam normativamente os direitos humanos fica dependente de uma vontade política que determine qual é o "grau" adequado de sua efetivação. O perigo está no fato de que alguns governos nacionais não tenham interesse em promover, através de políticas públicas adequadas, os direitos humanos.[48]

Logo, a concepção dos direitos humanos como princípios revela, predominantemente, limites políticos para a implementação dos direitos fundamentais dos trabalhadores.

---

[48] Com efeito, diz José Joaquim Gomes Canotilho: "muitos dos preceitos das constituições dirigentes (por exemplo, da Constituição portuguesa de 1976) não se afastam dos textos internacionais sobre os mesmos assuntos". Estou a referir-me aos direitos econômicos, sociais e culturais, aos direitos pessoais que constam de tratados internacionais e de documentos internacionais. Toda a gente aceita que, de uma forma ou de outra, a incorporação destas dimensões (sociais) na Constituição é um valor importante, porque impede que o legislador ordinário, muitas vezes um legislador minoritário, lese direitos tradicionais ou – por inércia, por omissão ou por políticas concretas contrárias aos direitos fundamentais – neutralize por completo a própria idéia de constitucionalidade. In: COUTINHO, Jacinto Nelson de Miranda (org.) *et al.* *Canotilho e a constituição dirigente*. Rio de Janeiro: Renovar, 2003, p. 17-8.

Ao examinarmos a evolução da atividade da OIT, a ênfase dada aos princípios do trabalho, em 1998, revela sua opção em favor desta última concepção, de direitos humanos do trabalhador como princípios, eis que a própria declaração se denomina "Declaração da OIT relativa aos Princípios e Direitos Fundamentais no Trabalho". A OIT, desde a sua fundação, já tem privilegiado os princípios gerais de proteção ao trabalhador, como se observa no preâmbulo da sua Constituição.

1.1.2. Direitos humanos dos trabalhadores: aspectos polêmicos

Neste tópico, serão discutidas algumas questões teóricas vinculadas aos direitos humanos, que têm impacto sobre a proteção do trabalhador.[49] São problemáticas as teses do universalismo e particularismo dos direitos humanos, gerações de direitos humanos e o discurso histórico da OIT sobre os direitos humanos dos trabalhadores.

1.1.2.1. Universalismo e particularismo dos direitos humanos e os direitos humanos dos trabalhadores

O conceito de direitos humanos, para aqueles que o aceitam,[50] debate-se entre teses universalistas ou particularistas.

Para a teoria universalista, não são consideradas as diferenças econômicas, sociais, culturais, existentes entre os seres humanos, sublinhando-se o caráter unívoco e uniforme dos direitos humanos. Essa concepção surge com o jusnaturalismo iluminista, dos séculos XVII e

---

[49] Quanto à fundamentação teórica dos direitos humanos, embora se conheça o debate da filosofia do direito entre as teses jusnaturalistas e positivistas de direitos humanos, que são resumidas na compreensão dos direitos humanos como direitos naturais ou direitos positivados e positiváveis, adota-se a postura de Bobbio, no sentido de que, mais importante do que estabelecer os fundamentos dos direitos humanos, é protegê-los. BOBBIO, Norberto. *A era dos direitos.* Rio de Janeiro: Campus, 1992, p. 24. De fato, um exame das teorias acerca da fundamentação dos direitos humanos é tão decepcionante, que alguns pensadores, como Alasdair MacIntyre, chegam a afirmar que "Os direitos (humanos) não existem, e acreditar neles é como acreditar em bruxas e unicórnios". (MACINTYRE, Alasdair. *Depois da virtude.* Bauru: Edusc, 2001, p. 127). Isso porque ninguém lhe deu boas razões ou fundamentos para acreditar em bruxas, unicórnios e direitos humanos.

[50] Para Marx, a proteção ao trabalhador jamais poderia ser formulada em termos de direitos humanos: "Nenhum dos chamados direitos humanos ultrapassa, portanto, o egoísmo do homem, do homem como membro da sociedade burguesa, isto é, do indivíduo voltado para si mesmo, para seu interesse particular". Ou seja, Marx relacionava os direitos humanos à sociedade liberal individualista, sem a possibilidade de associar direitos humanos à dimensão social que foi reafirmada historicamente. MARX, Karl. *A questão judaica.* São Paulo: Centauro, 2000, p. 37. Segundo Hobsbawm, os direitos sociais dispensariam ser tratados como direitos humanos, a não ser para uma argumentação apenas retórica. Direitos sociais vistos como direitos humanos e, portanto direitos subjetivos de indivíduos, contrasta com a própria essência dos direitos sociais, que são direitos que nascem coletivos. HOBSBAWM, Eric J. *Mundos do trabalho: novos estudos sobre a história operária.* 3. ed. São Paulo: Paz e Terra, 2000, p. 434. Para Hobsbawm: "*a linguagem dos direitos humanos* foi e é inadequada (exceto do ponto de vista retórico e para fins de agitação) à luta pela realização das mudanças sociais e econômicas as quais os movimentos operários foram dedicados: quer sejam reformas da sociedade existente ou mudanças graduais, quer sejam transformações revolucionárias da ordem social e econômica".

XVIII, e contempla o homem fora da história, livre das particularidades que singularizam os homens concretos. A concepção particularista afirma o caráter equívoco do texto das Declarações universais de direitos, nas quais os termos "liberdade" e "igualdade" teriam sentidos completamente distintos, quando utilizados por povos ou Estados diferentes. Para esta concepção, não existem direitos humanos universais, mas direitos fundamentais particulares. Assim, Edmund Burke[51] afirma que os direitos só podem valer como direitos de comunidades particulares, uma vez que não existe o homem fora de contextos históricos determinados. O que importa é proteger os direitos deste ser humano concreto, que é sempre um francês, um russo, um inglês, etc. Para o particularismo, os direitos humanos só adquirem sentido quando positivados, isto é, como direitos fundamentais abrigados em concretos ordenamentos jurídicos. No tocante aos direitos humanos dos trabalhadores, há uma complexidade adicional. Estes, na medida em que são direitos sociais, nascem como direitos fundamentais. Isto é, ao contrário dos direitos civis das Declarações liberais, que são afirmados como válidos para todo ser humano. Os direitos sociais, a partir do constitucionalismo social do início do século XX, se referem a cidadãos de sociedades particulares, e não ao gênero humano. Deste modo, assumir os direitos dos trabalhadores como direitos humanos implica um movimento inverso ao dos direitos civis: estes nascem universais nas construções do jusnaturalismo iluminista e são particularizados pelas constituições nacionais. Os direitos sociais, ao contrário, aparecem como particulares nas legislações nacionais, como aquela da Inglaterra da Revolução Industrial e da Alemanha de Bismarck. Posteriormente, são afirmados como universais pela OIT e pelo Direito Internacional dos Direitos Humanos. A sua gênese particularista marca, contudo, o conceito, tornando problemática a sua universalização. Um outro problema concernente aos direitos dos trabalhadores é o caráter multicultural das sociedades atuais.

A mobilidade global da mão-de-obra tem criado relevantes minorias de trabalhadores migrantes em vários países. Daí surgem diversas situações: A interpretação do conteúdo dos direitos dos trabalhadores deve levar em conta a cultura de origem destes trabalhadores? Ou seja, quais as diferenças que o direito nacional do trabalho precisa reconhecer? Os trabalhadores imigrantes permanentes merecem ter acesso e participar das decisões sobre a sua própria vida, ou seja, a faculdade da cidadania é um direito?

O multiculturalismo diz respeito à possibilidade de não se impor uma cultura sobre a outra. Para tal fim, urge que o liberalismo respeite as diferenças, tornando a sociedade flexível e apta para aceitar os

[51] ARENDT, Hannah. *Origens do Totalitarismo: anti-semitismo, imperialismo, totalitarismo*. São Paulo: Cia. das Letras, 1990, p. 333.

objetivos coletivos de determinados grupos. O liberalismo tradicional é contrário à idéia de que os direitos fundamentais possam ser aplicados de forma diversa, em contextos culturais distintos. Há o predomínio de uma igualdade homogeneizante, de uma liberdade igualitária que impõe um modelo único de direitos humanos, com uma visão neutra a respeito das metas a serem atingidas coletivamente. O modelo de dignidade humana aceita por este liberalismo reforça a tese da autonomia individual em contraposição a uma idéia coletiva de bem comum.

Os grupos minoritários ou culturas minoritárias, ao contrário, propõem uma idéia de vida boa para a sociedade e, portanto, uma noção de dignidade humana que encoraja a diversidade, a particularidade, em prol da promoção de certos valores compartilhados e considerados importantes para a sociedade.[52]

Para superar a dicotomia entre particularismo e universalismo, existem algumas tentativas teóricas, sendo que alguns adotam a tese da complementariedade entre o universalismo e o particularismo.[53] Outros formulam conceitos que abarcam as duas concepções.[54] Talvez no diálogo moderno possam-se superar estas duas tendências e aprimorar um conceito de direitos humanos de forma que contemple as diferenças de cada cultura.[55] É para estes fins que se tem necessidade de uma concepção crítica de direitos humanos.[56]

---

52 Um exemplo destas questões é o Canadá. A Carta de Direitos do Canadá, de 1982, grante o igual tratamento a todos os cidadãos. Com base neste dispositivo, uma emenda Constitucional denominada "Meech Lake" defendia o reconhecimento do Quebec como uma "sociedade distinta". Os Canadianos Franceses, com a emenda, fundamentos para a continuidade de suas leis que protegiam a língua francesa. Exigiam que negócios que envolviam mais de 50 empregados fossem em francês e que a linguagem comercial fosse o francês. TAYLOR, Charles. *Multiculturalismo*. Lisboa: Instituto Piaget, 1994, p. 72-73.

53 Para Walzer, há uma complementariedade entre particularismo e universalismo, e não uma exclusão entre uma e outra opção. WALZER, M. *Les deux universalismes*, In:*Esprit; universalisme au risque du culturalisme*, n. 187: Paris, 1992, p. 125, apud QUINTANA, Fernando. *La ONU y la exégesis de los derechos humanos*. Porto Alegre: Sergio Fabris Editor, 1999, p. 374.

54 Para Beuchot, o conceito de direitos humanos deve ser um conceito analógico. BEUCHOT, Maurice. *Derechos humanos. Historia y filosofía*. México: Fontanamara, 1999. Nesse sentido, Beuchot explica que isso implica que se respeitem as diversidades da realidade, que não deve ser forçada a se enquadrar em conceitos unívocos, mas possui uma unidade interna que não é uniformidade. Assim, os direitos humanos devem ser realizados de modo proporcional em cada situação ou contexto, através de formas distintas, segundo as circunstâncias concretas. O conceito analógico de direitos humanos respeita a concretude das várias comunidades nacionais, fazendo com que o intérprete possa encontrar o equilíbrio entre o particularismo e o universalismo, identificável em cada circunstância concreta.

55 Em Finnis, os direitos humanos são a expressão de justiça, o que é devido a cada um dentro de uma dada comunidade. Os direitos humanos são vistos como uma forma de esboçar os contornos do bem comum revelados em uma comunidade, o que pode não ser uma concepção particularista ou universalista. FINNIS, John. *Ley natural Y derechos naturales*. Buenos Aires: Abeledo-Perrot, 2001, p. 234-342.

56 Um teoria crítica dos direitos humanos define os direitos humanos como um sistema de valores, normas, instituições, e de ações, tidas por práticas sociais institucionais ou não, que abrem ou consolidam espaços de luta pela dignidade humana. Os direitos humanos não são apenas declarações textuais, mas meios discursivos, expressivos e normativos, que pugnam por

A Organização Internacional do Trabalho, ao privilegiar certos grupos de temas de direitos humanos dos trabalhadores e proclamar estes direitos como direitos humanos básicos, enfatizou uma versão universalista de direitos humanos, que, ademais, sempre esteve presente na sua atuação e normatizada em sua Constituição.

1.1.2.2. As gerações de direitos humanos e os direitos humanos dos trabalhadores

O direito ao trabalho, como direito do homem, não pode ser meramente proclamado ou protegido, mas sua realização depende de certo desenvolvimento da sociedade.[57] Importante, portanto, uma breve análise da evolução do trabalho humano para especificá-lo como direitos humanos. O escravo é a mais expressiva representação do trabalhador da Antiguidade.[58] Na Idade Média, o trabalhador é um camponês, em um sistema de servidão pessoalizada, do ponto de vista econômico, político e social no feudalismo. O servo, na verdade, não é mais coisa, assumindo um grau maior de liberdade em relação ao escravo. Dentro da Idade Média, organizaram-se as corporações de ofício, nas quais o trabalho era hierarquizado por um grupo de produtores, em três níveis: aprendizes, companheiros e mestres. Os companheiros, tecnicamente, eram trabalhadores qualificados, que dispunham de liberdade pessoal, sem possibilidade de ascensão para a classe de mestres. Na Idade Moderna, a invenção da máquina a vapor, trouxe o rápido crescimento industrial e o advento da regulamentação jurídica do trabalho. Nesta breve lembrança cronológica, associam-se os direitos humanos do trabalhador às conquistas históricas de liberdade e igualdade. Num plano internacional, a OIT já previa, em 1919, a tutela internacional dos direitos do homem trabalhador. Mais tarde, em 1948, a ONU veio declarar, de modo universal, no artigo 23 da Declaração Universal dos Direitos Humanos, que: "Todo homem tem direito ao trabalho, à livre eleição de emprego, a condições justas e favoráveis de trabalho e à proteção contra o desemprego."

Os direitos humanos dos trabalhadores, como conjunto de direitos individuais e sociais, podem ser resumidos numa constante luta pela liberdade e igualdade, que se expressam nas gerações de direitos humanos.[59]

---

reinserir os seres humanos no circuito de reprodução e manutenção da vida, permitindo a estes abrir espaços de luta e reivindicação HERRERA FLORES, Joaquín (org). *El vuelo de Anteo: derechos humanos e crítica da razão liberal.* Bilbao: Editorial Desclée de Brouwer, 2000, p. 78.

[57] BOBBIO, Norberto. *A era dos direitos*. Rio de Janeiro: Campus, 1992, p. 45.

[58] RUSSOMANO, Mozart Victor. *Curso de Direito do Trabalho*. Curitiba: Juruá, 2001, p. 2-19.

[59] O desenvolvimento dos direitos humanos evolui historicamente como os elementos de cidadania, os quais contemplara os direitos civis, no século XVIII, os direitos políticos, no século XIX, e os direitos sociais, no século XX.

O fundamento dos direitos sociais, simplificadamente, é a especificação do valor da igualdade, enquanto os direitos individuais aprofundam o valor das liberdades.[60] Aqui cabem algumas digressões sobre interdependência destes valores, atualmente proclamados e integrados na perspectiva da solidariedade. Desde sua aparição, nos séculos XVII e XVIII, além dos processos de positivação, generalização e internacionalização, existe uma gradual especificação dos direitos humanos. Isto representa um passo importante na determinação dos sujeitos titulares de direitos. A liberdade foi se concretizando em liberdade de consciência, opinião, associação, numa progressão ininterrupta e contínua. A evolução do conceito de liberdade pode ser verificada em três fases.

Num primeiro momento, o da liberdade negativa, a esfera pessoal era protegida das ingerências exteriores, o que pode ser tido como o modelo individualista de liberdade.[61] Aqui a liberdade, como direito do homem, é tida como direito natural, ou seja, possui validade universal, fundada na natureza humana.[62]

Num segundo momento, a liberdade do homem se expressa na possibilidade de elaborar diretamente as normas que irão limitar essa liberdade. Os valores da liberdade são positivados historicamente.[63] Isso ocorre nas Declarações de Direitos dos Estados Norte-Americanos (1765) e da Revolução Francesa (1789), nas quais a liberdade reafirmada tinha papéis diferentes: num primeiro caso, construir um regime de liberdades, e, no segundo, destruir "o Antigo Regime". Os direitos humanos, e, em especial, a liberdade, nesta fase, se desenvolvem como direitos positivos particulares. A liberdade se expressa como liberdade positiva, em que o homem busca traduzir, concretamente, os direitos assegurados constitucionalmente.

Na última fase da liberdade, que Bobbio[64] associa com a Declaração Universal dos Direitos do Homem, de 1948, os direitos humanos são direitos positivados e universais, contemplando valores justificados pelo consenso. Nesta fase, o homem pretende exercer os direitos indispensáveis para o desenvolvimento de sua personalidade, que se

60 CASSESE, Antonio. *Los Derechos Humanos en el Mundo Contemporáneo*. Barcelona: Editora Ariel, 1993, p. 63.

61 FIORAVANTE, Maurizio. *Los Derechos Fundamentales. Apuntes de la historia de las constituciones*. Madrid: Editorial Trotta, 2000, p. 25-54.

62 BOBBIO, Norberto. *A era dos direitos*. Rio de Janeiro: Ed. Campus, 1992, p. 25-31. A consciência no homem da sua identidade, da alteridade, da distinção cultural, é fator de liberdade e justiça. Esta idéia tem na obra de Bartolomé de Las Casas (1552), defensor dos povos indígenas americanos, um marco para os direitos humanos. Para Las Casas, é reconhecido aos índios a possibilidade de uma cultura diversa, fundada num direito natural à liberdade, que é superior à autoridade, sendo legítimo opor ao tirano o direito de resistência. BEUCHOT, Mauricio. *Los fundamentos de los derechos humanos en Bartolomé de Las Casas*. Barcelona: Anthropos, 1994, p. 50.

63 FIORAVANTE, Maurizio. *Los Derechos Fundamentales. Apuntes de la historia de las constituciones*. Madrid: Editorial Trotta, 2000, p. 25-54.

64 FIORAVANTE, Maurizio. *Idem, Ibidem*, p. 30.

expressam ao lado dos direitos de liberdade, em direitos econômicos, sociais e culturais. É a fase da liberdade positiva, que quer ser conhecida além do Estado, num plano internacional.

Inicialmente, a liberdade é encarada como direito natural e universal; num segundo momento, é positivada no interior dos Estados. Num terceiro estágio, a liberdade é positivada universalmente nas declarações de direitos. A estes três estágios da liberdade correspondem as fases da igualdade. Na primeira etapa, ela é abstrata. Num segundo momento, torna-se, pelo direito constitucional, a igualdade jurídica dos cidadãos. Num terceiro estágio, transforma-se em igualdade cosmopolita, centrada em proclamações de direitos universais. Os princípios de liberdade e igualdade se vinculam estreitamente entre si.[65] A primeira fase da liberdade pessoal e negativa corresponde à fase da igualdade jurídica formal. No segundo estágio da liberdade política, há o correspondente princípio da igualdade política, no qual o Estado Democrático é fundado no princípio do sufrágio universal. Na última manifestação da liberdade como poder, ou positiva, a igualdade se expressa nas mesmas oportunidades, igualdade material, o que significa o reconhecimento de todos os direitos sociais, bem como a eliminação da discriminação entre os indivíduos.

Do ponto de vista do direito internacional, há os que sublinham que o valor relevante para os direitos sociais, sem o desprezo da igualdade, é a solidariedade.[66] Os direitos de terceira geração funcionam, ao mesmo tempo, como pressupostos e síntese das demais gerações ou dimensões de direitos.[67]

A complexidade social pressupõe a complementariedade de questões nacionais e internacionais, visto que as decisões de maior relevo político se tomam em compromissos que superam os limites da soberania nacional. Neste sentido, os direitos de terceira geração, os direitos de solidariedade,[68] se expressam cada vez mais na esfera internacional, na qual o indivíduo é membro de uma comunidade internacional. Trata-se do direito ao desenvolvimento intrinsecamente vinculado à noção de dignidade humana.[69]

---

[65] BOBBIO, Norberto. *El tercero ausente*. Madrid: Ediciones Catedra, 1997, p. 106-110.

[66] PINILLA, Ignacio Ara. *Las Transformaciones de los Derechos Humanos*. Madrid: Editorial Tecnos, 1994, p. 123.

[67] PINILLA, Ignacio Ara. *Idem, Ibidem*, p. 148.

[68] Os direitos de terceira geração se expressam como necessidades concretas com o exigências de funcionamento normal das instituições. Seriam direitos-instrumento para a realização efetiva de determinados direitos humanos, que teoricamente deveriam ser reconhecidos em um texto constitucional. PINILLA, Ignacio Ara. *Las Transformaciones de los Derechos Humanos*. Madrid: Editorial Tecnos, 1994, p. 137-40.

[69] STEINER, Henry; ALSTON, Philip. *International Human Rights in Context: Law, politics, morals*. 2ª ed. New York: Oxford University Press, 2000, p. 1319-25.

Os direitos de terceira geração são uma reinterpretação dos direitos sociais. Estes são reformulados para novas situações e exigências, em busca de uma maior efetividade. Relacionam-se às várias esferas de poder, porque dizem respeito ao funcionamento eficiente das instituições. São tidos, também, por direitos cotidianos ou difusos. Pela multiplicidade e diversidade e em sua manifestação, correm o risco de ter seu potencial banalizado, sendo reduzidos a reivindicações apenas morais. Isso poderia acarretar também uma diminuição da importância dos direitos de primeira e segunda gerações, ou mesmo, o retrocesso de conquistas sociais. Em vista deste perigo, Pinilla[70] adverte que o conceito de direitos de terceira geração é apreendido juntamente com o conceito de democracia.

A democracia, aceita como representação e consenso, permite a sensibilização da opinião pública para o respeito e a proteção garantista dos direitos de primeira e segunda gerações. Trata-se, inclusive, de formular as bases para um projeto de democracia no plano internacional. No âmbito dos direitos de terceira geração, o retrocesso está em não avançar no aprofundamento do valor da solidariedade. Os direitos de solidariedade impõem uma horizontalidade no sentido de reconhecer ao indivíduo e às comunidades a dignidade que merecem.[71] Com os direitos de solidariedade, quebra-se a dupla ética, que considera, de um lado, a relação pública, marcada pela presença do Estado, e, por outro, a relação privada entre indivíduos, com esferas de competências rigidamente isoladas. Todos os direitos fundamentais carecem de eficácia horizontal, o que requer apoio e o controle por parte dos que são interessados na eficácia dos valores jurídicos. A realidade jurídica laboral revela a efetividade horizontal do ordenamento, pela qual os valores precisam ser compartilhados em pautas comuns e implementados nos Estados Democráticos de Direito e no Direito Internacional.

A evolução da concepção da liberdade, da igualdade e da solidariedade afeta diretamente os direitos humanos dos trabalhadores. Isto porque tais direitos, recentemente consagrados na Declaração da OIT relativa aos princípios e direitos fundamentais no trabalho, contemplam todas as gerações de direitos humanos e representam conquistas históricas que devem ser mantidas. Nem todos os direitos humanos dos trabalhadores se identificam somente com a primeira, segunda ou terceira gerações. Embora sendo uma classificação útil, no prisma histórico, os direitos não se enquadram, em apenas uma ou outra geração. Por exemplo, o trabalho escravo atenta contra a liberdade, a igualdade e a solidariedade, afrontando todas as gerações de direito,

---

70 PINILLA, Ignacio Ara. *Las Transformaciones de los Derechos Humanos*. Madrid: Editorial Tecnos, 1994, p. 160.

71 HERRERA FLORES, Joaquín. *Los derechos humanos desde la escuela de Budapest*. Madrid: 1989, p. 141.

apesar de que, num primeiro impulso, pensa-se em relacionar o trabalho escravo com os direitos de liberdade, da primeira geração.

1.1.2.3. *O discurso e a breve história dos direitos humanos dos trabalhadores na Organização Internacional do Trabalho*

De 1919 a 1944, a OIT possuía um único objetivo: proteger os trabalhadores das práticas mais abusivas. Desde 1944 a 1976, ela acrescentou ao seu objetivo originário o de promover políticas sociais como respostas à Declaração de Filadélfia. Duas ações correspondiam a estes objetivos: estabelecer normas e, através de assistência técnica, facilitar a integração destas normas à legislação doméstica.[72] Os fundadores da OIT detalhavam as normas e sublinhavam a soberania nacional. O funcionamento da OIT, a partir de 1939, foi precário, mas preparou, através da Declaração de Filadélfia, o seu mandato pós-guerra, numa ampla extensão do mandato originário. Como instrumento de direitos trabalhistas, a Declaração de Filadélfia significa a modernização da linguagem da "justiça social" para a linguagem dos direitos humanos, emergente no término da Segunda Guerra. Os direitos humanos básicos a serem garantidos, naquela época, eram justamente a liberdade e a igualdade, essenciais para sustentar o progresso, com base em políticas keynesianas: pretendia-se o pleno emprego com o aumento da produção e do consumo. Nos seus primórdios, a OIT se inspirava no modelo americano de "administração científica do trabalho", de acento taylorista e fordista,[73] sustentando a necessidade de expansão do trabalho e condições de bem-estar e consumo para as massas. Assume-se o discurso da produção e da produtividade, tentando-se evitar o confronto entre as ideologias capitalistas e comunistas.

Apesar da hegemonia anglo-francesa na inspiração inicial da OIT, o predomínio político dos Estados Unidos explica-se porque o laborismo inglês, o sindicalismo francês e a socialdemocracia alemã mostraram-se refratários quanto ao internacionalismo da questão laboral. Isso a despeito do fato de a OIT ter fortalecido as forças sindicais européias entre 1919 e 1945 e gozasse de influência nos regimes internacionais.[74]

A Segunda Guerra demonstrou o fracasso da Sociedade das Nações, que se revelou ineficaz para garantir a paz. A ONU, tendo em

---

[72] RUBIO, Ignacio. A. Donoso. Economic Limits on International Regulation: a case study of ILO standard-setting. *Queen's Law Journal*. Fall, 1998, n. 189 p. 190-236.

[73] Taylorismo: é um movimento de racionalização do trabalho, tendo aparecido no início do séc. XX, baseado na separação cada vez mais nítida entre os responsáveis pela concepção e organização da produção (engenheiros e técnicos) e, de outro lado, os seus executores, os operários. Já o Fordismo se traduz pela soma dos elementos taylorismo e mecanização. GOUNET, Thomas. *Fordismo e toyotismo na civilização do automóvel*. São Paulo: Boitempo, 1999, p. 59.

[74] COOMBS, Sara Elizabeth. *The genesis of the International Labour Organization and international regime theory: Labour and social justice, social movements and ideas*. Dissertation of MA. The University of Werstern Ontario, 1997, p. 98.

vista a experiência da Sociedade das Nações, procurou evitar o discurso único da paz e segurança, alargando sua extensão temática, o que deu lugar à reestruturação da OIT. O regime sociolaboral da OIT sobreviveu na ONU graças à estratégia que conjugava a despolitização das questões, a busca de um consenso normativo e a ideologia dos *experts* que se baseava na técnica e vendia uma visão funcionalista e burocrática do regime internacional do trabalho. A OIT foi lembrada como exemplo metodológico à ONU,[75] porque em termos de direitos humanos, utiliza o método de fragmentar aspirações gerais em uma série de problemas definíveis e abordar cada um deles conforme a sua importância. Discutiu-se, na formulação da ONU, se o Conselho Econômico e Social não poderia substituir a OIT, mantendo apenas a Oficina Internacional do Trabalho, devido às suas funções técnicas. Entretanto, a Constituição da OIT, sua estrutura e caráter permanente, asseguraram a sua autonomia e sobrevivência no novo sistema, que se desenhava com a clara hegemonia americana. Manteve-se a OIT, conforme o art. 56 da Carta das Nações, no título reservado à cooperação internacional. Há quem sustente que, porque a OIT foi salva, em 48, o Direito Internacional se volta para os direitos humanos.[76] A realidade da OIT como agência de cooperação impõe que esta se funde sobre um princípio transacional, que supõe obrigações jurídicas mútuas no sistema internacional e na sua estrutura, mas não resolve o problema de um poder desigual entre os Estados e as instituições internacionais.

A partir da estruturação da OIT, como agência da ONU, várias perturbações vieram interferir no seu funcionamento. Quando a União Soviética, que havia saído em 39, retornou para a OIT, em 1954, forçou a organização a reconhecer que, ao lado de um universalismo abstrato, havia o princípio da autodeterminação de cada país para organizar seu próprio regime de trabalho e produção. Não se exigiu que os empregadores fossem pessoas privadas.[77]

Os soviéticos pretendiam que fosse reconhecido o *status* de empregadores a seus delegados, enquanto os empregadores ocidentais rechaçavam a representação dos empregadores do bloco socialista, alegando que estes eram apenas auxiliares dos delegados governamentais. Isto levou a OIT a rever o tripartismo para acomodar os interesses comunistas, redefinindo a representação patronal pelos poderes de controle e direção da atividade econômica. Os Estados Unidos leram

[75] FERNÁNDEZ PARDO, Carlos Alberto. *Régimen Internacional del trabajo. La OIT en la política mundial.* Buenos Aires: Ad-Hoc, 2001, p. 102.

[76] CARRILLO SALCEDO, Juan Antonio. *Soberania de los Estados Y Derechos Humanos em el Derecho Internacional Contemporaneo.* Madrid: Tecnos, 1995, p. 27.

[77] BALMACEDA, Manuel Montt. *Principios de Derecho Internacional del Trabajo: la OIT.* 2ª ed. Santiago de Chile: Ed. Jurídica de Chile, 1998, p. 97.

nesta interpretação uma vitória do bloco soviético, que aumentou sua influência na OIT, entre 54 e 62.[78] De fato, em 1959, a OIT concordou que os delegados de empregadores da União Soviética e da Europa Ocidental participassem das comissões técnicas, o que causou a retirada de diversos países ocidentais destes grupos. Dessa forma, a União Soviética ameaçou, ao mesmo tempo, a ideologia da convenção n. 87, sobre liberdade sindical, encarada como ferramenta de deslegitimação do modelo sindical comunista, o tripartismo e o universalismo das normas da OIT. Quanto à ação normativa, os soviéticos, em 59, propuseram a regionalização normativa, idéia que foi compartilhada pelos países que haviam saído de um processo de independência. Os países que adquiriram independência e começaram a participar da OIT, viram na Organização uma possibilidade de auxílio técnico e se submeteram à adoção de normas, embora não aceitassem bem o tripartismo.[79] A OIT iniciou o processo de Conferências regionais, na Ásia, em 1947, 1950, 1954 e 1957.[80] Na conferência de 1954, houve propostas de elaboração de normas específicas para a região. Isto levou a OIT a realizar ações práticas em favor dos países asiáticos, em detrimento de sua ação normativa. A primeira Conferência Africana, de 1960,[81] e a segunda Conferência Africana, de 1964, demonstraram que o tripartismo não se adequava bem à realidade africana, dado o seu deficiente grau de industrialização e, em conseqüência, de sindicalização.[82] Em 1962 o bloco socialista sugeriu a autogestão da OIT através de aumentos de poderes à Conferência Internacional do Trabalho, e a República Árabe pediu a realização de encontros regionais. Em síntese, os países periféricos pretendiam que a OIT contribuísse para erradicar os resquícios do colonialismo do campo das relações laborais. Neste ambiente, os socialistas ampliaram relações com os novos Estados independentes que, ao ingressarem na OIT, exploraram e expuseram as limitações funcionais da mesma. No aspecto normativo, entre os membros da OIT, havia os que não assinavam as convenções, como EUA e União Soviética, países que, além disso, sofriam denúncias de trabalho forçado e descumprimento da convenção n. 111, contra a discriminação.

[78] FERNÁNDEZ PARDO, Carlos Alberto. *Régimen Internacional del trabajo. La OIT en la política mundial.* Buenos Aires: Ad-Hoc, 2001, p. 187.

[79] MORSE, David. *The origin and evolution of the ILO and this role in the world community.* New York: School of Industrial and Labor relations. Cornell University, 1969, p. 45.

[80] Report of the Director-General fourth Asian Regional Conference, New Delhi, 1957: First item on the agenda. International Labour Organisation. Asian Regional Conference. Geneva: International Labor Organisation, 1957.

[81] Population and labour force in Africa. Geneva, *International labour review*, n. 84, v. 6, dec 1961, p. 499-514.

[82] A Conferência africana de 64 levou a OIT a denunciar o apartheid Constitution of the International Labour Organisation, Instrument of amendment (n. 1-3), 1964, adopted by the Conference at its 48th Session, Geneva, 6 & 9 July, 1964.

Neste ponto, existiu, claramente, uma evasão normativa no interior da OIT, que neutralizava os conflitos.

Apesar de todas estas perturbações da guerra fria, os problemas regionalistas e desenvolvimentistas, a evasão normativa, somados ao aumento da representação dos países do terceiro mundo,[83] levaram ao questionamento do universalismo da OIT no decênio 60-70. Nos anos 60, iniciou-se o debate sobre desenvolvimento e progresso dos povos, sendo que a tese dos socialistas indicou que a barreira contra o desenvolvimento era a configuração monopolista do capitalismo. Descontentes com o aumento da influência soviética na OIT, os Estados Unidos denunciavam a falta de respeito aos direitos humanos, no interior da organização, e dela se retiraram.[84]

O final da década de 60 dava sinais da desintegração do sistema monetário de Bretton Woods, do colapso do modelo fordista de produção e crise do modelo keynesiano de Estado de bem-estar.[85] Neste contexto, a Conferência Internacional dos Direitos Humanos, promovida pela ONU, em 1968, tentou recriar uma ideologia central vinculando a política internacional ao tema dos Direitos Humanos. Alguns analistas de política internacional viam na vinculação temática da OIT aos direitos humanos, do final de 60 e no início dos anos 70, uma correspondência com a política americana de recompor sua imagem após Vietnã.[86] A OIT debateu longamente o tema dos direitos humanos nos anos 60, o que lhe rendeu, em 1969, o Prêmio Nobel da Paz. Entretanto, o tema direitos humanos se incrementou nos dez anos que se seguiram à segunda guerra, visto que adotou as convenções, que passaram a ser o núcleo dos direitos humanos laborais: liberdade de associação, abolição do trabalho forçado e eliminação da discriminação.[87]

A partir dos choques econômicos dos anos 70, a OIT tentou reformar-se para responder as críticas contra suas convenções inflexí-

[83] O grupo dos 77 (G77) foi estabelecido em 1964, no final da primeira conferência da UNCTAD, reunindo 77 países em desenvolvimento com o objetivo de articular e promover interesses econômicos coletivos, negociando-o junto ao sistema das Nações Unidas. Neste sentido apresentavam demandas concretas junto à OIT. http://www.g77. org/main/main.htm.

[84] Na pressão exercida pelos países árabes para que a OIT condenasse Israel, por sua ação nos territórios árabes ocupados, foi que provocou a saída dos Estados Unidos da instituição, em novembro de 1977. Este país contribuia com um quarto do orçamento da OIT, tendo regressado em 1980. O mal-estar americano restou evidente quanto o Diretor da OIT, Wilfred Jenks, indicou para um dos cinco cargos de diretor adjunto um soviético. BÉLANGER, Michel. *Instituições Econômicas Internacionais: a mundialização econômica e seus limites*. Lisboa: Instituto Piaget, 1997, p. 105-6.

[85] LEE, Edy. Origines Y vigencia de la Declaración de Filadelfia. *Revista Internacional del Trabajo*, vol. 113, n. 4, 1994, p. 531-50.

[86] FERNÁNDEZ PARDO, Carlos Alberto. *Régimen Internacional del trabajo. La OIT en la política mundial*. Buenos Aires: Ad-hoc, 2001, p. 272.

[87] MORSE, David. *The origin and evolution of the ILO and this role in the world community*. New York: School of Industrial and Labor relations. Cornell University, 1969, p. 59

veis e inadaptáveis aos mercados domésticos. Durante toda a década de 70, das tentativas de revisão da produção normativa da OIT, apenas restou uma classificação das convenções, como as mais relevantes. É justamente nesta década que surgiram as preocupações com o emprego e os direitos humanos dos trabalhadores, declarados em 1944, como princípios, passam a ser reformulados como necessidades, no contexto de uma política de emprego da OIT.

A OIT tomou em consideração o problema do emprego em 1919, quando adotou um instrumento sobre desemprego, na Convenção n. 2. Em 1944, sob o impulso keynesiano, reconhecia o "pleno emprego" como meta principal e, em 1948, adotava a Convenção n. 88, sobre mercado de trabalho e serviços de emprego.[88] Em 1961, aprovou uma Resolução pelo Conselho de Administração, que relaciona o problema de emprego com questões de pobreza e desenvolvimento. Em 1964, implementou a Convenção sobre Política de Emprego, n. 122, que preparou o terreno para o Programa Mundial de Emprego, formulado em 1969. O Programa Mundial de Emprego relacionou a pobreza aos níveis mínimos de vida, antecipando a formulação da tese das necessidades básicas, desenvolvida posteriormente, nos anos 70. O Programa Mundial de Emprego sublinhou atividades de assistência técnica, o que incluía auxílios para projetos de reformas legislativas, mecanismos de administração do trabalho, inspeção e treino de empregados públicos e privados. O ápice do Programa ocorreu em 76, quando a OIT objetivou incrementar as políticas de emprego para os países menos desenvolvidos e lançou a estratégia das necessidades básicas.[89] O programa das necessidades básicas proclamava que os governos providenciassem serviços essenciais de saúde, saneamento, educação, transporte público. Em vez do crescimento econômico, enfatizou-se o aspecto social do desenvolvimento. Com a idéia dos mínimos vitais e necessidades básicas, a OIT questionou a elaboração de um novo conceito de emprego, levando em consideração a diversidade dos níveis de desenvolvimento econômico, de situações socioculturais e regimes de trabalho.

A meta das necessidades básicas colocou em posição secundária os objetivos de industrialização integral, que sugeriam uma normatização laboral universal. A guinada da OIT em direção das necessidades indicou um dualismo estrutural, visto que, para se estabelecer níveis mínimos de vida e "emprego produtivo" precisavam ser adaptadas as normas internacionais pensadas para o "pleno emprego", da Declaração de Filadélfia. Por outro lado, a percepção da OIT de que as decisões

---

[88] RUBIO, Ignacio A. Donoso. Economic Limits on International Regulation: a case study of ILO standard-setting. *Queen's Law Journal*. Fall, 1998, n. 189 p. 190-236.

[89] BALMACEDA, Manuel Montt. *Principios de Derecho Internacional del Trabajo: la OIT*. 2ª ed. Santiago de Chile: Ed. Jurídica de Chile, 1998, p. 57.

importantes sobre política social tomavam outros foros internacionais, impôs à OIT um discurso menos pretensioso do que o originário da Declaração de Filadélfia. Os programas de cooperação técnica da OIT começaram a ser compatibilizados com programas de financiamento.[90] Em 1976, a discussão sobre emprego levou a OIT a reconhecer que havia uma correlação óbvia entre desenvolvimento econômico e direitos humanos. Criticou-se, na OIT, a existência de um centro estável de trabalhadores e uma periferia desprotegida, considerando-se que condições livres e humanitárias de trabalho não dependiam somente dos Estados, mas da solidariedade em todos os níveis.[91] Embora tenha sido reafirmada em 1979, a estratégia de emprego, via enfoque das necessidades básicas, não interessou os países do terceiro mundo, que possuíam propostas integradas de desenvolvimento e não viam em apenas uma agência especializada, como a OIT, a possibilidade de dar conta de todos os problemas relativos ao desenvolvimento.

Nos anos 80, portanto, iniciou-se uma reavaliação dos instrumentos normativos relativos ao emprego. A nova iniciativa da OIT, quanto às questões de desenvolvimento, sublinhava a participação dos membros governamentais. Neste período, empregados lutavam por mais convenções e mais altos padrões, e empregadores advogavam um número mínimo de padrões obrigatórios. A década de 80 se encerra sem uma conclusão sobre a questão da revisão normativa, embora seja reafirmado o mote dos direitos humanos dos trabalhadores como uma responsabilidade comum.[92] Entretanto, foi nos anos 90 que afloraram as discussões sobre a produção normativa da OIT para sua adaptação às novas realidades da globalização. Nesta década, o fim da guerra fria favoreceu a economia de mercado. A OIT passou a se preocupar com a proteção de direitos trabalhistas básicos ou fundamentais. Ciente das dificuldades de aplicação das normas internacionais, a OIT alterou, em 1997, a sua Constituição, para que pudessem ser ab-rogadas as convenções obsoletas. No mesmo ano, nasceu a idéia da criação de uma carta ou declaração para sintetizar e reafirmar os princípios básicos da OIT, expressos nos diversos instrumentos. Sugeriu-se a implementação deste projeto, com base no art. 19(5), (e), da Constituição da OIT, que faculta a supervisão da organização, inclusive quanto às normas que não foram ratificadas. Canadá, França, Alemanha, Japão, Reino Unido

90 No início de 1972 a Memória do Diretor Geral da OIT demonstrou que a OIT estava enfrentando uma agenda compartilhada com outras Organizações Internacionais, especialmente o Banco Mundial. Enquanto na OIT falava-se em mínimos vitais, o Banco Mundial sublinhava que o enfoque das necessidades básicas auxiliaria a redução da pobreza através da contenção social.

91 BLANCHARD, Francis. International Labour Office. Geneva: *Human Rights a common responsibility*. International Labour Conference. 75th Session, 1988. Report of the director-general (Part I).

92 Idem, p. 64.

e Estados Unidos concordaram com a proposta, enquanto China, Índia e México, por exemplo, se preocuparam com o fato de que os instrumentos impusessem obrigações para os países que não ratificaram estas convenções.[93]

No ano seguinte,1998, adotou-se a Declaração dos Princípios e Direitos Humanos básicos no trabalho, clarificando e simplificando os objetivos da OIT.

Como a Constituição da OIT não fixa nenhuma norma prioritária, estudos vinculando normas internacionais do trabalho e comércio foram os primeiros a definir quais seriam estas normas básicas de direitos humanos.[94] Em todos os estudos mencionava-se liberdade sindical (Convenção n. 87), direito à negociação coletiva (Convenção n. 98), idade mínima para a admissão de menores (Convenção n.138). Na maioria dos estudos, eram citadas as convenções relativas à proibição de toda a discriminação no emprego e na ocupação, por motivo de raça, cor, sexo, religião, opinião política, etc. (Convenção n. 111) e proibição de trabalho forçado (Convenção n. 29 e 105).[95] Foram estas convenções que prevaleceram como direitos humanos dos trabalhadores.

Diante desta análise, conclui-se que o debate sobre quais seriam as normas fundamentais da OIT, ponderações incluíram critérios condizentes com a dignidade política, econômica, social e jurídica dos trabalhadores.[96]

A OIT, ao fixar quatro princípios ou direitos fundamentais no trabalho, em 1998, elegeu quais seriam os direitos humanos básicos e proclamou-os como indicadores mínimos da dignidade dos trabalhadores.

---

93 RUBIO, Ignacio A. Donoso. Economic Limits on International Regulation: a case study of ILO standard-setting. *Queen's Law Journal*. Fall, 1998, n. 189, p. 190-236.

94 LIEMT, Gijsbert van. Normas laborales mínimas y comercio internacional: ¿resultaria viable una cláusula social? *Revista Internacional del Trabajo*, v. 108, n. 3, 1989, p. 301-17.

95 Addison y Demery (1985); Edgren (1979); Lei Americana do SGP (Sistema Generalizado de Preferências – 1984); Declaração Tripartita de Princípios sobre Empresas Multinacionais (1977); Sugestão do Parlamento Europeu de incluir no GATT o obrigatório respeito às convenções da OIT relativas à liberdade sindical, discriminação e trabalho forçado (1983 – resolução de 28 de outubro de 1983); FMI (1988) CIOSL (1986) e a própria OIT em diversos documentos. CHARNOVITZ, Steve. La influencia de las normas internacionales del trabajo en el sistema del comercio mundial: resumen histórico. *Revista Internacional del Trabajo*, v. 107, 1988, n. 1, p. 69-93.

96 Segundo estudos da OIT, datados de 1979, três classes de critérios: sociais, jurídicos e econômicos são considerados para adotar uma norma de direitos fundamentais dos trabalhadores. Pelo critério social, as normas internacionais básicas, ou de direitos humanos, devem ser de interesse geral dos trabalhadores. A partir do critério político, consideram-se as normas já ratificadas, cuja aplicabilidade não significasse ingerência nos assuntos dos Estados. Pelo critério jurídico, as normas fundamentais deveriam ser ratificadas por dois terços dos Estados com diferentes graus de desenvolvimento. Por fim, pelo critério econômico, as convenções não prejudicariam a capacidade de concorrência dos países em desenvolvimento. *OIT: Boletin Oficial* (Ginebra), v. LXII, 1979, série A, número especial. Informe final do Grupo de Trabalho sobre Normas Internacionais do Trabalho, p. 3.

A harmonização de padrões internacionais do trabalho, em favor dos trabalhadores, sempre foi a função da OIT, que, em 1998, explicita o discurso dos direitos humanos, já inserido em seus primórdios.

A pergunta a ser feita é se o discurso dos direitos humanos da OIT representa avanços na proteção da dignidade do trabalhador.

A resposta deve ser dada a partir de uma análise histórica. Recorrentemente, a retórica da proteção ao trabalhador é apropriada por interesses do capital, que insiste em manter o trabalho em posição secundária e instrumental frente às questões econômicas. Neste sentido, a OIT não está acima dos interesses que orientavam os países que a constituíram. Com efeito, ela surgiu para evitar que a falta de proteção a trabalhadores, em determinados casos, gerasse vantagens indevidas no comércio internacional. A posição secundária do trabalho é verificada no interior dos blocos econômicos que, via de regra, deixam para um momento posterior a regulação das "questões sociais", apenas para evitar que haja competição desleal, no interior do território do bloco econômico.

A análise acima reflete um ponto de vista que se pode chamar de "externo". Do ponto de vista "interno", isto é, da própria OIT, a proteção dos trabalhadores é assumida como exigência ético-política.[97] Em termos de direitos sociais, os Estados são convidados, pela influência dos direitos humanos, a considerar as questões relativas ao trabalho pelo prisma da dignidade dos trabalhadores. Logo, a OIT com o discurso dos direitos humanos, alega que não quer ver multiplicadas as leis laborais, nem que sejam criadas novas instituições.

O que pretende a OIT é que seja ampliada a atenção ao âmbito social e repensadas fórmulas de tomar em consideração a função social do trabalho na sociedade. Novos acordos políticos e econômicos precisam ser incrementados para concretizar os direitos já reconhecidos em prol da dignidade do trabalhador.

É notório, pela sumária exposição histórica acima, que os direitos dos trabalhadores na OIT, de 1919, até a Declaração de Filadélfia, de 1944, revelam preocupações no sentido de que as normas internacionais do trabalho se tornem direitos subjetivos, no interior dos Estados-Membros. Predomina, neste período, na atuação da OIT, a concepção de direitos humanos como direitos subjetivos. Num segundo momento, a partir de 1944, quando adotada a Declaração de Filadélfia e incentivadas políticas sociais amplas, percebe-se uma inclinação pelos direitos humanos como princípios, sem que o aspecto de direitos subjetivos seja dispensado.

Quando a OIT deflagra a guerra contra a carência, em 1976, propondo o conceito de necessidades básicas, vem à tona a sua opção pela concepção de direitos humanos como necessidades.

97 SEN, Amartya. Work and rights. *International Labour Review*, v. 139. Geneva, 2000, p. 119-28.

E, por fim, a idéia de direitos humanos como princípios, o que sempre esteve presente na ação da OIT, é adotada nas suas Declarações e mais enfaticamente redimensionada na Declaração relativa aos princípios e direitos fundamentais no trabalho, de 18 de junho de 1998.

Assim, no campo da implementação dos direitos humanos, cada concepção de direitos humanos indica aspectos da dignidade humana do trabalhador, que não devem ser negligenciados, e que foram detectados, mais ou menos, pela OIT, no curso sua existência.

1.2. A PROTEÇÃO DOS DIREITOS HUMANOS DOS TRABALHADORES NO PLANO DO DIREITO INTERNACIONAL : UMA VISÃO GERAL

Como herança dos movimentos trabalhistas no cenário mundial, evoluiu o discurso dos Direitos Humanos no Direito Internacional e surgiu o Direito Internacional do Trabalho.

O Direito Internacional do Trabalho, na sua instituição mais importante e central, a Organização Internacional do Trabalho, não vinculou expressamente a proteção dos trabalhadores aos direitos humanos. Esta formulação foi feita, inicialmente, na ONU, por ocasião da Declaração Universal dos Direitos Humanos. Alguns direitos dos trabalhadores contidos na Constituição da OIT, de 1919, foram posteriormente formulados como direitos humanos. O Direito Internacional do Trabalho é definido como "a *parte do direito internacional que regula as relações mútuas dos Estados no que diz respeito a seus trabalhadores*"[98] ou como "o *conjunto de normas e princípios próprios do Direito do Trabalho emandos de fonte internacional*".[99] O Direito Internacional do Trabalho, como regulador das normas internacionais de proteção ao trabalhador, considerou sempre, de modo direto ou indireto, implícito ou explício, a questão dos direitos humanos ou fundamentais.

Isto sugere que se tomem em consideração os modos como são aventados os aspectos que dizem respeito ao trabalho no plano do Direito Internacional. É óbvio que o Direito Internacional do Trabalho não deixa de seguir a evolução do Direito Internacional como um todo. Este desenvolvimento do Direito Internacional é efocado por Lafer[100] em três paradigmas clássicos do direito internacional: o hobbesiano-maquiavélico, o grociano e o kantiano.

[98] MAHAIM, Esnest. El derecho internacional del trabajo. *Revista Internacional del Trabajo*, v. 115, n. 3-4,1996, p. 312-6.

[99] BALMACEDA, Manuel Montt. *Principios de Derecho Internacional del Trabajo: la OIT*. 2ª ed. Santiago de Chile: Ed. Jurídica de Chile, 1998, p. 24.

[100] LAFER, Celso. *Comércio, desarmamento, direitos humanos*. São Paulo: Paz e terra, 1999, p. 144-189.

Pelo sistema hobbesiano, acentua-se no plano internacional o conceito do poder soberano de cada Estado. Como o fundamento da sobrevivência do sistema internacional é o poder, o valor básico e estratégico a ser preservado é o equilíbrio nas relações internacionais. Num paralelo com as concepções de direitos humanos que protegem os trabalhadores (direitos humanos dos trabalhadores como direitos subjetivos, como necessidades ou como princípios ou políticas públicas), neste ponto, predomina a concepção de direitos humanos como direitos subjetivos, na qual há um movimento, no plano internacional, para que os Estados regulem as relações de trabalho domesticamente, mediante determinados parâmetros internacionais, normalmente fixados pela atividade normativa da OIT. O modelo de Grócio pressupõe a existência, na sociedade internacional, de um potencial de sociabilidade e solidariedade possibilita conceber a política internacional como um jogo em que são negociados interesses dos diversos atores. Este modelo permite a inclusão de temas de direitos humanos pela valorização das organizações internacionais, da cooperação intergovernarnental e pela ênfase dada ao transnacionalismo e dos atores não-governamentais. Neste estágio, admite-se que os direitos humanos dos trabalhadores correspondem à compreesão de direitos humanos como necessidades, formulada na própria OIT, em 76, a refletir a preocupação do mundo inteiro, com os problemas de desemprego e desenvolvimento.

O terceiro paradigma, que emerge após o fim da güerra fria, é inspirado em Kant, em que se supera o modelo grociano, de cooperação interessada, com a fixação de valores como paradigmas universais, como são a paz e o reconhecimento do ser humano como fim, e não meio. A ética kantiana é que está na base de um crescente interesse pelos direitos humanos. A agenda internacional dos direitos humanos em Kant é cosmopolita e se rege por uma razão teleológica, do homem como fim,[101] que supera a razão instrumental do modelo de Grócio. A este modelo corresponde, predominantemente, no Direito Internacional do Trabalho, ao modelo de direitos humanos como princípios. Embora, historicamente, para a agenda global dos direitos humanos dos trabalhadores, houvesse o predomínio de um dos modelos propostos por Lafer, as concepções de direitos humanos dos trabalhadores como direitos subjetivos, como necessidades ou como princípios ou políticas públicas, se misturam e se indefinem, num cenário internacional complexo e com diversos atores que discutem a proteção do trabalhador fora do espaço nacional.

O Direito Internacional do Trabalho clássico, como sendo um conjunto de normas jurídicas emanadas da OIT, é ampliado por um

[101] KANT, Immanuel. *Fundamentação da Metafísica dos Costumes*. Lisboa: Edições 70, 1995, p. 69. Tratar o homem como fim é o segundo imperativo da razão prática, sendo que o primeiro diz respeito ao agir que possa ser tomado como princípio universal.

conjunto de princípios de direitos sociais que se inserem no marco de outras organizações internacionais, ainda que secundariamente. Disciplina-se a questão social trabalhista nos blocos econômicos e nos acordos internacionais, bilaterais ou multilaterais.

A seguir, analisa-se, de forma breve e exemplificativamente, a proteção dos direitos humanos do trabalhador a partir da ONU, com a Declaração dos Direitos Humanos de 1948, e os Pactos, de 1966. Verifica-se, ainda, como a questão do trabalho é tratada, por algumas organizações, como a OCDE (Organização para Cooperação e Desenvolvimento Econômico) e a OMC (Organização Mundial do Comércio), escolhidas por serem protagonistas de um crescente diálogo sobre questões laborais mundiais, com a OIT.

Este capítulo centra-se na compreensão das mais significativas manifestações de direitos humanos dos trabalhadores que não se originam da OIT, mas de outras fontes normativas de organizações internacionais e dos blocos regionais.

Revelam-se quais os valores trabalhistas que estão sendo protegidos e como são enfrentadas as regulamentações juslaborais por instituições internacionais destituídas de uma vocação específica para este fim. São constatadas as influências recíprocas, das organizações da ONU e dos blocos econômicos, com relação à OIT, a quem incumbe o tópico dos direitos dos trabalhadores, como direitos humanos.

1.2.1. Os direitos humanos dos trabalhadores e as organizações internacionais

Como há um crescente debate no campo das organizações internacionais sobre a vinculação entre o tema direitos sociais, direitos humanos e comércio, elegeram-se algumas organizações internacionais que têm sido relevantes para este diálogo. Na economia globalizada, ainda que tangencialmente, os valores do trabalho estão na ordem do dia em diversas esferas internacionais.

1.2.1.1. ONU – Organização das Nações Unidas

Conforme o artigo primeiro da Carta das Nações Unidas, a ONU busca a cooperação internacional, harmonizando a ação das nações para resolver controvérsias de caráter econômico, social, cultural, na promoção dos direitos humanos.

Em matéria laboral, destacam-se, entre outras, as seguintes convenções:[102]

[102] RACCIATTI, Octavio Carlos. El tratado Internacional como Fuente del Derecho del Trabajo. In: *Grupo de lo miércoles: treinta y seis estudios sobre las fontes del derecho del trabajo.* Montevideo: FCU – Fundación de cultura universitaria, 1995, p. 179-80.

a) sobre igualdade e não discriminação no emprego, a Convenção sobre a eliminação de todas as formas de discriminação racial (ONU, 1965) e a Convenção sobre a eliminação de todas as formas de discriminação contra a mulher (ONU, 1979);
b) sobre infância, a Convenção sobre os direitos da criança (ONU, 1989);
c) sobre migrantes, a Convenção Internacional sobre a proteção de todos os trabalhadores migrantes e seus familiares (ONU, 1990).

Embora tenha a ONU competência internacional para solução de problemas sociais e econômicos, novas organizações foram criadas para estes fins, tendo-se em vista a pressão das nações mais industrializadas, descontentes com o fato de que, na Assembléia Geral, teriam igual voto (soberania formal) com os países em vias de desenvolvimento.

Criadas as organizações internacionais multilaterais de vocação universal, ou seja, sem limites geográficos para os Estados que as compõem, estas buscam ter maior eficácia nas áreas econômica (OMC) e social (OIT, OMS) através da elaboração de tratados internacionais, instrumentos mais adequados para vincular os Estados e, portanto, aptos para a configuração de uma nova ordem econômica internacional.[103]

A ONU tem delegado principalmente para a OIT a discussão sobre o tema dos direitos sociais trabalhistas,[104] embora submeta a OIT ao seu Conselho Econômico e Social.

No campo dos direitos humanos, a ONU reúne as pretensões de universalidade a respeito do tema, tratando em sua declaração a respeito da proteção ao trabalhador.

1.2.1.1.1. A Declaração dos Direitos Humanos de 1948

A Declaração dos Direitos Humanos de 1948 nasceu do choque ideológico no berço das Nações Unidas. Os norte-americanos pretendiam que fosse um xerox da declaração de independência, destacando o princípio da liberdade, enquanto os socialistas lutavam pela inclusão do princípio da igualdade como básico.[105]

A Declaração dos Direitos Humanos é fruto de várias ideologias e o ponto de encontro de várias concepções diferentes de homem e de sociedade.[106] Favoreceu o surgimento do indivíduo num marco que era

[103] TRINDADE, Antônio Augusto Cançado. *Direito das Organizações Internacionais*. Belo Horizonte: Del Rey, 2002, p. 46.

[104] A UNCTAD reafirmou a necessidade já vista em Cingapura de que o debate sobre padrões trabalhistas justos continuasse dentro da OIT. Numa série de documentos com vistas à preparação de Seattle, a UNCTAD analisa a relação entre mercado e o desenvolvimento social, no que designou de "positive agenda". *United Nation Conference on trade and development*: A positive agenda for developing countries. UN: Geneva, 2000.

[105] CASSESE, Antonio. *Los Derechos Humanos en el Mundo Contemporáneo*. Barcelona: Editora Ariel, 1993, p. 42-5.

[106] *Idem, Ibidem*, p. 55-57.

somente reservado aos Estados. Enquanto a Declaração convidava os Estados que se vinculassem a seus princípios, os pactos de 66 tiveram valor diferente porque constituíram tratados propriamente ditos, ou seja, somente obrigam países mediante uma adesão formal. Fixou-se um mínimo de preceitos e de aplicação flexível em cada Estado.[107]

Uma das mais importantes transformações que os três documentos (Declaração e Pactos) produziram foi a fragmentação da reciprocidade individualista dos Estados no plano internacional, fazendo serem ouvidas exigências coletivas dos povos. A maioria os Estados aceita que Direitos Humanos são metas, linhas diretrizes a serem alcançadas que têm prioridade sobre outros interesses nacionais. Neste sentido, a doutrina dos Direitos Humanos foi responsável por induzir os Estados a observarem normas internacionais de comportamento.

A OIT teve importante papel na quebra da reciprocidade à medida que as convenções obrigavam os Estados a cumprirem condutas que beneficiavam os seus cidadãos, o que gerava um pequeno interesse na intervenção dos outros Estados. Para que os Estados não fossem oprimidos por mecanismos de sanção internacionais mas, ao mesmo tempo, para que as normas fossem cumpridas, a solução de compromisso que surgiu foi a adoção de mecanismos de controle. Estes mecanismos de controle previam a possibilidade de serem ativados por pessoas distintas dos Estados. O controle significa apurar eventuais violações e solicitar ao Estado responsável que providenciasse a mudança da situação de violação. Este sistema de controle que pertencia à OIT inicialmente se difundiu a outras organizações governamentais, depois da Segunda Guerra.[108]

A multiplicidade de instrumentos internacionais, no âmbito dos direitos humanos, exige coordenação entre os órgãos e mecanismos de proteção, nos planos global e regional, sempre inspirados em uma fonte comum: a Declaração Universal de 1948, "ponto de irradiação dos esforços em prol da realização do ideal de universalidade dos direitos humanos".[109]

Os direitos reconhecidos como direitos fundamentais no trabalho, pela OIT, em 1998, já estão contemplados na Declaração Universal, de 1948.

O art. 4º da Declaração Universal dos Direitos Humanos assevera que "ninguém será submetido à escravidão nem à servidão", proibindo, a seguir, a escravidão, está presente nas Convenções da OIT sobre trabalho escravo (Convenções n. 29 e 105, de 1930 e 1957).

[107] *Idem, Ibidem*, p. 59-60 e 78-79.

[108] CASSESE, Antonio. *Los Derechos Humanos en el Mundo Contemporáneo*. Barcelona: Editora Ariel, 1993, p. 246-247.

[109] CANÇADO TRINDADE, Antônio Augusto. *Tratado de Direito Internacional dos Direitos Humanos*. Porto Alegre: Fabris, 1997 p. 115.

A proibição de discriminação prevista no art. 7º da Declaração Universal dos Direitos Humanos reflete-se tanto na Convenção n. 100, de 1951, sobre igualdade de remuneração para trabalho de igual valor, como na relativa à discriminação em matéria de emprego e ocupação (Convenção n. 111, de 1958).

O art. 23, § 4º, da Declaração Universal dos Direitos Humanos, que menciona que toda pessoa pode fundar sindicatos ou sindicalizar-se para proteger seus interesses, está vinculado aos princípios defendidos nas Convenções n. 87 e 98, de 48 e 49, da OIT, respectivamente.

O art. 22 da Declaração Universal dos Direitos Humanos ao assegurar à pessoa a satisfação dos direitos econômicos, sociais e culturais indispensáveis à sua dignidade e ao livre desenvolvimento de sua personalidade, ao ser lido em conjunto com o art. 25, ao referir "nível de vida adequado", e art. 26, "direito à educação", correspondem precisamente às normas da OIT que regem a proibição do trabalho infantil (Convenções n. 138 e 182).

1.2.1.1.2. Os pactos internacionais sobre direitos civis e políticos e direitos econômicos, sociais e culturais e os direitos humanos no trabalho

A idéia de complementariedade dos direitos de liberdade e igualdade é reafirmada no campo das declarações de direitos humanos.

Segundo Comparato,[110] referindo-se aos Pactos de 66, a "elaboração de dois tratados e não de um só, compreendendo o conjunto dos direitos humanos segundo o modelo da Declaração Universal de 1948, foi o resultado de um compromisso diplomático" e é uma medida artificial, visto que o preâmbulo idêntico dos dois pactos revela o caráter unitário e indivisível dos mesmos. Segundo o autor, no entrave entre as potências ocidentais pretendendo o reconhecimento das liberdades individuais clássicas, e os países do bloco comunista e países africanos, realçando os direitos sociais e econômicos, ocorreu a separação dos direitos de liberdade e direitos sociais. Em tratados distintos, limitou-se a atuação fiscalizadora do Comitê de Direitos Humanos aos direitos civis e políticos.

Quanto aos direitos econômicos e sociais, declarou-se no Pacto sobre Direitos Econômicos, Sociais e Culturais o que é a chamada reserva do possível. O artigo 21, alínea 1, do Pacto sobre Direitos Econômicos, Sociais e Culturais estabelece que os direitos que têm por objeto programas de ação estatal seriam realizados progressivamente, "até o máximo dos recursos disponíveis" de cada Estado.

---

[110] COMPARATO, Fábio Konder. *A afirmação histórica dos direitos humanos*. 2ª ed. São Paulo: Saraiva, 2001, p. 278.

Os Pactos de Direitos Humanos de 1966 são um marco no direito Internacional, e os direitos dos trabalhadores proclamados pela OIT, em 1998, podem ser interpretados a partir destas declarações, desde que adaptados às realidades concretas.[111] Valticos[112] identifica as questões de trabalho escravo, liberdade sindical e eliminação da discriminação com o Pacto Internacional dos Direitos Civis e Políticos e todas as outras normas internacionais da OIT as faz relacionar com o Pacto dos Direitos Econômicos, Sociais e Culturais. Sustenta que a completude do sistema de proteção aos direitos humanos e normas internacionais do trabalho neles contidos exige que se vele, com mais efetividade, em sua aplicação. Os direitos fundamentais no trabalho, proclamados pela OIT, em 98, reunidos em quatro grupos, já estão contemplados pelos Pactos de Direitos Humanos. Mais, a eliminação do trabalho forçado e trabalho infantil, liberdade sindical e não-disciminação foram direitos humanos dos trabalhadores sugeridos pela própria OIT quando da preparação para a II Conferência Mundial de Direitos Humanos, de Viena, de 1993.[113]

Dois direitos chamados de "fundamentais" pela OIT dizem respeito a situações em que os Direitos Humanos se realizam quando não há trabalho: a proibição de trabalho infantil e a proibição de trabalho forçado. Dois direitos fundamentais se concretizam, ao contrário dos outros, no trabalho, que são o direito à liberdade sindical e à não-discriminação. A novidade é que estes direitos devem ser redimensionados pelos direitos de terceira geração, ou seja, de solidariedade, pelo prisma do desenvolvimento integral do ser humano.

Na proteção ao trabalhador, algumas matérias se encaixam em direitos civis e políticos e, outras nos direitos econômicos e sociais[114] ou, em ambas.

Examinando-se o Pacto Internacional sobre Direitos Civis e Políticos, conclui-se que os direitos constantes das convenções da OIT, que formam a Declaração relativa aos princípios e direitos fundamentais no trabalho, já estão todos ali contemplados, como se verifica a seguir.

TRABALHO FORÇADO

O direito à liberdade, como ausência de escravidão, pressuposto do trabalho digno é expresso no Pacto Internacional sobre Direitos Civis e Políticos da seguinte maneira:

---

[111] HERRERA FLORES, Joaquín. *Los derechos humanos desde la escuela de Budapest.* Madrid: 1989, p. 129.

[112] VALTICOS, Nicolas. Normas internacionales del trabajo y derechos humanos: como estamos en vísperas del año 2000? *Revista Internacional del Trabajo.* Ginebra: 1998, v. 117, n. 2, p. 153-66.

[113] CANÇADO TRINDADE, Antônio Augusto. *Tratado de Direito Internacional dos Direitos Humanos.* Porto Alegre: Fabris, 1997, p. 237-8.

[114] SAMSON, Klaus. The protection of economic and social rights within the framework of the International Labour Organisation dans *The Implementation of Economic and Social Rights: National, International and Comparative Aspects*, v. 3, Strassbourg/Arlington: Publications of the Austrian Human Rights Institute, 1994, p. 124-5.

> Artigo 8º – 1. Ninguém poderá ser submetido à escravidão; a escravidão e o tráfico de escravos, em todas as suas formas, ficam proibidos. 2. Ninguém poderá ser submetido à servidão. 3. a) ninguém poderá ser obrigado a executar trabalhos forçados ou obrigatórios; b) a alínea "a" do presente parágrafo não poderá ser interpretada no sentido de proibir, nos países em que certos crimes sejam punidos com prisão e trabalhos forçados, o cumprimento de uma pena de trabalhos forçados, imposta por um tribunal competente; c) para os efeitos do presente parágrafo, não serão considerados "trabalhos forçados ou obrigatórios": qualquer trabalho ou serviço, não previsto na alínea "b", normalmente exigido de um indivíduo que tenha sido encarcerado em cumprimento de decisão judicial ou que, tendo sido objeto de tal decisão, ache-se em liberdade condicional; qualquer serviço de caráter militar e, nos países em que se admite a menção por motivo de consciência, qualquer serviço nacional que a lei venha a exigir daqueles que se oponham ao serviço militar por motivo de consciência; qualquer serviço exigido em casos de emergência ou de calamidade que ameacem o bem-estar da comunidade.

Da mesma forma, no pacto Internacional sobre os Direitos Econômicos, Sociais e Culturais, no Artigo 6º, é previsto:

> Os Estados Partes no presente Pacto reconhecem o direito ao trabalho, que compreende o direito que têm todas as pessoas de assegurar a possibilidade de ganhar a sua vida por meio de um trabalho livremente escolhido ou aceite, e tomarão medidas apropriadas para salvaguardar esse direito. As medidas que cada um dos Estados Partes no presente Pacto tomará com vista a assegurar o pleno exercício deste direito devem incluir programas de orientação técnica e profissional, a elaboração de políticas e de técnicas capazes de garantir um desenvolvimento econômico, social e cultural constante e um pleno emprego produtivo em condições que garantam o gozo das liberdades políticas e econômicas fundamentais de cada indivíduo.

Em síntese, o direito ao trabalho supõe a ausência de trabalho escravo. Isto implica o direito de livre exploração de uma atividade econômica e o livre exercício do trabalho. O marco do trabalho livre ou trabalho não-forçado é o marco da possibilidade do trabalho e do emprego dignos.

A LIBERDADE SINDICAL

De fato, o direito à liberdade sindical está expresso no art. 22, no Pacto Internacional dos Direitos Civis e Políticos, com a seguinte redação:

> Artigo 22 – 1. Toda pessoa terá o direito de associar-se livremente a outras, inclusive o direito de constituir sindicatos e de a eles filiar-se, para proteção de seus interesses. 2. O exercício desse direito estará sujeito apenas às restrições previstas em lei e que se façam necessárias, em uma sociedade democrática, ao interesse da segurança nacional, da segurança e da ordem públicas, ou para proteger a saúde ou a moral públicas ou os direitos e as liberdades das demais pessoas. O presente artigo não impedirá que se submeta a restrições legais o exercício desses direitos por membros das forças armadas e da polícia. 3. Nenhuma das disposições do presente artigo permitirá que os Estados-Partes na Convenção de 1948, da Organização Internacional do Trabalho, relativa à liberdade sindical e à proteção do direito sindical, venham a adotar medidas legislativas que restrinjam – ou a aplicar a lei de maneira a restringir – as garantias previstas na referida Convenção.

O mesmo direito é expresso no Pacto Internacional sobre os Direitos Econômicos, Sociais e Culturais, no Artigo 8º:

> *Os Estados Partes, no presente Pacto, comprometem-se a assegurar:*
>
> O direito de todas as pessoas de formarem sindicados e de se filiarem no sindicato a sua escolha, sujeito somente ao regulamento da organização interessada, com vistas a favorecer e

proteger os seus interesses econômicos e sociais. O exercício deste direito não pode ser objeto de restrições, a não ser daquelas previstas na lei e que sejam necessárias numa sociedade democrática, no interesse da segurança nacional ou da ordem pública, ou para proteger os direitos e as liberdades de outrem; O direito dos sindicatos de formar federações ou confederações nacionais e o direito destas de formarem ou de se filiarem às organizações sindicais internacionais; O direito dos sindicatos de exercer livremente a sua atividade, sem outras limitações além das previstas na lei e que sejam necessárias numa sociedade democrática, no interesse da segurança social ou da ordem pública ou para proteger os direitos e as liberdades de outrem; O direito de greve, sempre que exercido em conformidade com as leis de cada país. O presente artigo não impede que o exercício desses direitos seja submetido a restrições legais pelos membros das forças armadas, da polícia ou pelas autoridades da administração pública. Nenhuma disposição do presente artigo autoriza os Estados Partes na Convenção de 1948 da Organização Internacional do Trabalho, relativa à liberdade sindical e à proteção do direito sindical, a adotar medidas legislativas, que prejudiquem, ou a aplicar a lei de modo a prejudicar, as garantias previstas na dita Convenção.

Da liberdade para o trabalho como ausência de escravidão, evoluiu-se para a liberdade que é direito de ação, de associação, enfim, expressão do trabalhador.

NÃO-DISCRIMINAÇÃO

Os direitos de não-discriminação encontram-se igualmente no art. 2º do Pacto Internacional sobre Direitos Civis e Políticos, com a seguinte redação:

Artigo 2º – 1. Os Estados-partes no presente Pacto comprometem-se a garantir a todos os indivíduos que se encontrem em seu território e que estejam sujeitos à sua jurisdição os direitos reconhecidos no presente Pacto, sem discriminação alguma por motivo de raça, cor, sexo, língua, religião, opinião política ou de qualquer outra natureza, origem nacional ou social, situação econômica, nascimento ou qualquer outra condição.

O direito à não-discriminação é especificado, ainda, nos arts. 26 e 27 do Pacto:

Artigo 26 – Todas as pessoas são iguais perante a lei e têm direito, sem discriminação alguma, a igual proteção da lei. A este respeito, a lei deverá proibir qualquer forma de discriminação e garantir a todas as pessoas proteção igual e eficaz contra qualquer discriminação por motivo de raça, cor, sexo, língua, religião, opinião política ou de outra natureza, origem nacional ou social, situação econômica, nascimento ou qualquer outra situação.

Artigo 27 – Nos Estados em que haja minorias étnicas, religiosas ou lingüísticas, as pessoas pertencentes a essas minorias não poderão ser privadas do direito de ter, conjuntamente com outros membros de seu grupo, sua própria vida cultural, de professar e praticar sua própria religião e usar sua própria língua.

Já no no Pacto Internacional sobre os Direitos Econômicos, Sociais e Culturais, o princípio da não-discriminação no trabalho se traduz como:

Artigo 7º Os Estados Partes no presente Pacto reconhecem o direito de todas as pessoas de gozar de condições de trabalho justas e favoráveis, que assegurem em especial: Uma remuneração que proporcione, no mínimo, a todos os trabalhadores: Um salário eqüitativo e uma remuneração igual para um trabalho de valor igual, sem nenhuma distinção, devendo, em particular, às mulheres ser garantidas condições de trabalho não inferiores àquelas de que beneficiam os homens, com remuneração igual para trabalho igual; Uma existência decente para eles próprios e para as suas famílias, em conformidade com as disposições do presente Pacto; Condições de trabalho seguras e higiênicas; Iguais oportunidades para todos de promoção no seu trabalho à categoria superior apropriada, sujeito a nenhuma outra consideração além da antigüidade de serviço e a aptidão individual; Repouso, lazer e limitação razoável das horas de trabalho e férias periódicas pagas, bem como remuneração nos dias de feriados públicos.

Os artigos 26 e 27, ao especificar o art. 2° do Pacto Internacional sobre Direitos Civis e Políticos, devem ser considerados na sua totalidade como, por um lado, ausência de distinção e, por outro, direito à diferença, em determinadas circunstâncias, que visam ao reconhecimento da própria identidade cultural. A igualdade nestes dois aspectos, aparentemente contrapostos, é autorizada pela complexidade da noção de igual dignidade de todo ser humano.

A não-discriminação no Pacto de Direitos Sociais diz respeito a um tratamento isonômico de conteúdo mínimo, que assegure existência decente a todo trabalhador, com um salário, oportunidades e condições de trabalho justas.

DA PROTEÇÃO DA INFÂNCIA

A infância é amplamente defendida em ambos os Pactos de direitos humanos.

No Pacto Internacional sobre Direitos Civis e Políticos, consta no artigo 24:

> 1º Toda criança terá direito, sem discriminação alguma por motivo de cor, sexo, língua, religião, origem nacional ou social, situação econômica ou nascimento, às medidas de proteção que a sua condição de menor requer por parte de sua família, da sociedade e do Estado. 2º Toda criança deverá ser registrada imediatamente após seu nascimento e deverá receber um nome. 3º Toda criança terá o direito de adquirir uma nacionalidade.

Da mesma forma, no Pacto Internacional sobre os Direitos Econômicos, Sociais e Culturais, no Artigo 10 cita-se:

> Os Estados Partes no presente Pacto reconhecem que uma proteção e uma assistência mais amplas possíveis serão proporcionadas à família, que é o núcleo elementar natural e fundamental da sociedade, particularmente com vista à sua formação e no tempo durante o qual ela tem a responsabilidade de criar e educar os filhos. O casamento deve ser livremente consentido pelos futuros esposos. Uma proteção especial deve ser dada às mães durante um período de tempo razoável antes e depois do nascimento das crianças. Durante este mesmo período as mães trabalhadoras devem beneficiar-se de licença paga ou de licença acompanhada de serviços de segurança social adequados. Medidas especiais de proteção e de assistência devem ser tomadas em benefício de todas as crianças e adolescentes, sem discriminação alguma derivada de razões de paternidade ou outras. Crianças e adolescentes devem ser protegidos contra a exploração econômica e social. O seu emprego em trabalhos de natureza a comprometer a sua moral ou a sua saúde, capazes de pôr em perigo a sua vida, ou de prejudicar o seu desenvolvimento normal deve ser sujeito à sanção da lei. Os Estados devem também fixar os limites de idade abaixo dos quais o emprego de mão-de-obra infantil será interdito e sujeito às sanções da lei.

O problema do trabalho das crianças e dos adolescentes vincula-se às questões de desenvolvimento.[115] Por isso, nos países em desenvolvimento, são elevados os números da exploração do trabalho infantil.

---

[115] COMPARATO, Fábio Konder. *A afirmação histórica dos direitos humanos.* 2ª ed. São Paulo: Saraiva, 2001, p. 350.

Os recursos financeiros do UNICEF – o Fundo das Nações Unidas para a Infância – e outros programas governamentais ainda não apresentam uma solução para a existência trabalho infantil.

Em conclusão, os princípios de liberdade sindical, não-discriminação e término do trabalho infantil e forçado já estão presentes no Pacto Internacional sobre Direitos Civis e Políticos e no Pacto Internacional sobre os Direitos Econômicos, Sociais e Culturais.

No Pacto Internacional sobre os Direitos Econômicos, Sociais e Culturais, apenas são redimensionados os aspectos sociais do trabalho. Com esta constatação, resta claro que os direitos proclamados em 1998, pela OIT, como direitos humanos dos trabalhadores não são direitos que pertencem, exclusivamente, à primeira ou segunda geração de direitos fundamentais, mas compõem um mínimo de direitos complementares e com influências mútuas.

Portanto, para a ONU, tanto na Declaração de 1948, como nos pactos, prevalece a tendência de ver nos direitos dos trabalhadores, predominantemente, uma concepção de princípios gerais de direitos humanos.

1.2.1.2. OMC – Organização Mundial do Comércio

Em 1948, com o término da Segunda Guerra, surgiu uma entidade voltada para as relações comerciais entre os países, com a Carta de Havana, que fez surgir, primeiramente, o GATT, e, mais recentemente, a OMC. O art. 7º do referido documento refere à noção de "Padrões Trabalhistas Justos", o que restou como declaração de princípio do GATT e, posteriormente, da OMC.

Para a OMC – Organização Mundial do Comércio –, a melhoria das normas trabalhistas representa comércio internacional mais justo com reflexos no campo social, econômico, e de concorrência.[116]

Do ponto de vista desse último efeito, da concorrência, é que a OMC se interessa por questões sociais. A exportação de produtos, com preços abaixo do valor normal do preço praticado pela empresa exportadora no seu mercado doméstico, é chamado "dumping", que significa *jogar, fora, desfazer, transferir*. Ao lado da exportação de produtos subsidiados, ou seja, os que recebem benefícios do governo, são considerados formas de comércio desleal, designado pelo termo "unfair trade".

O direito dos países de agirem contra este tipo de comércio é permitido pelo GATT (Acordo Geral sobre Tarifas e Comércio) porque estas práticas afetam o comércio internacional, distorcendo as regras

[116] GONÇALVES, Reinaldo. *O Brasil e o Comécio Internacional: trasnformações e perspectivas*. São Paulo: Contexto, 2000, p. 51-2.

da concorrência e causando dano à indústria local do país importador.[117]

O *dumping*[118] ocorre quando o preço e a exportação de um produto é inferior àquele normalmente praticado: quer dizer, quando uma empresa vende um produto no mercado estrangeiro por menos do que seu custo de produção, ou o preço que pratica em seu mercado local ou doméstico. As punições *antidumping*, geralmente aplicadas pelo país que é objeto dessa prática, serão, portanto, avaliadas em função da margem de *dumping*, isto é, o valor normal do produto no país exportador menos o preço de exportação.[119]

A partir das definições de *dumping*, criou-se, na OMC, um debate sobre o *dumping* social.[120]

---

117 THORSTENSEN, Vera. *OMC – As regras do comércio internacional e a rodada do milênio.* São Paulo: Aduaneiras, 1999, p. 107

118 CASELLA, Paulo Borba; MERCADANTE, Aramita (coord). *Guerra Comercial ou Integração Mundial pelo Comércio? A OMC e o Brasil.* São Paulo: Ltr, 1998, p. 299. Veja-se sobre dumping: MACIEL, George Alvares. A Dimensão Multilateral: o papel do GATT na expansão da economia, a Rodada Uruguai e a criação da OMC em 1994. *Boletim de Diplomacia Econômica.* Brasília, D.F., n. 19, p. 130-46, fev. 1995.

119 Com o aumento do *dumping* nos anos 60 foi necessária a criação de um código *antidumping* no antigo GATT, durante a Rodada Kennedy (1967). Na configuração desse acordo participaram os países desenvolvidos com indústrias tradicionais afetadas pela concorrência internacional como EUA e CE, bem como os em desenvolvimento, com vantagens comparativas em termos de tecnologia ou custo de mão-de-obra e agressivos exportadores como o Japão, Países do Sudeste da Ásia, América Latina, Países do Centro da Europa e China. MAGALHÃES MARQUES, Frederico do Valle: O *dumping* na Organização Mundial do Comércio e no Direito Brasileiro In: CASELLA, Paulo Borba; MERCADANTE, Aramita (coord). *Guerra Comercial ou Integração Mundial pelo Comércio? A OMC e o Brasil.* São Paulo: Ltr, 1998, p. 294-327. Para que a OMC possa fiscalizar os países membros, quanto à verificação do dumping e aplicação das medidas *antidumping*, criou um comitê com representante de cada um dos membros, que prevê atenção à situação dos países em desenvolvimento. De 1987 a 1998, cerca de 2.400 investigações foram iniciadas. THORSTENSEN, Vera. *OMC – As regras do comércio internacional e a rodada do milênio.* São Paulo: Aduaneiras, 1999, p. 108. O Artigo VI, do Acordo Geral do GATT, permitia que os países aplicassem direitos *antidumping* para impedir a prática desleal de comércio. As regras que regulavam o cálculo do *dumping*, o cálculo do dano e a margem entre *dumping* e dano, foram objeto de um acordo específico na Rodada Tóquio. Na Rodada do Uruguai houve pontual preocupação a fim de que os países membros da OMC não utilizassem políticas econômicas protecionistas sob a denominação *antidumping*. Isso foi feito através da implementação do Artigo VI do Acordo Geral sobre Tarifas e Comércio – 1994, que manteve, ainda, as regras do GATT47/94. Há, portanto, a regulamentação do processo detalhado de apuração do *dumping*, no qual, apesar de esforços de objetivar as regras, existe espaço de arbitrariedade na decisão de aplicação desses instrumentos pelos responsáveis da investigação e aplicação dos direitos *antidumping*. Outros problemas das medidas *antidumping* é que ocasionam para o mercado internacional incoerência entre práticas domésticas e internacionais: venda abaixo dos custos para conquistar mercados ou baixa de preços no caso de produtos cíclicos é possível apenas no mercado interno. Tais estratégias no mercado internacional, viabilizariam acusações de *dumping*.

120 CHARNOVITZ, Steve. La influencia de las norasm internacionales del trabajo en el sistema del comercio mundial: resumen histórico. *Revista Internacional del Trabajo*, v. 107, 1988, n. 1, p. 69-93. Em 1927 o termo "dumping social" foi utilizado na Conferência Econômica Internacional, organizada pela Sociedade das Nações. Em 1950 começou-se a falar em harmonização das políticas sociais, debate que permaneceu em 1980 na Comissão Brandt que estudava problemas de desenvolvimento.

Dumping social diz respeito a toda a preocupação da OMC com questões laborais que impeçam a leal concorrência no comércio internacional. Assim, por exemplo, questões de soberania interna dos países-membros, quanto à normas de fixação de salários ou, ainda, exigências de nacionalidade no que se refere ao pessoal, podem ser considerados entraves para que as empresas possam minimizar os custos do trabalho por meio de um recrutamento internacional.

Do ponto de vista normativo, inexiste qualquer indicativo da adoção do chamado *dumping* social[121] entre medidas que devam ser reprimidas por mecanismos *antidumping*. Nesse ponto, no que tange às regulamentações específicas da OMC, que se referem a *dumping*, é totalmente sem sentido o termo "*dumping* social".[122] Na forma específica de abordagem do tema na OMC, em nenhum momento o texto do acordo do GATT se refere a *dumping* social nem há qualquer menção de fatores trabalhistas para a determinação do *dumping*. Ademais se, na linguagem comercial, *dumping* pressupõe venda, não se pode considerar a força de trabalho uma mercadoria, como tenta demonstrar a OIT, durante toda sua existência.[123]

No interior da OMC, evita-se que as medidas *antidumping* se convertam em medidas protecionistas. Questões relativas a mercado de trabalho são sempre multifatoriais, sendo difícil atribuir o preço do produto apenas ao fator salários. É praticamente absurdo atribuir *quantum* ao dano do país prejudicado pelo "*dumping* social", bem como o valor da medida reparatória.

A OMC, em contraste com outras organizações internacionais, criadas em Bretton Woods, foi pensada para aplicar normas, enquanto o Banco Mundial e o FMI administram recursos.[124] Por esse motivo, as normas da OMC são sempre ponderadas considerando-se a eventualidade da sanção. Críticas são feitas à tentativa de vincular normas trabalhistas com sanções comerciais. Se sanções comerciais forem relacionadas a descumprimento de legislação laboral mínima, em tratados internacionais, e se um Estado for excluído do comércio internacional até que passe a atender essas condições de trabalho mínimas, ficaria sem os benefícios gerados pelo processo econômico

---

121 "Background Note on Health and Social Services" In: www.wto. org/services/w65.htm

122 O que é sem sentido é o termo "dumping social" enquanto matéria regualda pela OMC e não o termo "dumping" para o qual há regulamentação específica. Sobre o assunto veja-se: BARRAL, Welber. O. *Dumping e Comércio Internacional*. Rio de Janeiro: Forense, 2000.

123 LYON-CAEN, Gerard. ?Derecho del trabajo o derecho del empleo? In: *Evolucion del pensamiento juslaboralista- estudios en homenaje al Prof. Héctor-Hugo Barbagelata*. Montevideo: Fundacion de Cultura Universitaria, 1997, p. 283.

124 LAFER, Celso. *A OMC e a regulamentação do comércio internacional: uma visão brasileira*. Porto Alegre: Livraria do Advogado Editora, 1998, p. 19.

comercial. Excluído do ciclo produtivo, não poderia o Estado suportar as reformas sociais necessárias para estar apto à concorrência leal.[125]

Teme-se que conseqüência de tratar questões sociais como instrumentos de sanção, dentro da OMC, piorariam as condições sociais do país penalizado, gerando mais pobreza e exclusão, e não o contrário.[126] Dentro da União Européia, porém, no ano 2000, houve aplicação de represálias comerciais à Áustria e condicionamentos para que a Turquia ingressasse na União Européia, ambos com resultados úteis para que se implementassem direitos fundamentais. Porém, nestes casos, não se está diante do sistema multilateral da OMC. Veja-se sobre o assunto: Norris, Roberto. Empresas transnacionales y sus efectos sociales. *Laboral. Sociedad Argentina de Derecho*, ano III, n. 16, nov. dec. 2002, p. 37-41.

Discutiu-se que o acréscimo de uma dimensão social para o GATT somente poderia ser atingido mediante reformas legislativas naquela organização, até hoje não ocorridas, mesmo após a sua transformação na OMC.[127]

Portanto, a discussão sobre direitos humanos dos trabalhadores na OMC é meramente instrumental às questões comerciais.

---

[125] HANSSON, Gote. *Harmonization and International Trade*. New York and London: Routledge, 1990, p. 92-6.

[126] Como não há casos concretos sobre aplicação de sanções trabalhistas pela OMC, é difícil afirmar em que medida os empregados seriam afetados. Porém, podem ser feitas suposições a partir das questões ambientais. Há o caso famoso a respeito dos Estados Unidos em relação à pesca do atum. Os EUA exigiam certas regras para a pesca e ele passou a não importar atum de países que não observassem tal regra. Como a questão também envolvia o transporte, México e Venezuela foram os países mais afetados. A OMC analisou o caso recentemente e condenou a prática dos EUA. Ou seja, a OMC atuou no sentido de retirar a sanção americana, e não no sentido de impor.
Transcreve-se o caso: A recent controversy over tun fishing with long drift nets that kill purpoises is yet another example. Environmentalists in the United States whose sensibilities were offended by the drowning of porpoises required US boats at some additional expense to amend their fishing pratices. The US fishermen, complaining about imported tuna caught with less regard for porpoises, persuaded the US governenmt to ban such tuna imports (both direct imports from the countries in which the tuna is caught and indirect imports shipped via third countries). Mexico and Venezuela were the main countries affected by this ban; a GATT dispute panel sided with Mexico against the United States in the controversy which further upset the US environmental community. EHRENBERG, Ronald G. *Labor Markets and Integrating National Economies*. The Brookings Institution. Washington, DC, 1994, p. XXIII.
De qualquer sorte, o sistema multilateral pode acorbertar protecionismo, aumentando danos, como fica claro no comentário que segue: The fact that the United States lost the case, or apparently did, was actually more damaging to the insider outlook than if the United States had simply won-for what the Appellate Body showed is that one could in fact control the problematic or potentially problematic aspects of these kinds of measures (e. g., knee-jerk,unilateralism, indifference to the specific situations of other countries, hidden protectionism) within the legal framework of the WTO system. HOWSE, Robert. The Fate of the Multilateral Trading Regime. *The American Society of International Law & The American Journal International Law*. January, 2002, p. 94-120.

[127] THORSTENSEN, Vera. *OMC – As regras do comércio internacional e a rodada do milênio*. São Paulo: Aduaneiras, 1999, p. 332.

1.2.1.3. OCDE – Organização para Cooperação e Desenvolvimento Econômico

Como a OMC, a OCDE trata de matéria econômica, com a finalidade explícita de liberalização.[128] Participavam desta organização países desenvolvidos que são responsáveis por dois terços dos serviços produzidos no mundo. Teve origem na idéia da reconstrução do terceiro mundo, mas com o ingresso do México em 96, e novos países industrializados, tem sido organização contraditória em seus objetivos. As finalidades centrais da OCDE eram manter as bases estruturais da economia ocidental, a assistência econômica e constituir espécie de conferência internacional em sessão permanente. Assiste-se, no momento presente, uma perda de identidade da OCDE, pelo seu alargamento.[129]

A OCDE tende a tomar a questão laboral como investimento. A OCDE pretendia, mediante a celebração de tratado negociado, entre maio de 1995 e setembro de 1998, incluir a possibilidade de que as empresas multinacionais pudessem postular, perante um árbitro internacional, contestando políticas públicas que alterassem a situação prevista por investidores estrangeiros. Através deste tratado, denominado AMI[130] (Acordo Multilateral de Investimentos), os estados signatários, que poderiam ser países em desenvolvimento que não estão entre os 29 que pertencem a OCDE, estariam sujeitos a pagar indenização por perdas e danos se viessem a legislar no plano trabalhista nacional de forma a prejudicar o investimento estrangeiro de modo a atingir sua rentabilidade. O resultado disso para o país penalizado poderia se expressar tanto na necessidade de pagamento de indenizações milionárias dos governos para a multinacional que invocasse o AMI quanto na tendência à perda da autonomia no plano nacional, visto que os Estados envolvidos seriam pressionados a não legislar sobre matéria trabalhista.

Fruto de pressões internacionais, o AMI não foi aprovado, indicando, entretanto, a perversa visão economicista de que o Estado pode causar danos ao capital internacional quando intervém para realizar sua finalidade precípua que é disciplinar as relações, tendo em vista o bem comum.

A OMC teve suas origens na OIC (Organização Internacional do Comércio), no ano de 1944, quando se criou o sistema de Bretton

128 COMPA, Lance. *The Multilateral Agreement on Investment and International Labour Law: a failed conection.* Cornell International law Journal, v. 31, n. 3, New York: Cornell University, 1998, p. 683-712.

129 BÉLANGER, Michel. *Instituições Econômicas Internacionais*: a mundialização econômica e seus limites. Lisboa: Instituto Piaget, 1997, p. 123-126.

130 BRIE, Christiande. Comment l'AMI fut mis em pièces. *Le Monde Diplomatique*. Paris, dez. 1998, p. 21.

Woods, um regime internacional de pós-guerra que reestruturou também a OIT. Neste período, a visão comum das organizações internacionais era um programa de desenvolvimento de emprego e crescimento econômico que eram elementos inseparáveis. Da mesma forma, a OCDE, criada em 1948, sob a nome Organização para a Cooperação Econômica Européia (OCEE) partia da idéia da reconstrução da Europa prevista sob o Plano Marshall americano. Nos primórdios, ambas as organizações compartilhavam da idéia de uma estreita unidade entre os aspectos econômicos e sociais do crescimento, que impulsionou os Estados de bem-estar. Entretanto, com o declínio do período áureo do capitalismo, nos anos 70, houve um divórcio entre as políticas de trabalho e comércio. A partir daí, o problema do trabalho humano passa a ser visto pelas organizações com fins de liberalização de comércio como obstáculos a serem superados.[131]

Para a OMC e a OCDE, a questão dos direitos humanos dos trabalhadores não respeitados passa a ser entrave num sistema de comércio mundial. Cogita-se em políticas de sanção para os países que descumprem proteções mínimas aos trabalhadores. Procura-se tratar os direitos humanos como condições para que um país participe do comércio internacional, ou obtenha financiamentos em certos setores e, portanto intrumentaliza-se o discurso dos direitos humanos dos trabalhadores.

Desse modo, hoje, a OCDE e a OMC tratam da proteção dos trabalhadores, com a preocupação predominante dos aspectos comerciais, econômico-financeiros sobre os aspectos trabalhistas.

Deste modo, ao pretender tratar os direitos humanos na base de normas mais rígidas, estas organizações internacionais, que inicialmente viam nos direitos humanos dos trabalhadores princípios de políticas públicas, se inclinam pela concepção de direitos humanos que podem ser exigidos no âmbito comercial através normas, e portanto, como direitos subjetivos invocáveis por Estados contra outros Estados, no cenário mundial.

1.2.2. Os direitos humanos dos trabalhadores e os blocos econômicos

A formação dos blocos econômicos regionalizados, embora apontando para questões predominantemente econômicas, impeliu os países signatários a dar atenção para a questão social, a fim de uniformizar um nível mínimo de proteção para trabalhadores, na região a que pertence o bloco. Aos sindicatos, atribui-se uma importante ação na conquista dos aspectos sociais nos blocos.[132]

131 *Revista Internacional del Trabajo*. La OIT e Bretton Woods: ¿una visión común? V. 113, 1994, p. 789/805.

132 NORRIS, Roberto. *Contratos Coletivos Supranacionais de trabalho e a Internacionalização das Relações Laborais do MERCOSUL*. São Paulo: Ltr, 1998, p. 130.

A convergência das conquistas sociais é considerada importante na medida em que, em um sistema de excessiva competição econômica no interior da região formada pelo bloco, a tendência seria a redução da proteção social para todos os trabalhadores, cristalizada na expressão "race to the bottom" (corrida para baixo).

Um relativo equilíbrio social é desejado no interior dos blocos econômicos, tendo-se em vista a mobilidade dos trabalhadores, a imigração e a paridade nas condições de consumo.

Como os blocos são, além dos Estados, outros espaços de reivindicação dos direitos humanos,[133] questiona-se até que ponto um Estado guarda plena autonomia para negociar com a OIT, as normas internacionais do trabalho ou se estas deveriam ser negociadas pelo bloco, em função da harmonia social pretendida no seu interior. Numa primeira fase interpretativa, a doutrina a respeito dos blocos econômicos, não fazia distinção entre o direito comunitário e direito das organizações internacionais, tendo posteriormente considerado a existência de fontes distintas de Direito Internacional do Trabalho.[134]

Um dos modos preconizados, nos blocos, para atingir metas sociais e laborais tem sido a redação de uma carta social, na forma de declaração solene, limitada aos países-membros ou estendida a terceiros. As sanções por descumprimento de uma carta social existem ou não.[135] Se estiverem presentes, e forem sanções econômicas, a carta social adotaria padrões trabalhistas como cláusulas sociais para efeitos de comércio do bloco.

Para a elaboração da carta, são consideradas as legislações dos países que compõem o bloco, a legislação comunitária e as normativas internacionais em matéria trabalhista que advêm da OIT.

Normalmente, as declarações sociais no interior dos blocos levam em conta os grandes marcos de princípios que são, no dizer de Uriarte,[136] a Declaração Universal dos Direitos Humanos/ONU, 1948; o

---

[133] MARCHAND, Daniel. Rivalité entre normes européennes et normes internationales du travail. 7/8 *Droit Social*, juillet/-août. Paris: Editecom, 1993, p. 702-6.

[134] PERONE, Giancarlo. *Liniamenti di diritto del lavoro: Evoluzione e partizione della materia: tipologie lavorative e fonti*. Torino: G. Giappichelli Editore, 1999, p. 246.

[135] URIARTE, Oscar Ermida. Globalizaciòn Y Relaciones Laborales. *Revista de Derecho da Universidad Católica del Norte – Campus Guayacán*-Santiago: 2000, p. 137-52 Como o objetivo de uma cláusula social é condicionar vantagens comerciais ou preferências alfandegárias aos sócios ou a terceiros dentro de um acordo comercial, nada obsta que o conteúdo de uma cláusula comercial seja fixado mediante a obediência a princípios descritos em uma carta social de determinado bloco econômico, desde que sejam identificados e definidos estes princípios, para fins de supervisão. Nada impede que cláusulas sociais, no interior dos blocos, possam definir que sejam cumpridos parte ou toda a legislação laboral dos países envolvidos, como é o exemplo do NAFTA.

[136] URIARTE, Oscar Ermida. Características, conteúdo e eficácia de uma eventual Carta Social do Mercosul. In: *Direito Constitucional do Trabalho*, v. II, Coord. Aluísio Rodrigues. São Paulo: LTr, 1997, p. 51.

Pacto Internacional dos Direitos Econômicos, Sociais e Culturais/ONU, 1966; o Pacto Internacional dos Direitos Civis e Políticos/ONU, 1966; a Constituição da OIT.

A fim de delimitação da exposição, acena-se brevemente a questão social dentro da União Européia, MERCOSUL e NAFTA, eleitos, respectivamente, pelos critérios de bloco avançado no estudo de questões sociais trabalhistas (União Européia), bloco em que o Brasil tem interesse direto e imediato por ser membro (MERCOSUL) e, por fim, o bloco que internalizou a prática de padrões sociais de direitos humanos dos trabalhadores, com caráter sancionatório (NAFTA). Os blocos escolhidos refletem as concepções de direitos humanos enunciadas como direitos subjetivos, necessidades e princípios.

Na relação entre os direitos dos trabalhadores e os blocos, com o aparecimento das criações regionais complexas a respeito de normas laborais, questiona-se, novamente, o universalismo pretendido para as normas laborais da OIT.[137]

1.2.2.1. União Européia

A União Européia, no desenvolvimento de sua dimensão social, interessa ao Direito Internacional do Trabalho e à Organização Internacional do Trabalho, especialmente pelo conteúdo declaratório das cartas de princípios sociais, por criar um sistema supranacional de legislação social e por estabelecer uma forma de cláusula social dentro do próprio bloco. Historicamente, entre 1948 e 1970, a OIT preocupou-se com a duplicação de atividades e a superposição de competências no plano laboral, tendo em vista o crescimento das concepções comunitárias na Europa. Temia-se que a fragmentação das competências extinguisse a integração da OIT no cenário mundial.[138]

A dimensão social do Mercado Comum Europeu está invocada na Carta Comunitária dos Direitos Sociais Fundamentais, de 1989, cuja evolução serviu de base para os outros blocos econômicos. Em matéria laboral, as normas da Comunidade Européia dispõem sobre políticas sociais em geral, sem ênfase ao Direito do Trabalho. A história da Comunidade Européia constitui um processo lento de acréscimo de finalidades sociais.[139] A CECA (Comunidade Européia do Carvão e do

[137] JAVILLIER, Jean-Claude. Pragmatismo e innovación en el derecho internacional del trabajo. *Revista Internacional del trabajo*, v. 113, n. 4, 1994, p. 551-69.

[138] SERVAIS, Jean-Michel. La clausula social en los tratados de comercio: ¿Pretensión ilusória o instrumento de progreso social? *Revista Internacional del Trabajo*, v. 108, n. 3, 1989, p. 289-99. Como se sabe, o tratado constitutivo da Comunidade Econômica Européia contém disposições sociais (arts. 117 a 122), convencionando expressamente a necessidade de equiparar as condições de vida e trabalho.

[139] MONTOYA MELGAR, Alfredo; GALIANA MORMO, Jesus Maria; SEMPERE NAVARRO, Antonio V. *Derecho Social Europeo*. Madrid: Editorial Tecnos, 1994, p. 31.

Aço) atribuiu poucas funções à alta autoridade (hoje Comissão Européia), apenas de caráter consultivo, quanto às matérias sociais. A CEE (Comunidade Econômica Européia) apresentou resultados sociais mais numerosos e importantes. A partir de 1975 surge um conjunto de diretivas que formam o núcleo clássico da política social européia, construída ao lado de uma abundante interpretação do Tribunal de Justiça da Comunidade Européia.[140]

O Tratado da União Européia firmado em Maastricht, em 7 de fevereiro de 1992, pela adoção de moeda única, o Euro, estabeleceu a etapa da união econômica, com a livre circulação de pessoas e função jurisdicional de União Européia. O Tratado de Maastricht prevê, no art. 3º, que a ação dos Estados-Membros e da Comunidade Européia comporta a instauração de uma política econômica fundada na coordenação das políticas econômicas dos Estados-Membros, no mercado interno e na definição de objetivos comuns, indicados nas próprias diretivas.[141] As diretivas, legisladas pelo Conselho e Comissão da Comunidade Européia, são transpostas para o direito interno de cada país com prazos fixados. O resultado da transposição do direito comunitário para o direito interno de cada país membro da União Européia decorre do princípio da supranacionalidade, que, em algumas situações, impõe limites à soberania legislativa dos países-membros, retirando-lhe ou atribuindo-lhe competências, no plano dos direitos sociais.

Com as diretivas, fixaram-se normas sociais mínimas sob a égide do princípio da subsidiariedade.[142] A máxima preconizada por este princípio reflete a orientação de que os poderes públicos de âmbito mais geral só devam atuar quando os níveis inferiores de administração não o fazem, e o cidadão não possa agir efetiva e eficazmente. O protocolo social do Tratado de Maastricht prevê que a implementação de planos de ação da Comissão Européia, que contém regulamentos de ordem social, possa ser feita por votos da maioria, alterando a necessidade de consenso que existia anteriormente.

Entretanto, foi na seara do Tratado de Amsterdã, de 02 de outubro de 1997, que a questão social foi tratada mais de perto, salientando-se o

[140] Nesse sentido, mencionam-se as diretivas 75/117 – sobre igualdade de remuneração, 76/207 – sobre igualdade de tratamento, 97/80, sobre inversão do ônus da prova em matéria de discriminação sexual, diretiva 97/95 que tem por finalidae permitir que os trabalhadores conciliem suas responsabilidades familiares e trabalho, diretiva 78 de 2000 que diz respeito a igualdade de tratamento em matéria de ocupação e condições de trabalho, proibindo discriminação por matéria de religião, convicções pessoais, handicap, idade e tendências sexuais. Na evolução das diretivas sociais sobre a discriminação se verifica a influência das evolução da matéria em sede de OIT.

[141] JAVILLIER, Jean-Claude; BANPLAIN, Roger. *Droit du travail communautaire*. 2. ed. Paris: L. G. D. J. 1995, p. 33-4.

[142] LYON-CAEN, Gèrard. Subsidiarity. *European Community Labour Law*. Oxford: Claredon Press, 1996, p. 49.

problema do emprego e dos direitos dos cidadãos. Uma mobilização de massa coordenada pela Confederação Européia de Sindicatos (CES) e outros grupos da sociedade civil exigiu políticas comunitárias para a criação de emprego.[143] O Tratado de Amsterdã incorporou a Carta Social Européia de 1961 e a Carta Comunitária de Direitos fundamentais dos trabalhadores de 1989 aos tratados de fundação. A Carta Social Européia adotou um sistema de controle de três etapas: relatórios dos governos que informam o grau de cumprimento dado à Carta; um comitê de peritos examina os relatórios, remetendo o parecer ao Conselho da Comunidade Européia e, por fim, o Conselho, se der procedência às recomendações dos peritos, fará recomendações aos governos faltosos. Como o sistema contém problemas de eficácia, para suprir falhas, recorre-se à concepção de um futuro Tribunal Superior Supranacional com a missão de vigiar e implementar o cumprimento da carta social. No plano social, a União Européia prevê que uma disparidade muito grande entre os países do bloco possa diminuir a proteção de todos os trabalhadores. As duas cartas incorporadas não referem temas de comércio, mas partem da crença que estabelcer padrões comuns evitam o "*dumping* social". Alguns sindicatos não acham a carta significativa, uma vez que somente fixa mínimos.

No entanto, a cláusula laboral prevista no Regulamento C.E. n. 1154, de 25 de maio de 1998, da União Européia, exemplifica um sistema unilateral de cláusulas sociais do bloco. Por este regulamento, foram estipuladas reduções tarifárias entre 10% e 35% a favor de produtos industriais provenientes de países em vias de desenvolvimento que apliquem as convenções internacionais do trabalho de n. 87, 98 e 138, sobre liberdade sindical, negociação coletiva e idade mínima de admissão no emprego.[144]

Há que se examinar, ainda, a influência da União Européia, indicando tendências normativas para a OIT. Observa-se uma recente analogia entre a aplicação direta das diretivas e normas da OIT. As diretivas da União Européia, embora não tendo vigência no ordenamento interno dos Estados-Membros, devem ser transpostas e adotadas (art. 189 do Tratado de Roma). Se a transposição não ocorre, o Tribunal de Justiça tem aceitado que particulares demandem contra seu Estado, pleiteando a aplicação da diretiva, com êxito em algumas hipóteses, como é o caso Francovich, contra a República Italiana.[145]

143 SCHUTTE, Giorgio Romano; PORTELlA DE CASTRO, Maria Sílvia; JACOBSEN, Kjeld Aagaard. *O sindicalismo na Europa, Mercosul e Nafta*. São Paulo: Ltr, 2000, p. 86.

144 URIARTE, Oscar Ermida. Globalizaciòn Y Relaciones Laborales. *Revista de Derecho da Universidad Católica del Norte – Campus Guayacán*. Santiago: 2000, p. 137-52.

145 FONTOURA, Jorge. Múltiplos de cidadania: o modelo da neojusrisdição comunitário-européia. Estudos Sobre Integração. In: FARIA, Werter (org) *et al*. *Estudos sobre integração*. Porto Alegre: Livraria do Advogado Editora, 2000, p. 65-7. Segundo narra Jorge Fontoura: "Em janeiro

Examinando-se a operatividade própria das normas da OIT, quando estas contêm disposições auto-executivas e não-programáticas, alguns países como França, Itália, Bélgica, Espanha, reconheceram, pelo *status* da norma internacional ratificada no plano interno, a aplicação direta das normas da OIT em algumas decisões de seus tribunais,[146] não apenas contra o Estado mas também quando estão em disputa interesses de particulares. Nesses casos, nos quais se verifica a aplicação direta das normas da OIT, estas se assemelham às diretivas da União Européia. Ambas as normativas são dirigidas aos Estados, com a diferença de que ao Tribunal comunitário é atribuída força para impor ao Estado que repare o particular prejudicado, o que não ocorre com a OIT, provida de poder moral de controle do país não cumpridor das normas.

O bloco privilegia uma concepção de direitos humanos, criando, através de diretivas, direitos subjetivos exigíveis de um particular contra o seu Estado. Porém, ao mesmo tempo, o bloco pretende apontar diretrizes políticas para os países-membros, traduzindo desta forma uma concepção de direitos humanos como princípios.

de 1990, deram entrada na Secretaria da Corte de Justiça das Comunidades Européias, os processos C-6/90, Tribunal de Vicenza, Itália, para efeitos de reenvio pré-judicial, nos termos do art. 177 do Tratado de Roma, trazendo a questão da correta interpretação do artigo 189, § V, do mesmo Tratado de Roma, bem como a Diretiva 80/987 CEE do Conselho, de 20 de outubro de 1980. Tal norma comunitária derivada referia-se à harmonização legislativa dos Estados-Membros, no que concerne à proteção dos trabalhadores assalariados, em caso de insolvência do empregador, no sentido de constituírem-se fundos imediatamente disponíveis para a pronta e efetiva tutela econômica dos Cidadãos abruptamente desempregados. O processo C-6/90, referia-se ao Andrea Francovich contra a República da Itália, fundado na seguinte causa de pedir: o autor tinha trabalhado para a empresa CDN Elletronica S. n. C. , em Vicenza, de 11 de janeiro de 1983 a 7 de abril de 1984, tendo apenas recebido pagamentos esporádicos por conta de salário, pelo que demandou o empregador no Tribunal de Vicenza, pelo que condenou a empresa, por decisão de 31 de janeiro de 1985, a pagar ao reclamante a quantia de 6 milhões de Liras italianas. Na fase de execução da sentença, com a certidão negativa de penhora, verificou-se estar o estabelecimento fechado, dilapidado e abandonado. Invocou Andrea Francovich o direito de obter as garantias contempladas pela Diretiva comunitária que não havia sido cumprida pelo Estado italiano. O juiz italiano suspendeu a instância, até que a Corte do Luxemburgo decidisse, a título "pré-judicial", a efetiva natureza da responsabilidade do Estado, diante da pretensão dos particulares destinatários do dano. Com o reenvio pré-judicial à Corte do Luxemburgo, procedido pela Justiça italiana, suspendeu-se o julgamento até 19 de novembro de 1991, quando a Corte de Justiça das Comunidades Européias decidiu que "o direito comunitário impõe o princípio segundo o qual os Estados-membros são obrigados a reparar os prejuízos causados aos particulares pela violação de direito comunitário que lhes sejam imputáveis". O autor conclui que a responsabilidade do Estado pelos prejuízos de particulares não está prevista nos Tratados de Roma, Maastricht e Ato Único Europeu mas decorre da interpretação jurisprudencial da Corte.

146 VON POTOBSKI, Geraldo. Los convenios de la OIT: ¿Una nueva dimension en el orden juridico interno? In: *Evolución del pensamiento juslaboralista. Estudios en homenaje al Prof. Héctor-Hugo Barbagelata.* Montevidéo: Fundación Cultura Universitária, 1997, p. 577-97. Em diversas decisões de tribunais espanhóis se verifica a aplicação direta da Convenção n. 132 da OIT relativa a férias pagas que estipula que os dias em que o empregado está doente não devem ser descontados das férias, tornando sem efeito disposição nacional contrária. Da mesma forma, no Mercosul existe aplicabilidde direta das normas da OIT nos casos do Uruguai e do Paraguai.

O Conselho Europeu de Nice, de 7 a 9 de dezembro de 2000, proclamou, conjuntamente com o Parlamento Europeu e a Comissão, a Carta dos Direitos Fundamentais, congregando, num único texto, os direitos civis, políticos, econômicos, sociais e de sociedade até aí expressos em diversas fontes internacionais, européias ou nacionais, incluindo questões relativas ao trabalho. As constantes discussões jurídicas na União Européia trazem como ordem do dia a adoção de uma Constituição comum, o que trará para breve novidades sobre a proteção social.

Entretanto, os debates atuais e internos da União Européia tentam destacar mais o *link* entre questões comerciais e direitos humanos. Esta posição é interpretada com uma certa desconfiança, sendo vista com um protecionismo disfarçado do bloco.[147]

1.2.2.2. O Mercosul

Na prática, o Mercosul inclinou-se, como a União Européia, a ignorar, num primeiro momento, a questão social do bloco, especificamente a proteção dos trabalhadores, cuidando-se apenas que esta não fosse um obstáculo às metas comerciais.[148] O Mercosul, instituído por Brasil, Uruguai, Paraguai e Argentina, em 1991, pelo Tratado de Assunção, inicialmente não valorizou a dimensão social por si mesma, mas como instrumento dos objetivos econômicos. A desnecessidade de uma política social comunitária se justificava porque se acreditava que a prosperidade gerada pela ampliação do mercado resolveria os problemas sociais. Também as diferenças do modo de regulamentação do trabalho e questões políticas internas impediram uma imediata discussão da harmonização da legislação social. Portanto, as dimensões nacionais dos mercados de trabalho deveriam ser harmonizadas nos seus aspectos fundamentais, com vistas à integração, como prevê o próprio Tratado de Assunção, Anexo IV, 16. Entretanto, se o Mercosul não possui o mecanismo das diretivas para harmonizar sua legislação social, é o único bloco que contempla a participação empresarial e sindical que dispõe de um espaço para a discussão das relações trabalhistas (Subgrupo de Trabalho 10, o SG10).

Porém, os processos nacionais dos países membros do Mercosul, com alterações e flexibilização trabalhista, especialmente na Argentina e no Brasil, impediram um desenvolvimento mais rápido das questões laborais.[149]

---

147 WAER, Paul. Social Clauses in International Trade – the Debate in the European Union. *Journal of World Trade*, 1996, n. 30, p. 25-42.

148 NORRIS, Roberto. *Contratos Coletivos Supranacionais de trabalho e a Internacionalização das Relações Laborais do MERCOSUL*. São Paulo: LTr, 1998, p. 30.

149 SCHUTTE, Giorgio Romano; PORTELlA DE CASTRO, Maria Sílvia; JACOBSEN, Kjeld Aagaard. *O sindicalismo na Europa, Mercosul e Nafta*. São Paulo: LTr, 2000, p. 115.

Mais tarde, o Protocolo Sociolaboral foi aprovado, em 1998, como Declaração Sociolaboral. Ele prevê o comprometimento dos Estados-Partes com uma série de instrumentos regionais e universais, como as convenções internacionais do trabalho, declarações, pactos e protocolos, que tenham sido subscritos pelos quatro membros e que integram o patrimônio jurídico da humanidade, conformando uma rede de proteção social para os trabalhadores da região.

No preâmbulo da Declaração Sociolaboral, cita-se que o nível mínimo de direitos dos trabalhadores, no âmbito do Mercosul, corresponde ao estipulado nas Convenções fundamentais da OIT. Verificou-se que a fragilidade da proteção laboral no interior dos Estados-Membros não serviria de parâmetro de proteção. O conteúdo e alcance preciso destes direitos serão reenviados à legislação interna de cada país, o que pode significar uma relativização ou condicionamento destes princípios consagrados.

A Declaração de princípios e direitos fundamentais do trabalho de junho de 1998 inspirou a Declaração Sociolaboral do Mercosul, no que diz respeito ao procedimento de aplicação e seguimento de caráter promocional e não-sancionatório. Com vistas a *"fomentar o diálogo social nos âmbitos nacional e regional, instituindo mecanismos efetivos de consulta permanente entre representantes dos governos, dos empregadores e dos trabalhadores, mediante o consenso social, condições favoráveis ao crescimento econômico sustentável e com justiça social da região e a melhoria das condições de vida de seus povos"* (art. 13).

O mecanismo de seguimento prevê a criação de uma Comissão Sociolaboral de caráter tripartito, como órgão auxiliar do Grupo de Mercado Comum. Entre as atribuições da Comissão está a de, a partir de uma reunião anual, analisar a aplicação do instrumento, mediante exame de memórias anuais organizadas pelo Ministério do Trabalho de cada país em consulta prévia às organizações mais representativas de empregados e empregadores.

A Declaração Sociolaboral do Mercosul reconhece uma série de direitos comuns aos trabalhadores do bloco, independentemente do comércio regional e sem exigências de cumprimento por países que negociem com o bloco.[150]

Nesse sentido, no art. 25 da Declaração Sociolaboral, dispõe que os direitos sociais mencionados, tanto no instrumento como no mecanismo de aplicação, não podem ser invocados em questões comerciais, econômicas e financeiras. Demonstra-se, com a redação do artigo acima referido, que os Estados tiveram a intenção de evitar que a Declaração

[150] REYNALD, Adolfo Ciudad. *Las Normas laborales y el Proceso de Integración en las Americas*. Oficina Internacional del Trabajo, 2001, p. 85-92.

Sociolaboral do Mercosul pudesse ser utilizada como uma cláusula social, com medidas sancionadoras em hipótese de descumprimento.

Uriarte[151] explica que a dimensão social do Mercosul é complementada pela Carta de Buenos Aires, de 30 de junho de 2000, enunciando cláusulas meramente programáticas.

Deste modo, o bloco Mercosul, quanto aos direitos humanos dos trabalhadores, parece privilegiar a concepção de direitos humanos como princípios ou diretrizes políticas.

1.2.2.3. O NAFTA – North American Free Trade Agreement

A percepção da necessidade de criação de regras internacionais e instituições, para as quais sejam dirigidas preocupações trabalhistas, surge, ao lado das questões ambientais, como temas periféricos na regulamentação do NAFTA. Este foi o primeiro bloco econômico a enfrentar o tema das questões trabalhistas e ambientais em um acordo paralelo.[152]

Em 1993, a regulamentação do NAFTA (North American Free Trade Agreement) recebeu uma emenda, um novo acordo entre México, EUA e Canadá, nominado NAALC (North American Agreement on Labour Corporation)[153] ou ACLAN (Acordo de Cooperação Laboral da América do Norte), que determina que a desobediência de padrões trabalhistas mínimos na região pode significar concorrência desleal e gerar a aplicação de sanções comerciais. No acordo trabalhista, importa que o padrão a ser respeitado é o estabelecido para cada país-membro, em sua legislação interna.

Os textos do Acordo de Cooperação Ambiental da América do Norte (ACAAN) e Acordo de Cooperação Laboral da América do Norte (ACLAN) foram adotados por Canadá, México e Estados Unidos, em 14 de setembro de 1993. No que tange ao acordo paralelo laboral, o preâmbulo sugere o estímulo a consultas e diálogos entre organizações laborais, promoção da inovação, elevação de níveis de produtividade e qualidade das empresas.[154] Para tanto, o objetivo do ACLAN é de promover os direitos laborais legislados nos três países,

151 URIARTE, Oscar Ermida. La declaracion sociolaboral del Mercosur y su aplicabilidad judicial. *Revista de Direito do Trabalho*. São Paulo: RT, 2000.

152 ANDERSON, Kym. *The future agenda of the WTO*. Lecture: 50 Years: looking back, looking foward. Geneva, 30/04/1998.

153 DORNBUSCH, Rudiger. North american free trade. In: *Columbia journal of world business*. New York, v. XXVI, n. II, 1991. O otimismo mostrado pelo autor antes do Nafta não se confirma posteriormente. Há falhas no NAFTA que não o fazem servir como um modelo para outros blocos e organizações. Nesse sentido: VAN DIJCK, Pitou; FABER, Gerrit. *Challenges to the new word trade organization*. Camdridge: Kluwer Law International, 1996, p. 127-46.

154 ORTIZ AHLF, Loretta; VAZQUEZ PANDO, Fernando A. ; DIAZ, Luis Miguel. *Aspectos jurídicos del tratado de libre comercio de América del Norte y sus acuerdos paralelos*. 2ª ed. México: Editorial Themis, 1998, p. 265-77.

instituindo a arbitragem como meio de solução de controvérsia entre as autoridades nacionais.[155]

Alguns consideram o ACLAN um instrumento favorável às empresas visto que não amplia os direitos dos trabalhadores dos três países e não fixa padrões comuns de direitos, não impedindo, por fim, que os Estados-Membros reduzam a proteção laboral para atraírem capital estrangeiro.[156] Os três países apresentam sistemas juslaborais extremamente contrastantes. O México possui normas constitucionais e federais, mas, na prática, permite que proliferem empresas "maquiladoras", que estão localizadas em zonas francas mexicanas, em que são montados produtos provenientes dos Estados Unidos às custas dos baixos salários mexicanos.

No Canadá, cada estado federado goza de ampla discricionariedade na aplicação das próprias normas laborais, e os Estados Unidos aparecem como o principal importador dos produtos mexicanos (73%) e canadenses (80%).

Como o ACLAN baseia-se na plena soberania doméstica, revela uma tendência de tomar os direitos humanos dos trabalhadores como direitos subjetivos.

O NAFTA,[157] através destes acordos, laboral e ambiental, foi ampliado no tocante à relação comercial entre os países-membros, atendendo às preocupações dos setores sindicais dos EUA e, em menor medida, do Canadá, buscando impedir o *dumping* social o *dumping* ecológico.

Tais acordos se inspiram em uma dúplice proteção: a de investimentos de setores financeiros e industriais norte-americanos (acordos sobre serviços financeiros e direitos de propriedade intelectual) e setores industriais e agrícolas norte-americanos e canadenses contra a concorrência dos salários mais baixos mexicanos. Segundo alguns especialistas,[158] os acordos nas áreas trabalhistas e do meio-ambiente buscam minimizar vantagem relativa mexicana em setores intensivos em mão-de-obra, artifícios defensivos para temores, fundados ou não, que vários segmentos da sociedade norte-americana possuem quanto à destruição de empregos naquele país, como resultado da concorrência dos salários mexicanos mais baixos.

---

155 ADAMS, Roy J.; SINGH, Parbudyal. Early Experience with NAFTA's Labour Side Accord. *Comparative Labour Law Journal*, 18, 1997, p. 161-81.

156 PERULLI, Adalberto. *Diritto del lavoro e Globalizzazione: clausole sociali, codici di condutta e commercio internazionale.* Padova: CEDAM, 1999, p. 204-10.

157 HUFBAUER, G. *Nafta and environment: seven years later.* Washington: Institute for international economics, 2000.

158 PRADO, Luiz Carlos Delorme. MERCOSUL como opção estratégica de integração: notas sobre a teoria da integração e estratégias de desenvolvimento. In: *Ensaios FEE* (Fundação de Economia e Estatística): Trabalho, Emprego e Desemprego. Porto Alegre: ano 18, n. 1, p. 287, 1997.

O NAFTA prevê a possibilidade de o país prejudicado recorrer a um Tribunal Arbitral, que poderá aplicar multas e suspender benefícios alfandegários ao Estado infrator. Entretanto, o acordo se aplica aos países do bloco e não diz respeito a terceiros.[159] Há previsão de monitoramento escalonado para a verificação do cumprimento da legislação laboral. Ofensas a direitos sindicais dão direitos aos países-membros realizar apenas consultas ministeriais, enquanto agressões contra o direito ao salário mínimo e violações ao trabalho infantil dão direito ao país prejudicado de invocar e requerer compensações financeiras junto ao órgão arbitral.[160]

Foi justamente a experiência americana, com a legislação interna protecionista, e a experiência de sua participação no bloco econômico do NAFTA, duas esferas em que foi vinculada a questão social trabalhista ao comércio, o que levou os Estados Unidos a sugerirem, no plano multilateral, ao antigo GATT, e, hoje, à OMC, a criação de comissões que examinem a relação entre questão social trabalhista e comércio internacional. Aí está o germe recente da idéia de cláusula social , que os Estados Unidos insistem em levar ao cenário da OMC.[161]

Por fim, como síntese a respeito dos direitos humanos dos trabalhadores, no plano internacional, assinala-se que as preocupações com o trabalho humano e direitos humanos sempre interessam, na atual situação de globalização, na medida em que não impedem o comércio internacional ou, ainda, o favorecem.

Há um movimento de expansão de regulações sobre o trabalho em diversas esferas internacionais, o que pulveriza a pretensão da OIT de ser a expressão universal dos temas laborais.

A diferença entre a forma dos blocos e as organizações internacionais abordarem os direitos humanos dos trabalhadores está em que os últimos enfatizam, na pauta internacional, questões específicas, como o comércio, para a OMC e a OCDE. Pela natureza das suas competências, o trabalho é relegado a aspecto secundário. Quanto aos blocos econômicos, embora aspectos relacionados ao trabalho estejam incluídos entre as matérias a serem harmonizadas, o seu tratamento em segundo

159 LIEMT, Gijsbert van. Production conditions and international trade: protection or protectionism? In: CUYVERS, L. (org). *The international social issue: social dumping and social competition in the global economy*. Antwerp: Intersentia, 1998, p. 85-102.

160 VEGA RUIZ, Maria Luz; MARTINEZ, Daniel. *Los principios y derechos fundamentales en el trabajo. Su valor, su viabilidad, su incidência y su importancia como elementos de progreso económico y de justicia social*. Ginebra, Julio, 2002, p. 39.

161 A crítica que se faz ao modelo NAFTA é que os Estados Unidos continuam legislando unilateralmente. Por exemplo, uma decisão do NAFTA assegurou aos transportadores rodoviários mexicanos a possibilidade de circularem pelos Estados Unidos. Entretanto, este país editou lei unilateralmente revogando as regras do NAFTA. GOYOS JR. , Durval de Noronha. O MERCOSUL, A Áres de Livre Comércio das Américas (ALCA) e a Organização Mundial do Comércio. *Revista Crítica Jurídica*, n. 20, jan/jul de 2002, p. 161-180.

plano surge de problemas políticos que envolvem a soberania dos Estados somado a dificuldades de natureza jurídica.

Por outro lado, do ponto de vista das concepções de direitos humanos dos trabalhadores adotados pelos blocos, está em relevo, no caso do Mercosul e da União Européia, o caráter programático das normas laborais, tidas como princípios gerais a serem adaptados pelos Estados, o que aproxima estes das concepções de direitos humanos dos trabalhadores como princípios. O NAFTA, ao contrário, ao lado da enunciação de princípio, no sentido de que cada país do bloco deve cumprir suas normas laborais, sob pena de sanções, em algumas hipóteses, se alia aos direitos humanos na concepção de direitos subjetivos, em que um Estado pode invocar sobre o outro o cumprimento de uma legislação laboral mínima. Por fim, os direitos humanos como necessidades se inserem em maior ou menor medida nos blocos enunciados, no que tange à preocupação destes com o emprego.

Quanto às normas nomeadamente delineadas pela OIT como direitos fundamentais no trabalho, em 1998, é possível traçar um paralelo quanto a inclusão das mesmas nos diversos blocos econômicos.[162] Esta comparação traz como resultados que: NAFTA, MERCOSUL e União Européia incluem como direitos trabalhistas básicos as Convenções n. 87 e 98, relativas à liberdade sindical e negociação coletiva, bem como as Convenções n. 100 e 111, relativas à não-discriminação.

No tocante às Convenções n. 29 e 105, referentes à abolição do trabalho escravo, NAFTA, MERCOSUL as contemplam, restando indiferentes à União Européia.

Quanto à Convenção nº 138, relativa ao ingresso no trabalho do menor, é adotada por MERCOSUL e União Européia, em suas cartas sociais, restando sem menção pelo NAFTA.

Diante destas evidências, há uma afinidade entre a declaração da OIT de 1998 e os instrumentos sociais normatizados nos blocos. A adesão que os princípios fundamentais obtiveram nos blocos revela o consenso na ordem internacional quanto à relevância da declaração da OIT de 1998.

Assim, a partir de uma visão mais ampla sobre os direitos dos trabalhadores, no plano internacional, e como neste campo as relações econômicas adquirem maior peso, em detrimento das questões trabalhistas, enfrenta-se, a seguir, a temática da especificidade da OIT na proteção ao trabalhador.

---

162 Este trabalho foi realizado em sede de dissertação. CRUZ, Cláudia Ferreira. *A declaração sociolaboral do MERCOSUL e os direitos fundamentais dos trabalhadores*. Dissertação apresentada à Faculdade de Direito da USP, Departamento de Direito do Trabalho. São Paulo, 2001, p. 142.

2. A OIT e os direitos humanos do trabalhador

A OIT foi o primeiro regime internacional disposto funcionalmente em matéria de direitos humanos. Regimes internacionais são instituições diferenciadas que, ao assumirem a forma de organizações internacionais, possuem características interestatais, base voluntária, órgãos permanentes, vontade autônoma para criar suas normas, esfera própria de competência e ação cooperativa. Os regimes internacionais, estabelecidos a partir das necessidades dos atores hegemônicos na sociedade internacional, seguem uma pauta de congruência ditada por estes atores, obedecendo, ao mesmo tempo, a uma agenda funcional. A pauta funcional da OIT traduz as necessidades de um capitalismo organizado, refletindo as demandas dos Estados mais poderosos do sistema internacional que foram, no século XIX, a Inglaterra e, no séc. XX, os Estados Unidos. No sentido institucional, discursos unificadores, como direitos humanos, são importantes para dar coesão funcional e impulsionar ações institucionalmente relevantes.

A OIT continua proclamando os valores dos finais do séc. XIX que dizem respeito ao término da escravidão e à não-discriminação e não ocupa uma posição central no sistema das Nações Unidas,[163] embora participe de suas demandas e preocupações.

A ação da OIT foi considerada pioneira a internacionalizar e universalizar os direitos humanos.[164] Apesar disso, demora a exteriorizar este discurso. Fatores políticos provavelemente explicam esta vinculação tardia da OIT ao tema dos direitos humanos.[165]

O sistema da OIT é o mais desenvolvido na proteção dos direitos humanos, sendo errada a percepção de que não trate de direitos

---

163 FERNÁNDEZ PARDO, Carlos Alberto. *Régimen Internacional del trabajo. La OIT en la política mundial.* Buenos Aires: Ad-hoc, 2001, p. 22-9. Para o autor a função específica da OIT, de coordenar questões sociolaborais internacionais, confere à burocracia da organização um desempenho que neutraliza o conteúdo político dos problemas.

164 PIOVESAN, Flávia. *Direitos Humanos e o Direito Constitucional Internacional.* 5ª ed. São Paulo: Max Limonad, 2002, p. 123.

165 Veja-se a evolução do dircurso dos Direitos humanos da OIT no primeiro capítulo.

humanos.[166] É uma visão estreita a que relaciona apenas os direitos humanos aos direitos civis. As discussões para a aprovação das convenções e recomendações da OIT não são baseadas na classificação sobre que tipo de direito contemplam: se pertencem aos direitos sociais ou aos direitos civis. São debates longos e coordenados, que originam a fonte formal de direito internacional, que é a convenção, diferentemente do que acontece em outras organizações, até mesmo nas Nações Unidas. A OIT é tida como eficiente no encorajamento do cumprimento dos direitos humanos pelos governos. Utiliza sistemas diversos, tais como relatórios, reclamações, comissões de inquérito, dando grande ênfase nesta tarefa aos atores não-governamentais.

A atividade normativa da OIT, embora não explicitamente, sempre privilegiou alguma das concepções de direitos humanos. É fundamental que se compreenda a sua atividade normativa e quais as estruturas que lhe proporcionam desempenhar seu papel.

Verificam-se, no primeiro capítulo desta segunda parte, os aspectos estruturais da OIT e da sua atividade normativa, para um posterior exame, num segundo capítulo, da Declaração da OIT relativa aos princípios e direitos fundamentais no trabalho, de 1998, e seu significado para os direitos humanos do trabalhador.

2.1. A ORGANIZAÇÃO INTERNACIONAL DO TRABALHO E A ATIVIDADE NORMATIVA

Sob a bandeira da paz mundial, justiça social e dignidade do ser humano trabalhador, a ênfase dada pela OIT não é apenas na expressão útil e mercadológica do trabalho. O trabalho é redimensionado em sua expressão subjetiva. A Organização Internacional do Trabalho é para Jenks o aspecto dinâmico da justiça social.[167] Pelas funções que desempenha, a instituição atribui uma face social ao Direito Internacional. Direitos e deveres de empregados, empregadores e governos implicam responsabilidades recíprocas de uns para com outros, ou na dimensão própria da justiça social.[168] Por isso, para a OIT, o trabalho relaciona-se com a justiça social, cuja definição mais simples pode ser tida como o conjunto de deveres exercidos da parte para com o todo.[169]

---

[166] LEARY, Virginia A. Lessons from the Experience of the International Labour Organisation. In: ALSTON, Philip. *The United Nations and Human Rights: A Critical Appraisal*, Oxford: Clarendon, 1992, p. 580-619.

[167] JENKS, Wilfred. *Social Justice in the law of nations: The ILO impact after fifty years.* London: Oxford University Press, 1970, p. 6-12.

[168] BLANCHARD, Francis. International Labour Office. Geneva: *Human Rights a common responsibility*. International Labour Conference. 75th Session, 1988. Report of the director-general (Part I), p. 64.

[169] Elucidando que o conceito vem de Aristóteles, é recuperado por S. Tomás veja-se: BARZOTTO, Luis Fernando. Justiça social: gênese, estrutura e aplicação de um conceito. No prelo. *Direito & Justiça*. PUCRS, 2003.

Diz o preâmbulo da Constituição da OIT[170] que todos os objetivos da organização só podem ser alcançados: "considerando-se que a paz universal e permanente só pode basear-se na justiça social."

Da relação estabelecida no preâmbulo, entre paz e justiça social, a conclusão possível é que o conceito de paz não pode ser apenas a ausência de guerra, mas deve ser a construção de uma comunidade universal justa.[171]

A Organização Internacional de Trabalho (OIT) foi criada em 1919, ao término da Primeira Guerra Mundial, na marca do Tratado de Versalhes (Parte XIII), fixando sua sede na cidade de Genebra, Suíça. A OIT é uma agência especializada do Sistema de Nações Unidas.[172]

Quando os fundadores da OIT quiseram fixar, no preâmbulo da Constituição, alguns princípios, visaram à criação de normas de legislação internacional do trabalho. Entretanto, com a Declaração de Filadélfia, os propósitos da OIT se expandiram.[173] A noção de seguridade social tomou seu lugar na proteção dos trabalhadores. O direito à negociação coletiva somou-se ao direito de associação. Um programa de pleno emprego surgiu ao lado da proteção aos desempregados. Muitas outras matérias foram acrescentadas ao mandato original: comércio internacional, expansão da produção e desenvolvimento, qualidade da educação, facilidades de recreação e cultura. As novas matérias eram mais concernentes à política social e econômica do que relacionadas à esfera estritamente laboral. A Declaração de Filadélfia foi adotada um ano antes da formação da ONU, e o texto foi preparado na OIT, tendo Wilfred Jenks como mentor. As tarefas que foram incumbidas à OIT pela Declaração de Filadélfia foram redivididas entre várias agências da ONU como, por exemplo: as questões financeiras e econômicas passaram para as instituições de Bretton Woods, infância ficou tema específico da UNICEF; educação e cultura, com a UNESCO; comércio e desenvolvimento, com a UNCTAD.

A competência específica da OIT é promover nos Estados-Membros o respeito e aplicação dos princípios fundamentais do homem

170 THOMAS, Albert, L'Organisation internationale du Travail. Origine – Développement -Avenir, artigo publicado na *Revue internationale du Travail*, v. 1 (1921), n. 1 (jan.) reproduzida em n. 135(3-4) *Revue internationale du Travail*, 1996, p. 283-99.

171 ROCKEFELLER JR. , John D. L'esprit de collaboration dans l'industrie, artigo publicado na Revue internationale du Travail, v. 2 (1921), n. 1 (avril) reproduzida em 135 (3-4) *Revue internationale du Travail*, 1996, p. 319-32.

172 BROWNLIE, Ian. *Princípios de Direito Internacional Público*. 4ª ed. Lisboa: Fundação Calouste Gulbenkian, 1997, p. 723-4. Como sujeitos de Direito Internacional, as organizações estabelecem relações umas com as outras por meio de acordos válidos. Nada impede que uma organização se torne membro da outra. Como a máxima que rege as organizações é a cooperação, torna-se improvável a idéias de conflito jurisdicional, o que não impede que existam discussões quanto à possíveis conflitos de competência entre as organizações internacionais.

173 CÓRDOVA, Efrén. Some Reflections on the Overproduction of International Labour Standard. *Comparative Labour Law Journal*, n. 14. Champaign: 1993, p. 138-41.

trabalhador, tais como a liberdade de sindicalização, o real reconhecimento do direito de negociação coletiva, a eliminação de todos os modos de trabalho forçado, a erradicação do trabalho infantil e a supressão de toda a discriminação no emprego e na ocupação.

A Constituição da OIT, primeira atividade normativa, foi elaborada em 1919, instituindo a organização e considerando os sentimentos de justiça e paz permanente no mundo. A atividade normativa constitui-se em meio de ação privilegiada da OIT para promover a justiça social. É a atividade que implica elaboração de Normas Internacionais do Trabalho (NIT), com o propósito de que sejam aceitas de modo mais amplo possível, facilitando sua execução pelos Estados-Membros.

Uma norma internacional do trabalho é texto jurídico preparado pela OIT para uso dos Estados-Membros e da comunidade internacional, nas quais se definem padrões mínimos para o mundo do trabalho. As Normas Internacionais do Trabalho são adotadas pela Conferência Internacional do Trabalho e, até a Segunda Guerra, o direito internacional do trabalho e as normas da OIT constituíam apoio e eco das legislações nacionais no campo do Direito do Trabalho clássico.

Com a adoção da Declaração de Filadélfia de 1944,[174] as normas da OIT, além de questões tradicionais, como refere o preâmbulo da Constituição da OIT, tais como jornada, salário mínimo, proteção de crianças e mulheres, foram acrescidas de temas mais amplos relacionados ao trabalho, tais como condições de vida, liberdade, desenvolvimento e bem-estar social.

Os princípios enunciados pela Declaração de Filadélfia são:

(a) o trabalho não é uma mercadoria;[175]

(b) liberdade de expressão e de associação é essencial para o progresso contínuo;

(c) a pobreza, em qualquer lugar, constitui um perigo para a prosperidade de todos;

(d) a guerra contra a necessidade deve prosseguir com vigor dentro de cada nação, e por contínuo e concreto esforço internacional no qual os representantes de trabalhadores e empregadores, colaborando em pé de igualdade com os representantes dos governos, participem em discussões livres e em decisões de caráter democrático, a fim de promover o bem-estar comum.

Os princípios da Declaração de Filadélfia se resumem, portanto, na dignidade do trabalho e do trabalhador, no valor da liberdade e na urgência do desenvolvimento social no interior dos Estados e a cooperação internacional para este fim.

Com o acréscimo de tantas funções, a OIT se distanciou da idéia de regular as condições de trabalho, mas, por outro lado, contribuía para

[174] VON POTOBSKY, Geraldo; BARTOLOMEI DE LA CRUZ, Héctor. *La Organización Internacional del Trabajo*. Buenos Aires: Astrea, 1990, p. 18-23.

[175] Engels já criticava a idéia de se tratar o trabalho como mercadoria em fevereiro de 1848. ENGELS, Friedrich; MARX, Karl. *Manifesto do Partido Comunista*. 10ª ed. Petrópolis: Vozes, 2000, p. 105.

a construção do conceito, posteriormente desenvolvido, em 1966, de Direitos Econômicos, Sociais e Culturais.[176]

A crítica a ser feita é no sentido de que a OIT se tornou uma agência secundária no âmbito da ONU, que, entretanto, dava suporte retórico às demais organizações internacionais.

2.1.1. A Organização Internacional do Trabalho

2.1.1.1. O tripartismo

As idéias de legislação comum trabalhista para a comunidade internacional partiram dos empregadores precursores Daniel Legrand (1813) e Robert Owen (1841). Entretanto, nos antecedentes recentes do Tratado de Versalhes, atuaram as forças sindicais para a implementação do tripartismo. A Conferência Internacional de Berna, em fevereiro de 1919, pretendia criar um Sistema Internacional de Trabalho. Aspirava por reuniões anuais bipartidas entre governos e trabalhadores. Em março de 1919, os sindicatos cristãos em Paris solicitavam a formação de um Instituto Internacional do Trabaho tripartite. Foi essa a inspiração que prevaleceu e se transformou no tripartismo no interior da nascente Organização Internacional do Trabalho.[177]

O caráter tripartite sobre o qual se assenta a estrutura da OIT permitiu que seu trabalho legislativo a favor dos trabalhadores seja o resultado de um esforço conjunto dos governos, empregadores e trabalhadores. O tripartismo é a característica mais original do processo normativo da OIT. Esta característica a torna aberta à participação da sociedade civil. Na atual fase, em que a OIT proclama uma nova versão do que seja trabalho decente, os tradicionais parceiros contam expressamente com a possibilidade de colaboração de ONGs e outras formas de participação da sociedade civil.[178]

As ONGs ativistas em direitos humanos participam da OIT pela representação tanto de empregados como de empregadores. O exame da proteção dos direitos humanos pelas Nações Unidas é incompleto se não levar em conta a experiência da OIT que visa, segundo Leary,[179] a uma proteção holística dos direitos humanos.

---

176 SOHN, Louis B. The Contribution of the International Labor Organization to the Development of the Concept of Economic, Social and Cultural Rights. *Mélanges en l'honneur de Nicolas Valticos: Droit et justice.* Paris: Pedone, 1999, p. 595-606.

177 BALMACEDA, Manuel Montt. *Principios de Derecho Internacional del Trabajo: la OIT.* 2ª ed. Santiago de Chile: Ed. Jurídica de Chile, 1998, p. 46.

178 LA ROSA, Anne Marie; DUPLESSIS, I. Léxperience singulière du tripartisme au sein de lOIT. In: *La démocratisation du système des Nations Unies.* Paris: Pedone, 2001, p. 123-40.

179 LEARY, Virginia A. Lessons from the Experience of the International Labour Organisation. In: ALSTON, Philip. *The United Nations and Human Rights:* A Critical Appraisal, Oxford: Clarendon, 1992, p. 580-619.

As características do tripartismo[180] trouxeram a novidade da OIT para o Direito Internacional. A forma de produção normativa com a cooperação dos destinatários da norma representa uma evolução no Direito Internacional. Assim como o Direito do Trabalho trouxe uma reformulação no pensamento e na produção do direito no plano nacional, o surgimento da OIT altera o modo de se constituir a atividade normativa no Direito Internacional.[181] Se a inclusão dos Direitos Sociais no plano nacional trouxe à luz o potencial de solidariedade do direito, o mesmo ocorreu no plano internacional. Como no plano estatal podem-se produzir normas coletivas, também no plano internacional floresceu uma nova visão de produção normativa coletiva.[182]

Historicamente, o tripartismo significou uma particular fórmula de transação e estabilização do conflito industrial. Para os empregadores, a participação no regime sociolaboral internacional coincidia com a necessidade de expansão do capitalismo e da grande indústria, inclinados a um internacionalismo liberal, inspirado no "New Deal" de Roosevelt e no utopismo surgido pela Declaração de 1948.[183]

Ainda que, em alguns momentos, tenham surgido questionamentos, no interior da organização, que colocavam dúvidas sobre o sistema tripartite, o tripartismo prevaleceu.[184] Apesar das críticas que são feitas à estrutura tripartite da OIT, que na prática torna difícil equilíbrio de forças entre empregados, empregadores e governos,[185] o tripartismo faz parte do desenho institucional e processo normativo deste regime internacional.

2.1.1.2. Os membros e os órgãos da OIT

A estrutura da OIT e sua atividade normativa decorrem da previsão Constitucional, a iniciar-se com a participação dos membros, definida no capítulo I, artigo 1°.

Conforme Quadros,[186] a OIT como organização intergovenamental parauniversal, quanto à admissão seus membros, pode dividir-se em duas categorias:

---

180 JENKS, Wilfred. The Significance for International Law of the Tripartite Character of the International Labour Organisation, read before the Grotius Society on May 28, 1936.

181 JENKS, Wilfred. Les instruments internationaux à caractère collectif. *Recueil des cours de l'Académie de droit international de La Haye*, 1939, n. 69, v. III, p. 447-552.

182 MORELLET, Jean. Un type original de Traités: Les Conventions Internationales du Travail. *Revue critique de droit international privé*. janvier-mars1938, n. 1, p. 1-21.

183 FERNÁNDEZ PARDO, Carlos Alberto. *Régimen Internacional del trabajo. La OIT en la política mundial*. Buenos Aires: Ad-hoc, 2001, p. 105.

184 Résolution concernant le renforcement du tripartisme dans l'ensemble des activités del'Organisation Internationale du Travail, adoptée le 21 juin 1971.

185 VALTICOS, Nicolas; VON POTOBSKY, Geraldo. *International Labour Law*. 2ª ed. Boston: Kluwer Law and Taxation Publishers, 1995, p. 33-8.

186 QUADROS, Fausto de; GONÇALVES PEREIRA, André. *Manual de Direito Internacional Público*. 3ª ed. Coimbra: Almedina, 1997, p. 555.

a) membros de pleno direito – membros que em 1º de Novembro de 1945 já pertenciam à OIT;

b) novos membros – podem adquirir-se a qualidade de novo membro por dois processos distintos:

- os Estados membros das Nações Unidas, através de uma declaração formal de aceitação das obrigações que constam da Constituição da OIT, podem conceder-se o estatuto de membros. Esta declaração formal é dirigida ao Diretor-Geral da OIT;

- os Estados que não são membros da ONU podem ser admitidos como membros da Organização se obtiverem o voto favorável de 2/3 dos delegados, incluindo o voto de 2/3 dos delegados dos Governos presentes e votantes.

Permite-se que um Estado venha a retirar-se da Organização desde que denuncie a Constituição com um pré-aviso de dois anos. É de salientar que o Estado que denuncia não fica dispensado de cumprir as convenções que ratificou. Trata-se do princípio da irreversibilidade dos direitos já declarados oficialmente. Na atual fase em que a OIT proclama expressamente algumas convenções como direitos fundamentais, este princípio limita o voluntarismo dos Estados quando se trata de pôr fim à vigência de tratados de direitos humanos.[187]

O art. 2º da Constituição da OIT prevê a sua composição através dos seguintes órgãos:

a) Conferência Geral dos representantes dos membros: Conferência Internacional do Trabalho;
b) Conselho de Administração;
c) Oficina Internacional do Trabalho sob a direção do Conselho de Administração.

Mister analisar brevemente a competência de cada órgão, conforme fixado na Constituição da OIT.[188]

2.1.1.2.1. A conferência internacional do trabalho

Como órgão legislativo,[189] definido nos arts. 3º a 6º da Constituição da OIT, a Conferência Internacional do Trabalho possui as seguintes funções: elege o Conselho de Administração; adota o orçamento da OIT, financiado por contribuições dos Estados-Membros; estabelece normas internacionais do trabalho e controla sua aplicação; adota resoluções que sinalizam pautas de política geral e as atividades futuras da OIT; decide a admissão de novos Estados-Membros e oferece um foro mundial para debater problemas sociais e laborais.

Cada delegação nacional na Conferência está composta por dois delegados governamentais, um delegado dos empregadores e um dos

[187] COMPARATO, Fábio Konder. *A afirmação histórica dos direitos humanos*. 2. ed. São Paulo: Saraiva, 2001, p. 64.

[188] VALTICOS, Nicolas; ROSSILLION, C. *Organisation Internationale du Travail*. Encyclopedie Dalloz, out. , 1988, p. 1-8.

[189] A primeira Conferência internacional da OIT se realizou em Washington, no ano de 1919. Depois, em 1929, em Genebra, local no qual permaneceu até 1939. Em 1941, foi sede demonstrando o compromisso da OIT com os aliados. Em 1945, a CIT esteve em Paris e, em 1946, em Montreal; 1947, em Seattle, em 1948, em São Francisco. Depois disto todas as conferências se realizam em Genebra.

trabalhadores, acompanhados, segundo seja necessário, por conselheiros técnicos.[190]

2.1.1.2.2. *O conselho de administração da oficina internacional do trabalho*

Como órgão executivo colegiado, definido no art. 7º da Constituição da OIT, o Conselho de Administração possui seus membros eleitos a cada três anos na Conferência, com as seguintes funções: celebrar três períodos de sessões (que na OIT se denominam reuniões), onde se estabelece o temário chamado «ordem do dia» da Conferência e demais reuniões da OIT; tomar notas das decisões que são adotadas e resolver o curso que deve ser dado a elas; nomear o Diretor-Geral e dirigir as atividades da Oficina Internacional do Trabalho.

O Conselho é tripartite, integrado por 56 pessoas: 28 representantes dos governos, 14 dos trabalhadores e 14 dos empregadores. Dos 28 postos governamentais, 10 correspondem aos Estados de maior importância industrial (Alemanha, Brasil, China, Estados Unidos da América, França, Índia, Itália, Japão, Reino Unido e Rússia).[191]

Os 18 restantes, assim como 18 membros governamentais adjuntos, são eleitos pelos delegados governamentais da Conferência, bem como na conferência são eleitos os delegados dos trabalhadores e dos empregadores: 14 membros titulares e 14 adjuntos.

O corpo Administrativo é dividido em comitês.[192] Além disso, podem-se estabelecer, quando necessário, grupos de trabalho responsáveis parar examinar questões específicas.

Atualmente, atuam na OIT os seguintes comitês:

a) Comitê sobre a Liberdade de Associação (CFA);
b) Comitê de Programação, Finanças e Administração (PFA);
c) Comitê sobre Assuntos Legais e Normas Internacionais de Trabalho (LILS);
d) Grupo de Trabalho em Políticas para a Revisão das Normas (WP/PRS);
e) Subcomitê sobre Empresas Multinacionais (MNE);
f) Comitê sobre Políticas Sociais e de Emprego (ESP);
g) Comitê para Reuniões Setoriais e Técnicas e Assuntos Relacionados STM);
h) Comitê de Cooperação Técnica (TC);
i) Grupo de Trabalho sobre a Dimensão Social da Globalização (WP/SDG).

2.1.1.2.3. *A oficina internacional do trabalho ou repartição internacional do trabalho*

Como órgão técnico-administrativo, a Oficina Internacional do Trabalho, com sede em Genebra, é a secretaria permanente da OIT.

---

[190] DUBOIS, Daniel. *L'OIT et les normes internationales du travail*. Centre Régional Africain d'Administration du Travail. Yaoundé: 1984, p. 20-1.

[191] http://www.ilo.org/public/english/standards/relm/gb/refs/gbguide.htm#SDG

[192] http://www.ilo.org/public/portugue/region/ampro/brasilia/inst/struct/comit/index.htm

Suas funções são as seguintes: prepara os documentos e informes que constituem o material básico indispensável para as conferências e reuniões especializadas da Organização; desempenha as funções de secretaria, busca e contrata peritos em cooperação técnica, orientando a execução dos programas no mundo inteiro; realiza atividades de investigação e educação, recompilando informações e estatísticas de todo o mundo sobre a totalidade dos temas relativos à esfera laboral; reúne e elabora documentação; publica uma ampla gama de obras e revistas especializadas referentes a problemas laborais e sociais e presta assistência aos serviços dos governos e às organizações de empregadores e de trabalhadores. A OIT possui uma rede de oficinas regionais no mundo.[193]

2.1.1.3. Processo de elaboração e supervisão das normas internacionais

No final da primeira guerra, discutia-se a justiça social deveria ser promovida na base da maior autonomia de cada país ou mediante a elaboração de normas supranacionais. Os Estados Unidos eram os defensores da maior autonomia e soberania interna dos países, enquanto os países Europeus defendiam a importância de uma legislação supranacional. O que se obteve foi um sistema misto, fruto de uma difícil negociação e complexa transação[194] a fim de evitar-se a competição desleal.

Dessa forma, surgem as convenções internacionais, que mantêm uma supranacionalidade quando vigoram objetivamente na ordem jurídica internacional e mantêm um caráter subjetivo, de respeito a cada ordem jurídica em particular quando só vigoram dentro de certo estado após o registro da ratificação.

A OIT possui pautas claras para a elaboração de normas. Estão fixadas a partir do art. 34 do Regulamento da Conferência Internacional do Trabalho, além dos arts. 15 e seguintes da Constituição da OIT.[195]

Em geral, uma norma pode ser gerada a partir do momento em que os trabalhadores percebem que um problema no local de trabalho pode ser discutido e regulamentado na sede da OIT: qualquer situação ou questão que afete direta ou indiretamente a proteção e o bem-estar dos trabalhadores, ou que se refira ao melhoramento de suas condições de vida e de trabalho, ou ao desenvolvimento de relações do mundo do

---

[193] DUBOIS, Daniel. *L'OIT et les normes internationales du travail.* Centre Régional Africain d'Administration du Travail. Yaoundé: 1984, p. 23-4.

[194] PLÁ RODRIGUEZ, Américo. *Los Convenios Internacionales del Trabajo.* Montevideo: Biblioteca de Publicaciones Oficiales de la Facultad de Derecho y Ciencias Sociales de la Universidad de la República 1965, p. 24.

[195] VON POTOBSKY, Geraldo; BARTOLOMEI DE LA CRUZ, Héctor. *La Organización Internacional del Trabajo.* Buenos Aires: Astrea, 1990, p. 50-62.

trabalho.[196] Sendo o problema detectado por quaisquer outros atores da OIT, o assunto deve ser inscrito na ordem do dia da Conferência Internacional do Trabalho. O Conselho de Administração (CA) possui a atribuição de definir quais questões serão apreciadas na ordem do dia, conforme as propostas apresentadas pelo Diretor-Geral. A Conferência Internacional do Trabalho (CIT) pode decidir, por maioria de dois terços, a inscrição de uma questão na ordem do dia para a reunião seguinte. Se uma situação laboral é inscrita na ordem do dia pelo CA – Conselho de Administração –, a Oficina Internacional do Trabalho prepara um estudo comparado das práticas que informam a questão nos Estados-Membros. Esta é uma tarefa complexa pelos temas a que se referem as normas ou por serem sumamente técnicos. Com base neste estudo, cuja compreensão requer análise profunda e ampla de materiais – questionários e consultas nos países-membros,[197] o Conselho de Administração decide se convém ou não seguir adiante com o processo normativo.

O processo normativo segue se existirem motivos considerados relevantes pelo Conselho de Administração. Em caso afirmativo, elabora-se um informe, expondo-se a legislação e a prática nos diferentes países. Novamente estas informações, seguidas de questionários, são remetidas aos Estados-Membros, no mínimo dezoito meses antes da inauguração da reunião da Conferência que vai examinar a questão. Os governos serão obrigados a propor uma consulta tripartite para responder à OIT, se firmaram a Convenção n. 144.

Os governos devem fazer chegar suas respostas para a Oficina no máximo onze meses antes da reunião ou da Conferência. Baseando-se nas respostas dos Governos, a Oficina redige um novo informe onde se indicam os principais pontos submetidos à Conferência para sua consideração (projeto de conclusões). Este projeto de conclusões é comunicado aos Governos no mínimo quatro meses antes da inauguração da reunião da Conferência. Novamente é oportunizada aos governos, organizações de empregados e empregadores a discussão da questão.

Durante a Conferência, estabelece-se uma comissão tripartite para que examine as propostas e prepare a redação e alterações do texto. A partir desse documento, a Conferência adota conclusões e decide se vai inscrever a questão na ordem do dia da reunião seguinte ou de uma reunião posterior. Após a reunião da Conferência a OIT, esta remete aos Governos cópia do projeto de instrumento (Convenção ou Recomendação). Quando são aprovadas na conferência novas convenções,

---

196 *OIT: Las normas internacionales del trabajo.* Manual de educación obrera. Oficina Internacional del trabajo. 4ª ed. Ginebra, 1998.

197 SERVAIS, Jean-Michel. *Elementos de Direito Internacional Comparado do Trabalho.* São Paulo: LTr, 2001, p. 33.

estas devem ser apresentadas às autoridades legislativas dos países-membros no prazo de um ano.[198] A esta apresentação chama-se dever de submissão, regra que à época constituía uma novidade para o Direito Internacional.[199]

Alguns estudiosos defendem a desnecessidade da submissão quanto se trata de convenções de direitos humanos, nos termos do art. 18, alínea 3, da Carta das Nações Unidas, devendo prevalecer a regra da aprovação pela maioria de 2/3 dos presentes. Nesta hipótese, a ratificação pelo parlamento do ingresso do Estado na organização internacional implicaria submissão às regras constitutivas desta organização, dispensando-se a necessidade de ratificação particular pelo estado-membro.[200]

A prática da submissão se explica porque os tratados normativos multilaterais são votados pelos representantes dos governos, dos empregadores e trabalhadores presentes à Conferência sem a qualidade de plenipontenciários dos correspondentes governos. Daí se explica porquê no caso brasileiro, as convenções têm que ser aprovadas pelo Congresso Nacional (art. 49, I da Constituição Federal), e não apenas referendadas.[201]

As prescrições gerais com a responsabilidade dos membros diante da OIT estão previstas no art. 35 da Constituição da OIT.

Duas são, na prática, as responsabilidades dos Estados signatários das Convenções:

a) Cumprir e aplicar as cláusulas e disposições da convenção nos termos da ratificação;

b) Aceitar a supervisão e controle internacional que vele pela sua vigência, por parte da própria OIT.[202]

Após, cumpre ao Governo de cada país informar à RIT (Repartição Internacional do Trabalho) sobre o estado de sua legislação e da efetiva aplicação dos assuntos tratados na recomendação e na convenção.

Duas emendas constitucionais seguiram-se na OIT para fins de ampliar os mecanismos de controle, em 1946, prevendo justamente a obrigação dos Estados de enviarem memórias (relatórios) sobre o cumprimento das Convenções ratificadas à OIT e relatórios sobre recomendações e convenções não-ratificadas. A partir de 1955, tendo-

198 VALTICOS, Nicolas. Nature et portée juridique de la ratification des conventions internationales du travail dans Y. Dinstein. *International Law at a Time of Perplexity*. Dordrecht: Kluwer, 1989, p. 988-1003.

199 VALTICOS, Nicolas. Cincuenta años de actividades normativas de la OIT. *Revista Internacional del Trabajo*, v. 115. Genebra: 1996, p. 443.

200 COMPARATO, Fábio Konder. *A afirmação histórica dos direitos humanos*. 2ª ed. São Paulo: Saraiva, 2001, p. 466-7.

201 SÜSSEKIND, Arnaldo. Aspectos controvertidos da Convenção OIT n. 158. *Revista LTr*, n. 60, junho, 1996, p. 735-742.

202 ZARRAS, Jean *Le contrôle de l'application des Conventions internationales du Travail*. Paris: Recueil Sirey, 1937, p. 286-332.

se em vista o número crescente de ratificações de normas internacionais, simplificou-se o sistema para que as memórias fossem remetidas bianulamente.[203]

As convenções não incluem em seus textos disposições sobre os procedimentos de acompanhamento e verificação,[204] objeto da Constituição da OIT.

Conforme a Constituição da OIT,[205] no art. 19, cada Estado-Membro é obrigado a apresentar periodicamente (a cada dois anos) um relatório sobre as medidas adotadas para aplicar, na legislação e na prática, as convenções ratificadas. Esses relatórios também devem ser encaminhados para as organizações de empregadores e trabalhadores, para que tenham a possibilidade de comentá-los.

Os relatórios são examinados por um Comitê de Especialistas na Aplicação de Convenções e Recomendações, composto por 20 personalidades jurídicas e sociais independentes.[206] Cabe ao Comitê apresentar relatório anual à Conferência Internacional do Trabalho, que o utilizará no acompanhamento da aplicação das normas. Segundo Süssekind, no período de 1964 a 1999, a Comissão de peritos comprovou 2.203 casos em que os governos realizaram ajustes em suas legislações para honrar os compromissos assumidos com a OIT.[207] Outra forma de controle, em paralelo, é a possibilidade das organizações de empregadores e trabalhadores iniciar processos de "reclamação", denunciando o Estado-Membro pelo descumprimento de uma Convenção. Estas denúncias são analisadas pelo Conselho de Administração, que pode nomear uma comissão tripartite para investigar a questão. Por outro lado, todos os Estados-Membros podem apresentar denúncias ao Secretariado da Organização Internacional do Trabalho contra outro membro que não esteja cumprindo corretamente uma Convenção. Estas queixas são analisadas pelo Conselho de Administração, que pode criar uma Comissão de Investigação para o caso, denominada comissão de inquérito.

As decisões da comissão de inquérito têm caráter obrigatório, e as partes, em última instância, podem submeter um desacordo quanto ao cumprimento das normas internacionais ao Tribunal Internacional de

---

203 VALTICOS, Nicolas. Cincuenta años de actividades normativas de la OIT. *Revista Internacional del Trabajo*, v. 115. Genebra: 1996, p. 450.

204 Não são aprofundados temas relativos à vigência e denúncia das convenções por corresponderem à situação de cada país-membro. Também não são aprofundados os mecanismos de apuração de violação, por uma opção de limitação do trabalho. No entanto, sobre o tema veja-se WIDDOWS, Kelvin The Denunciation of International Labour Conventions. *International Law and Comparative Law Quartely*, n. 33, v. 4. 1984, p. 1052-63.

205 http://www.ilo.org

206 CORNIL, Pierre. *Le rôle de la Commission d'experts de l'O. I. T. dans le contrôle de l'application des conventions internationales du travail*, n. 6, v. 1. Paris: R. B. D. I, 1970, p. 265-77.

207 SÜSSEKIND, Arnaldo. *Direito Internacional do Trabalho*. 3ª ed. São Paulo: LTr, 2000, p. 255.

Justiça. Nos primeiros 20 anos de existência, foram apresentadas sete reclamações e uma queixa.[208]

Existe ainda um processo especial para examinar as queixas de violação da liberdade sindical, previsto na Constituição da OIT, incluída na reforma constitucional de 1950.[209]

A crítica que se faz à OIT é que a vítima de uma violação de direitos humanos no trabalho não pode dar início ao processo de reclamação ou investigação, o que é permitido apenas para os atores tripartitos. Esta correção deveria ser feita na estrutura dos mecanismos de supervisão e controle da OIT.[210]

As sanções, após apurada a violação de direitos ou a infringência de normas ratificadas, conforme o art. 33 da Constituição da OIT, são meramente morais, mas pode-se falar em casos extremos de suspensão do Estado-Membro ou sua eliminação.

Recentemente, a Conferência Internacional do Trabalho, na 88ª Reunião, em junho de 2000, considerando as proposições do Conselho de Administração da ordem do dia, autorizou o Diretor-Geral, a partir das conclusões de uma comissão de investigação que examinava violações do Estado de Mianmar (ex-Birmânia) à Convenção sobre trabalho forçado (escravo), a impor sanções ao país a partir de novembro de 2000 e a levar a situação à ONU (Conselho Econômico e Social – ECOSOC), em julho de 2001, a fim de que se examinassem possibilidades de cortes de auxílio de verbas, enquanto não cessasse o trabalho escravo no país. Pelo exemplo precedente, as sanções impostas pela OIT indicam uma tendência de atitudes mais eficazes, que superam a esfera meramente moral.[211]

---

[208] VALTICOS, Nicolas. Cincuenta años de actividades normativas de la OIT. *Revista Internacional del Trabajo*, v. 115. Genebra: 1996, p. 446.

[209] Há um procedimento especial para violações de liberdade sindical. Não será aprofundado o tema do procedimento especial, por opção de delimitação do tema. Entretanto, historicamente, em 150, a liberdade de associação se converteu em arena de deslegitimação dos sindicatos socialistas. A OIT e o Conselho Econômico e Social das Nações Unidas estabeleceram um acordo (Resolução 277, X) no sentido de que a OIT seria protetora dos sindicatos livres. Foi a partir deste momento que se criaram o Comitê de Liberdade Sindical, de caráter tripartite, e a Comissão de Investigaçao e Conciliação, integrada por personalidades independentes designadas pela recomendação do diretor-geral. FERNÁNDEZ PARDO, Carlos Alberto. *Régimen Internacional del trabajo. La OIT en la política mundial.* Buenos Aires: Ad-hoc, 2001, p. 146. Veja-se a respeito: LEARY, Virginia A. "Lessons from the Experience of the International Labour Organisation" dans Philip Alston. *The United Nations and Human Rights:* A Critical Appraisal, Oxford: Clarendon, 1992, p. 580-619.

[210] SAMSON, Klaus. The protection of economic and social rights within the framework of the International Labour Organisation. *The Implementation of Economic and Social Rights: National, International and Comparative Aspects*, v. 3, Strassbourg/Arlington: Publications of the Austrian Human Rights Institute, 1994, p. 136-137.

[211] A integralidade dos debates é encontrada na publicação oficial da OIT In: *Official Bulletin. International Labour Office,* v. LXXXI, 1998, série B. Special Supplement. Forced labour in Myanmar, 2 july, 1998.

A OIT, em casos de extrema gravidade, comunica a situação para o Conselho de Segurança das Nações Unidas, que possui competência para "estimular o respeito aos direitos humanos e às liberdades fundamentais" (art. 24 e 1º, § 3º da Carta das Nações Unidas).

A Comissão de Aplicação de Convenções e Recomendações da Conferência Internacional do Trabalho entendeu necessária a realização de debates antes da revisão e elaboração de normas e por isso, em 1995,[212] foi criado um grupo de trabalho sobre a política de revisão das normas. Este grupo indica a necessidade de revisão de normas ou de reorganização daquelas que tenham textos superpostos. Deste trabalho resultou que em março de 2002, 71 convenções estão sendo atualizadas, 24 foram revisadas e 54 foram tidas por obsoletas.[213]

2.1.2. Atividade normativa da OIT: as fontes do direito internacional do trabalho

Os instrumentos normativos da OIT são:

a) Constituição;

b) Convenções;

c) Protocolos;

d) Recomendações;

e) Declarações;

f) Resoluções;

g) Orientações:

h) Trabalho dos Órgãos de Supervisão da OIT;

i) Documentos Autorizados;

A combinação destes instrumentos revela os princípios gerais que são considerados fontes de Direito Internacional do Trabalho.[214]

Quanto à Constituição, é a fonte primária da qual emanam as demais fontes. A Constituição da OIT foi alterada diversas vezes para atualizar suas funções diante das novas realidades.

Em graus hierárquicos inferiores à Constituição estão as Convenções e Recomendações que, por sua importância, merecem estudo à parte, já que formam o chamado Código Internacional do Trabalho. Esta foi o nome dado ao corpo de Convenções e Recomendações adotadas pela Conferência da OIT desde sua criação em 1919. O Código Internacional do Trabalho é uma apresentação sistemática das normas internacionais do trabalho feito pela Oficina Internacional do

---

[212] OIT: *Las normas internacionales del trabajo.* Manual de educación obrera. Oficina Internacional del trabajo, 4ª ed. Ginebra, 1998, p. 45.

[213] Números apresentados em Curso da OIT: International Training Centre (ILO): "International Labour Standards for Judges, Lawyers and Legal Educators", 2-13 de setembro de 2002, Turin.

[214] Rol normativo apresentado em Curso da OIT: International Training Centre (ILO) nominado: "International Labour Standards for Judges, Lawyers and Legal Educators, 2-13 de setembro de 2002, Turin.

Trabalho. As estatísticas, até março de 2002, revelam a criação de 184 Convenções e 192 Recomendações.

Os protocolos são instrumentos que modificam parcialmente ou algum artigo das Convenções e estão abertos para a ratificação de um Estado obrigado pela convenção, o que não significa reserva e, sim, revisão da norma. Um exemplo de protocolo foi o que moderou a proibição de trabalho noturno para as mulheres na indústria.[215]

Declarações e resoluções, como fontes do Direito Internacional do Trabalho, são atos unilaterais das Organizações Internacionais. Diferenciam-se ambas pelo caráter solene da primeira e pelo conteúdo formal da Segunda.[216] São atos aprovados pela Conferência Internacional do Trabalho que não possuem previsão na Constituição da OIT. As resoluções podem ser internas ou externas, sendo que as primeiras geram obrigações que dizem respeito mais à administração e assuntos internos da OIT, enquanto as externas geram obrigações para os Estados-Membros ou outras organizações internacionais. De qualquer sorte, são um conjunto de diretivas políticas da OIT e servem para orientar os Estados em matérias relacionadas à OIT.[217] Por vezes, as declarações são aprovadas na forma de resoluções (como comumente ocorre na ONU), o que não é a hipótese, na OIT, da Declaração de Filadélfia e nem da Declaração de 98 sobre princípios e direitos fundamentais no trabalho.

As declarações possuem diversas funções no Direito Internacional e portanto, na OIT, como refere Gunther,[218] confirmando ou reformulando normas de direito costumeiro, bem como enunciando princípios gerais de direito. Também interpretam normas e princípio jurídicos contidos na constituição e estatutos.

As orientações são observações, comentários e estudos remetidos diretamente aos governos pelo diretor-geral.[219] As observações são utilizadas para casos mais graves de descumprimento de obrigações internacionais e são publicadas no informe da Comissão de Experts na Aplicação de Convenções e Recomendações (CECR).[220] Os comentários

215 SERVAIS, Jean-Michel. *Elementos de Direito Internacional Comparado do Trabalho*. São Paulo: Ltr, 2001, p. 134.

216 Vejam-se a respeito as conclusões da tese de GÜNTHER,Luis Eduardo. *Resoluções e Declarações da OIT: Natureza e efeitos*. Tese de doutoramento apresentada à UFPR, Curitiba, 2002.

217 BALMACEDA, Manuel Montt. *Principios de Derecho Internacional del Trabajo: la OIT*. 2ª ed. Santiago de Chile: Ed. Jurídica de Chile, 1998, p. 135-136. As resoluções sobre Independência do Moviemtno Sindical e Direitos Sindicais e suas Relações com as Liberdades Civis indicam princípios a serem seguidos pelos órgãos de fiscalização da OIT.

218 Vejam-se a respeito as conclusões da tese de GÜNTHER, Luis Eduardo. *Resoluções e Declarações da OIT: Natureza e efeitos*. Tese de doutoramento apresentada à UFPR, Curitiba, 2002.

219 Vejam-se a respeito as conclusões da tese de GÜNTHER, Luis Eduardo. *Resoluções e Declarações da OIT: Natureza e efeitos*. Tese de doutoramento apresentada à UFPR, Curitiba, 2002.

220 VON POTOBSKY, Geraldo; BARTOLOMEI DE LA CRUZ, Héctor. *La Organización Internacional del Trabajo*, Buenos Aires: Astrea, 1990, p. 103.

e estudos são opiniões da repartição internacional do trabalho que esclarecem os Estados antes da adoção de norma internacional.

Finalmente, o trabalho dos órgãos de supervisão e os documentos autorizados representam as fontes jurisprudenciais e doutrinárias da OIT. Existe extensa jurisprudência dos órgãos de controle da OIT, como é a Comissão de Peritos para a aplicação de convenções e recomendações, Comitê de Liberdade Sindical, Comissão de Investigação e Conciliação em Matéria de Liberdade Sindical e comissões de investigação nomeadas na conformidade do art. 26 da Constituição da OIT.[221]

2.1.2.1. Espécies principais de normas internacionais do trabalho: convenções e recomendações

Tanto pela qualidade como pela quantidade, as normas internacionais do trabalho sobre as quais dedica-se maior atenção são as convenções e as recomendações.

Segundo Valticos,[222] o critério distintivo entre a convenção e a recomendação é o grau de maturidade da discussão da matéria que a OIT pretende normatizar.

Para Córdova,[223] a distinção não é linear, pois há uma tendência de certas convenções assemelharem-se a recomendações e vice-versa, o que causa certos problemas para que os Governos as coloquem em prática e a comissão de *experts* avalie a ação dos Governos.

A OIT determina que as proposições somente devem revestir a forma "de uma recomendação, se a questão tratada, ou um dos seus aspectos, não se preste, no momento, para a adoção de uma convenção" (art. 19, § 19).

As convenções são instrumentos dos quais decorrem obrigações jurídicas quando ratificadas.[224] As recomendações não estão sujeitas à ratificação, mas apenas sugerem diretrizes para orientar a ação, a legislação e a prática nacionais. Tanto as convenções como as recomendações devem ser adotadas pela Conferência. Os §§ 1° e 2° do artigo 19 da Constituição da OIT dispõem:

> 1º. Quando a Conferência se pronuncia a favor da adoção de proposições relativas a uma questão da ordem do dia, terá de determinar se essas proposições devem-se revistir da forma: a) de uma convenção internacional, ou b) de uma recomendação, se a questão tratada, ou um de seus aspectos, não comportar, no momento, a adoção de uma convenção;

---

221 *Idem, Ibidem*, p. 49-50.

222 VALTICOS, Nicolas. Cincuenta años de actividades normativas de la OIT. *Revista Internacional del Trabajo*, v. 115. Genebra: 1996, p. 442.

223 CÓRDOVA, Efrén, Some Reflections on the Overproduction of International Labour Standards, *Comparative Labour Law Journal*, n. 14, v. 138, 1993, p. 151.

224 OIT: *Manual de Procedimentos em matéria de Convenções e Recomendações Internacionais do Trabalho*. Brasília, 1993, p. 8.

2º. Em ambos os casos, para que a Conferência adote a convenção ou a recomendação numa votação final, será necessária a maioria de dois terços dos votos emitidos pelos delegados presentes.

A ordem do dia de todas as reuniões da Conferência é definida pelo Conselho de Administração (artigo 14 da Constituição). Nos casos de pauta de urgência ou quando o justificarem outras circunstâncias especiais, o Conselho de Administração pode resolver submeter a questão à Conferência para discussão simples; se não for adotada uma decisão a respeito, a questão constante da ordem do dia da Conferência considera-se a ela submetida para objeto de dupla discussão (artigos 34, 35 e 36 do Regulamento da Conferência). O Conselho de Administração pode resolver também submeter a questão a uma conferência técnica preparatória (artigo 14 da Constituição e artigos 34, 35 e 36 do Regulamento da Conferência). A própria Conferência pode decidir, por maioria de dois terços dos votos dos delegados presentes, incluir um item na ordem do dia da sua reunião seguinte (artigo 16 da Constituição da OIT).

As resoluções adotadas pela OIT são textos de diferente natureza das Convenções e recomendações e se não são vinculantes para os Estados, constituem um conjunto de diretivas da política social que completam de forma substancial as normas internacionais do trabalho.

2.1.2.1.1. Recomendações

Para a OIT,[225] as funções primordiais da recomendação são o seu caráter complementário, interpretativo e integrativo em relação às Convenções.

Quanto à tarefa complementária, as recomendações flexibilizam e universalizam a aplicação das convenções. A Conferência Internacional do Trabalho aprova convençoes com os princípios e regras gerais atinentes à matéria versada, complementando-as com recomendações de índole regulamentar, indicando detalhes técnicos ou de outra forma de sua aplicação. Esta função, a recomendação, exerce de forma concomitante e dependente da convenção.

Ao lado da atividade complementar da recomendação, existe uma atuação com valor independente ou autônomo, quanto às matérias cujas práticas variam muito de país para país, como é o caso da formação profissional.

Conforme Süssekind,[226] a Conferência objetiva a recomendação:

a) disciplinar um tema sobre o qual o direito comparado ainda não revela soluções largamente aceitas;
b) enunciar regras ainda avançadas para grande número de Estados membros, mas cuja universalização a Conferência deseja promover;

---

225 OIT: *Manual de Procedimentos em matéria de Convenções e Recomendações Internacionais do Trabalho.* Brasília, 1993, p. 8.

226 SÜSSEKIND, Arnaldo. *Direito Internacional do Trabalho.* 3ª ed. São Paulo: LTr, 2000, p. 198.

c) regulamentar a aplicação de princípios inseridos em muitas convenções, possibilitando aos diversos países ampla flexibilidade para aplicá-los mediante regulamentação adequada às condições nacionais, ainda que inseridas no texto recomendado.

Acena-se o valor da recomendação como fonte de direito internacional, dependente, ou não, da Convenção.

Para Virally,[227] os redatores da Constituição da OIT foram os primeiros a definir para o direito internacional o valor de uma recomendação que visa sobretudo a conseguir uma adesão prévia a certos comportamentos que serão normatizados. A recomendação possui uma força cogente limitada, visto que o Estado que vier a adotar uma recomendação poderá a modificar a matéria regulamentada diferentemente no futuro. Nesse caso, não se exige o mecanismo da denúncia visto que sequer há a necessidade de ratificação.

2.1.2.1.2. Convenções

As convenções aprovadas pela Conferência Internacional do Trabalho, como tratados multilaterais abertos, são classificadas como tratados-leis, porque formulam regras ou princípios, de ordem geral, destinados a reger certas relações internacionais, estabelecendo normas gerais de ação e confirmando ou modificando costumes adotados entre as nações.

Refere-se que sem a adesão ao tratado multilateral aberto, por ato soberano, o Estado não estará vinculado ao respectivo instrumento, o qual, obviamente, não poderá gerar, no plano interno, os direitos e obrigações estabelecidos em suas normas. Entende Süssekind[228] a necessidade de diferenciar entre:

a) o ato-regra, pelo qual a Conferência cria as normas constantes da convenção aprovada;

b) o ato-condição, pelo qual os Estados-membros, mesmo os que não participaram da elaboração e aprovação do tratado multilateral aberto, a ele aderem, em decisão soberana (ratificação), tomada de conformidade com o direito constitucional interno.

As convenções são um ato-condição, o que significa que da adesão de um país a um ato legislativo preexistente, decorrem obrigações de cumprir os tratados.[229]

Segundo especialistas, aqui reside uma das maiores peculiaridades normativas da OIT, visto que os Estados-Membros não se obrigam entre si, mas assumem compromissos diretamente com uma Organização Internacional, ao adotarem normas internacionais.[230]

---

227 VIRALLY, Michel. *El devenir del derecho internacional*. México: Fondo de Cultura Economica, 1998, p. 202.

228 SÜSSEKIND, Arnaldo. *Direito Internacional do Trabalho*. 3ª ed. São Paulo: LTr, 2000, p. 188-189.

229 MORELLET, Jean. Un type original de Traités: Les Conventions Internationales du Travail. *Revue critique de droit international privé* (janvier-mars, n. 1), 1938, p. 20.

230 VON POTOBSKY, Geraldo; BARTOLOMEI DE LA CRUZ, Héctor. *La Organización Internacional del Trabajo*. Buenos Aires: Astrea, 1990, p. 31-40.

As convenções, ainda que não ratificadas, a exemplo das recomendações, influenciam nas legislações nacionais. São classificadas como sendo gerais, programáticas ou promocionais. Podem seguir formas de diretivas dirigidas aos estados, para que adotem as medidas concretas para sua aplicação.[231]

Para fins de classificação das convenções, a OIT[232] as dividiu em categorias, segundo a matéria preponderantemente regulamentada:

a) Direitos Humanos Básicos;

b) Emprego;

c) Políticas Sociais;

d) Administração do trabalho;

e) Relações industriais;

f) Condições de trabalho;

g) Segurança Social;

h) Emprego de mulheres;

i) Emprego de crianças e jovens;

j) Trabalhadores migrantes;

l) Trabalhadores indígenas;

m) Outras categorias especiais.

Outra classificação das convenções as tipifica em fundamentais, prioritárias e promocionais, distribuídas em diversas categorias.[233]

As convenções prioritárias[234] são convenções instrumentais, e podem ser resumidas da seguinte forma:

Convenção n. 144: Consulta tripartite (1976). Dispõe sobre a consulta efetiva entre representantes do governo, dos empregadores e dos trabalhadores sobre as normas internacionais do trabalho.

Convenção n. 81: Inspeção do trabalho (1947). Dispõe sobre a manutenção de um sistema de inspeção do trabalho nas indústrias, no comércio e na agricultura. Tais sistemas devem operar dentro dos parâmetros estabelecidos nestes instrumentos.

Convenção n. 129: Inspeção do trabalho na Agricultura (1969). Dispõe sobre a manutenção de um sistema de inspeção do trabalho nas indústrias, no comércio e na agricultura. Tais sistemas devem operar dentro dos parâmetros estabelecidos nestes instrumentos.

Convenção n. 122: Política de emprego (1964). Dispõe sobre o estabelecimento de uma política ativa para promover o emprego estimulando o crescimento econômico e o aumento dos níveis de vida.[235]

---

231 VON POTOBSKI, Geraldo. Los convenios de la OIT: ¿Una nueva dimension en el orden juridico interno? In: *Evolución del pensamiento juslaboralista. Estudios en homenaje al Prof. Héctor-Hugo Barbagelata*. Montevidéo: Fundación Cultura Universitária, 1997, p. 577/97.

232 http://www.ilo.org

233 Adota-se a classificação da OIT. Cfe. http://www.ilo.org. Há doutrinadores, como Plá Rodríguez, que adotam a classificação de convenções de uniformidade, de princípios, de igualdade e de procedimento. Outros como Süssekind, adotam os termos auto-executivos ou promocionais. VON POTOBSKY, Geraldo; BARTOLOMEI DE LA CRUZ, Héctor. *La Organización Internacional del Trabajo*. Buenos Aires: Astrea, 1990, p. 46.

234 http://www.ilo.org

235 Destas convenções, somente a n. 129 não foi adotada no Brasil.

Ao lado das convenções prioritárias, cresce uma tendência na atividade normativa da OIT, das chamadas convenções promocionais.[236] Contemplam expressões como: "na medida do possível", "conforme as condições nacionais"[237] e revelam uma nova forma de produzir normas no interior da OIT.

No início da atividade normativa da OIT, as convenções continham disposições precisas para traslado direto à legislação nacional.[238] Desde a Segunda Guerra Mundial, surgiram as chamadas convenções promocionais, nas quais os estados se comprometem a alcançar as diretrizes estabelecidas na Convenção, seguindo o juízo de conveniência e oportunidade, tipicamente discricionário, também quanto aos modos e prazos de execução. Até a Segunda Guerra, a OIT cumpriu seu mandato original. As questões trabalhistas, em razão da guerra, ficaram colocadas de lado, motivo pelo qual houve uma alteração na produção das Convenções que, de substantivas, ou materiais, passaram a ser promocionais ou procedimentais.[239]

O valor jurídico desse compromisso promocional é indiscutível quando, na prática, há avanços na proteção do trabalhador, e as metas da convenção foram definidas com precisão. Como as situações de igualdade de oportunidades supõem um conjunto coordenado de ações promocionais, as Convenções sobre igualdade de remuneração de 1951 (n. 100) e sobre a discriminação do emprego e ocupação de 1958 (n. 111), são tidas por exemplo de convenções promocionais.[240] Em outros casos, em que as metas não estão definidas claramente, surgem dificuldades para medir objetivamente até que ponto os compromissos internacionais foram cumpridos. A tendência de norma "*soft law*" se manifesta expressamente nas convenções promocionais, que são convenções com um grau maior de flexibilidade. A expressão "*soft law*" é forma de regulamentação internacional que dá ênfase aos princípios e a enunciados mais gerais, sem necessária conotação negativa. Significa, entretanto, que o direito internacional está contemplando cada vez mais normas programáticas que prevêem políticas de atuação para o futuro, no que se inserem as metas sinaladas como prioritárias, para um estado ou Organização Internacional. Ao contrário dos que entendem que a idéia de *soft law* parece criar uma responsabilidade

---

236 Governing Body, Follow-Up to the Report of the Governing Body, Working Party on International Labour Standards, Geneva, International Labour Office, November 1989.

237 OIT: *Las normas internacionales del trabajo*. Manual de educación obrera. Oficina Internacional del trabajo. 4ª ed. Ginebra, 1998, p. 40.

238 JENKS, Wilfred. *Flexibility in International Labour Conventions*, april 1960 (paper produzido para OIT).

239 CÓRDOVA, Efrén. Some Reflections on the Overproduction of International Labour Standard. *Comparative Labour Law Journal*, n. 14. Champaign: 1993, p. 142.

240 SERVAIS, Jean-Michel. *Elementos de Direito Internacional Comparado do Trabalho*. São Paulo: LTr, 2001, p. 123.

soft[241] os textos de *soft law* são exigíveis juridicamente, superando-se o seu caráter meramente moral.[242] Nesse sentido, como *soft law*, as convenções programáticas são cogentes, ainda que flexíveis, na forma da sua explicitação, interpretação e execução.[243]

Na Conferência da OIT de 1994, devido às novas tendências econômicas da globalização e diferentes graus de desenvolvimento entre os países, propôs-se um estudo, no interior da OIT, rotulado de "Dimensões sociais da liberalização do comércio mundial".[244] Como fruto da resposta da OIT à globalização e à problemática de que as Convenções da OIT precisavam ser revistas, inclusive para abarcar a discussão crescente no campo dos direitos humanos, definiu-se quais das mais de 180 Convenções conteriam os direitos humanos trabalhistas básicos. Estas convenções passaram a ser consideradas Convenções fundamentais do trabalho, através de uma declaração solene, na Conferência de 1998.

São as seguintes as convenções fundamentais do trabalho, ou convenções de direitos humanos básicos, divididos segundo quatro temas fundamentais:

a) Liberdade sindical:

Convenção n. 87, sobre a liberdade sindical e a proteção do direito de sindicalização, de 1948.

Convenção n. 98, sobre o direito de sindicalização e de negociação coletiva, de 1949.

b) Trabalho forçado:

Convenção n. 29, sobre o trabalho forçado, de 1930.

Convenção n. 105, sobre a abolição do trabalho forçado, de 1957.

c) Não discriminação:

Convenção n. 100, sobre igualdade de remuneração, de 1951.

Convenção n. 111, sobre a discriminação no emprego e na ocupação, de 1958.

d) Idade mínima e erradicação das piores formas do trabalho infantil:

Convenção n. 138, sobre a idade mínima de admissão ao emprego, 1973 e erradicação das piores formas de trabalho Infantil, n. 182, de 1999.

O significado desta nova terminologia baseia-se na consideração de que esses direitos fundamentais já estão inscritos na Constituição da

---

241 Alguns autores entendem que a "soft law" exprime apenas uma obrigação moral ou natural, ligada á idéia de eqüidade, como WEIL, Prosper. Cours général de droit international public. In: *Recueil des cours of the hague academy of international law.* London: Martinus Nifhoff Publishers, 1992, p. 227-47.

242 Nesse sentido ALBUQUERQUE MELLO, Celso D. de. *Curso de Direito Internacional Público,* 11ª ed. Rio de Janeiro: Renovar, v. 1, p. 291.

243 Como forma de interpretação nas normas multilaterais nos foros da diplomacia é que Guido Soares aponta a origem das normas de "soft law". Embora não existam acordos doutrinários claros sobre a abrangência conceitual da expressão, esta é utilizada em sentido genérico para acordos, protocolos, "non binding agreements", declarações de princípios, declarações conjuntas, memorandos, entre outros. In: SOARES, Guido Fernando Silva. *Curso de Direito Internacional Público.* São Paulo: Atlas, 2002, p. 136-140.

244 GB 261/WP/SLD/1/ Genebra, novembro de 1994.

OIT, que apenas atualiza a forma para promover sua aplicação universal.

Recorda-se, portanto, aos estados-membros das suas obrigações pelo fato de pertencerem à OIT. Estas obrigações decorrem tanto do ato constitutivo da organização como dos atos de seus órgãos de acordo com a Constituição.[245]

Logo, assim como a Declaração de Filadélfia reafirmou certos valores fundamentais, para a OIT, a Declaração relativa aos Princípios e Direitos Fundamentais no Trabalho e seu seguimento reiteram a vinculação da atividade normativa ao tópico dos Direitos Humanos, explicitando uma relação já existente.

2.1.2.2. Características das Normas Internacionais de Trabalho (NIT)

As normas da OIT ultrapassaram a noção de tratado bilateral ou multilateral, criando o primeiro bloco ou sistema de proteção dos direitos do homem, através de suas convenções e recomendações.[246] As convenções e recomendações possuem características de normas de Direitos Humanos,[247] realçando o seu caráter universal.

O caráter flexível das normas internacionais do trabalho decorre da própria constituição da OIT que, com a inclusão da Declaração da Filadélfia, ampliou escopos universais para a proteção ao trabalhador. Portanto, as normas internacionais do trabalho são flexíveis no seu desenho, o que significa que são universais e adaptáveis, e também no seu texto, o que significa que são viáveis, porque amplamente debatidas. São, por fim, flexíveis porque admitem diferentes graus de profundidade no tratamento de certas questões, prevendo inicialmente normas mínimas, sujeitas a maior aprofundamento através da regulação dos Estados.

Por um lado, as normas internacionais do trabalho fixam metas a serem alcançadas por políticas nacionais e estabelecem um marco para a cooperação internacional. Por outro lado, fomentam o tripartismo, protegem os direitos humanos fundamentais e traduzem um consenso internacional sobre como regular e garantir níveis mínimos de proteção aos trabalhadores, aceitáveis para a comunidade internacional.

---

245 REUTER, Paul. *Introdución al derecho de los Tratados*. México: Fondo de Cultura Económica, 1999, p. 173.

246 VALTICOS, Nicolas "L'OIT et le droit international" dans 75e Anniversaire du Bureau International du Travail, *Revue française des Affaires sociales*, Novembre 1994, p. 81-91.

247 SÜSSEKIND, Arnaldo. *Direito Internacional do Trabalho*. 3ª ed. São Paulo: LTr, 2000, p. 20-1 e RACCIATTI, Octavio Carlos. El tratado Internacional como Fuente del Derecho del Trabajo. In: *Grupo de lo miércoles: treinta y seis estudios sobre las fontes del derecho del trabajo*. Montevideo: FCU – Fundación de Cultura Universitaria,1995, p. 185. VALTICOS, Nicolas. Normas internacionales del trabajo y derechos humanos: como estamos en vísperas del año 2000? *Revista Internacional del Trabajo*, v. 117, n. 2. Genebra, 1998, p. 157.

Em conjunto, as normas internacionais do trabalho formam uma unidade coerente que harmoniza fins específicos de ordem técnica, social e econômica. São características comuns das normas da OIT:[248] universalidade, flexibilidade, viabilidade, adaptabilidade, normas mínimas e inadimissibilidade de reservas. Estas propriedades são encontradas nas normas da Declaração da OIT relativa aos Princípios e Direitos Fundamentais no Trabalho.

2.1.2.2.1. Universalidade

As NIT – Normas Internacionais do Trabalho – são adotadas por delegados que representam governos e organizações de trabalhadores e empregadores de todas as regiões do mundo, por isso traduzem objetivos amplamente aceitáveis na comunidade internacional. As normas devem refletir os requerimentos e necessidades conjuntas dos Estados-Membros.[249]

Num período pós-segunda guerra, quando se iniciou um debate sobre a possibilidade de se editarem normas regionais, a OIT optou pela universalidade normativa, uma vez que normas regionais poderiam significar subnormas,[250] ou seja, normas de categoria inferior.

Obviamente, o debate sobre a universalidade das Normas Internacionais do Trabalho se insere na problemática do particularismo e o universalismo dos direitos humanos. Da universalidade decorre uma característica de ultra-atividade[251] das normas, o que significa que um membro que se afaste da OIT não se desobriga do cumprimento das normas já ratificadas.[252] Crescem, no interior da OIT, preocupações de que a universalidade corresponda à possibilidade de cumprimento das normas, especialmente para os países ditos em "via de desenvolvimento".[253]

---

248 *Rapport du Directeur général,* Conférence internationale du Travail, 70e session, Genève, Bureau international du Travail, 1984, Partie I: Normes internationales du travail, p. 3-76. Rapport du Directeur général, L'action normative de l'OIT à l'heure de la mondialisation. Conférence internationale du Travail, 85e session, Genève, Bureau International du Travail. 1997, p. 37-67; Ver também http://www.ilolim.org. pe/sindi/aula/cap2/index.html – capturado em 26/11/01.

249 OIT: *Las normas internacionales del trabajo.* Manual de educación obrera. Oficina Internacional del Trabajo, 4ª ed. Ginebra: OIT, 1998, p. 10.

250 VALTICOS, Nicolas. Cincuenta años de actividades normativas de la OIT. *Revista Internacional del Trabajo,* v. 115. Genebra: 1996, p. 436 e 40.

251 QUADROS, Fausto de; GONÇALVES PEREIRA, André. *Manual de Direito Internacional Público.* 3ª ed, Coimbra: Almedina, 1997, p. 555.

252 Em novembro de 1977, os Estados Unidos fizeram uso desta faculdade que a Constituição da OIT lhes conferia, no sentido de se retirar da OIT.

253 OKOGWU, Chike. Labour Standards across countries with different levels of development. In: *International labour standards and economic interdependence:* Essays in commemoration of the 75th anniversary if the International Labour Organization and the 50th anniversary of Declaration of Philadelphia. International Labour Organization (International Institute for Labour Studies). Geneva, 1994, p. 145-157.

2.1.2.2.2. *Flexibilidade*

Atendendo à Constituição da OIT, durante a elaboração das Normas Internacionais do Trabalho, estão presentes a consideração da diversidade nos níveis de desenvolvimento, condições e práticas dos Estados membros da OIT.[254] Em conseqüência, tem-se concebido a adoção de convenções que autorizam aceitação de partes alternativas que definam distintos graus de obrigações, com linguagem geral e ampla. Ilustra-se esta característica quando, ao serem ratificadas certas convenções, excluem-se certos tipos de trabalhadores, ou certos setores, da incidência da norma.[255] A flexibilidade pode ser estendida para as cláusulas da norma, para os objetivos da norma, para o conteúdo da obrigação e quanto aos métodos de aplicação.[256] Tem sido praxe a adoção de convenções que permitam, em certos casos, e a título provisório, a aceitação de normas específicas para certos países, por exemplo, quando não existia legislação sobre a matéria da convenção anteriormente à sua ratificação.

2.1.2.2.3. *Viabilidade*

A ação normativa da OIT pretende se desenvolver em equilíbrio com as possibilidades de ação prática, no espaço e no tempo de determinado país. Com o objetivo de tornar os textos realistas quanto à sua implementação, os projetos de Convenção ou Recomendação passam por criteriosa análise tripartite dos Membros e também pelos diversos órgãos da OIT. Normalmente se discutem em duas reuniões sucessivas da Conferência Internacional do Trabalho, para alcançar sua adoção.[257] Os textos são trabalhados em comissões técnicas tripartites. Buscam-se as criações textuais que são genéricas, e não específicas, vinculando-se normalmente a viabilidade ao caráter mais universal das normas do trabalho. A aprovação da redação das normas requer uma maioria representada por dois terços dos votos da Conferência.

2.1.2.2.4. *Adaptabilidade*

A permanente mutação de trabalho no atual estágio de globalização[258] obrigou a OIT a adotar de uma filosofia que exige permanente

[254] OIT: *Manual de Procedimentos em matéria de Convenções e Recomendações Internacionais do Trabalho*. Brasília: 1993, p. 10.

[255] SERVAIS, Jean-Michel. *Elementos de Direito Internacional Comparado do Trabalho*. São Paulo: LTr, 2001, p. 36.

[256] VALTICOS, Nicolas; VON POTOBSKY, Geraldo. *International Labour Law*. 2ª ed. Boston: Kluwer law and Taxation Publishers, 1995, p. 58-59.

[257] JENKS, Wilfred. *Flexibility in International Labour Conventions*, april 1960 (paper produzido para OIT).

[258] SÜSSEKIND, Arnaldo. *Direito Internacional do Trabalho*. 3ª ed. São Paulo: LTr, 2000, p. 183-6.

evolução e adaptação das normas internacionais que produz, para fazer frente aos novos desafios que se apresentam.

A maioria das convenções dirige-se aos Estados signatários, sendo que, mesmo no caso das auto-executivas, a Comissão de Peritos em Aplicação de Convenções e Recomendações[259] sugere a harmonização da Lei nacional com a convenção adotada, a fim de evitarem-se dúvidas quanto à adaptação da norma internacional do trabalho ao direito interno do país signatário.

A partir de 1944, com a Declaração de Filadélfia,[260] as normas precisariam ser mais adaptáveis à realidade dos Estados-Membros, tendo-se em vista as novas competências da OIT: novas matérias como segurança dos trabalhadores e novos destinatários eram contemplados com normas internacionais. Ao lado de convenções de fundo, adotaram-se convenções instrumentais para políticas sociais como a inspeção do trabalho, métodos para fixação do salário mínimo, entre outras. A revisão de algumas convenções anteriores à Segunda Guerra indiciam esta característica de adaptabilidade das atividades normativas da OIT. Novas revisões de normas, que se processam atualmente, reafirmam esta característica.

2.1.2.2.5. Normas mínimas

Com a intenção de adotar um patamar mínimo universal de proteção laboral, a OIT visa a dar às legislações nacionais maior estabilidade e a evitar regressões no campo social. Para que as Convenções ou Recomendações não contenham disposições tão avançadas ou exigentes que tornem difícil garantir seu cumprimento, a OIT se preocupa em manter o caráter de normas mínimas aos instrumentos.[261] Com isso permite aos legisladores nacionais adaptar seus sistemas legais às obrigações assumidas.

Conforme o art. 19, inciso 8°, da Constituição da OIT:

> Em nenhum caso poderá considerar-se que a adoção de uma convenção ou de uma recomendação pela Conferência, ou a ratificação de uma Convenção por qualquer membro, menospreze qualquer lei, sentença, costume ou acordo que garantam aos trabalhadores condições mais favoráveis que as que figurem no convênio ou na recomendação.

A OIT pretende fixar um piso sobre o qual evolui o direito interno do país, não sendo a vocação das normas internacionais a redução de patamares já alcançados pelo direito interno. Desta forma, no contexto de proteção ao trabalhador, sobre o qual se funda o Direito do

259 OIT, Comissión de Expertos, Informe III (Parte 4A) 1963, p. 9-12.

260 VALTICOS, Nicolas. Cincuenta años de actividades normativas de la OIT. *Revista Internacional del Trabajo*, v. 115. Genebra: 1996, p. 436-441.

261 VON POTOBSKY, Geraldo; BARTOLOMEI DE LA CRUZ, Héctor. *La Organización Internacional del Trabajo*. Buenos Aires: Astrea, 1990, p. 61.

Trabalho, na maioria dos países ocidentais, a OIT comunga do princípio da aplicabilidade da norma mais favorável. O alcance deste princípio diz respeito à possibilidade de, diante de várias fontes legais formais, inclusive nacionais ou de outros instrumentos, prevalecer a que mais favoreça os trabalhadores.[262]

2.1.2.2.6. *Inadmissibilidade de reservas*

Uma vez que uma convenção entre em vigor, seu cumprimento não está sujeito a condições. Por isso podem ser denunciadas pelos Estados e revisadas pela OIT, por iniciativa do Conselho de Administração. Algumas convenções contêm disposições especiais que permitem aos Estados a flexibilização das obrigações que assumem em função da ratificação. Isso decorre da tendência de elaboração de um número maior de convenções promocionais.

Uma convenção pode ser emendada por um protocolo que é instrumento que modifica parcialmente alguns artigos das Convenções. Mesmo como agência das Nações Unidas, na qual as reservas são permitidas, esta é mais uma especificidade da OIT. Essa limitação evita que os membros façam adaptações que desconfiguram as finalidades da norma internacional.[263]

2.1.2.3. *A função das normas internacionais do trabalho*

O desprezo pelos direitos do homem, no espaço interno, e o escasso respeito ao consenso internacional, no espaço externo, marcham juntos. Se um governo menospreza a liberdade de seus cidadãos, não respeita as decisões tomadas num ambiente internacional.[264] As violações dos direitos humanos e as lutas em sua defesa possuem uma dimensão nacional decisiva. Baseiam-se em pressupostos culturais específicos, visto que a política dos direitos humanos é uma questão cultural, ou seja, local e global ao mesmo tempo,[265] e devem se submeter a um controle. A teoria política observa duas formas de controle social,[266] a influência e o poder, sendo que a primeira se apresenta como dissuasão,

---

262 PLÁ RODRIGUEZ, Américo. *Princípios de Direito do Trabalho*. 3ª ed. São Paulo: LTr, 2000, p. 123.

263 JENKS, Wilfred. Les instruments internationaux à caractère collectif. *Recueil des cours de l'Académie de droit international de La Haye*, n. 69. v. III, 1939, p. 447-552.

264 BOBBIO, Norberto. *A era dos direitos*. Rio de Janeiro: Ed. Campus, 1992, p. 38.

265 SOUSA SANTOS, Boaventura (org). *A globalização e as ciências sociais*. São Paulo: Cortez Editora, 2002, p. 85-9.

266 BOBBIO, Norberto. *Idem, Ibidem*, p. 39. Influência é o modo de controle que determina a ação do outro incidindo sobre sua escolha e poder é o modo de controle que determina o comportamento do outro pondo-o na impossibilidade de agir diferentemente. A proteção jurídica realiza o controle social através do poder que se expressa em violência física, o impedimento legal e a ameaça de sanções graves.

desencorajamento e condicionamento. O controle das organizações internacionais corresponde às três formas de influência na comunidade internacional e, além do aspecto controlador, soma-se às funções de promoção e garantia.

Neste sentido, justifica-se politicamente a atuação da OIT, no exercício da sua influência sobre os Estados, para que se atinja um nível razoável de proteção ao trabalhador e os induza a disciplinar e aperfeiçoar a tutela dos direitos do homem, por meio de um conjunto de ações. A ação preferencial da OIT é a atuação normativa, apresentando funções precisas.

Como fontes do Direito Internacional do Trabalho, as normas internacionais do trabalho possuem uma tríplice função: normativa, interpretativa e integradora.[267]

A função normativa está presente quando as convenções tenham sido ratificadas e estejam vigentes, seguindo uma aplicação necessária para o país signatário.

A função interpretativa exterioriza-se quando a norma internacional serve para balizar o processo hermenêutico da norma interna, quando se parte da primazia da ordem internacional sobre a ordem interna. O art. 37, § 1°, da Constituição da OIT, reconhece que a Corte Internacional de Justiça é autorizada a interpretar as disposições de uma convenção frente aos membros da OIT.[268] Na prática, diversos governos solicitam a opinião da Oficina Internacional do Trabalho em etapa prévia à ratificação.[269]

Em terceiro lugar, a função de integração existe no caso de lacunas do ordenamento nacional. As convenções estabelecem princípios mais ou menos universais, cuja significação ultrapassa a obrigação internacional nascida da ratificação. Aqui, refere-se ao significado mais amplo de integração, e não apenas a integração das normas internacionais decorrentes do instrumento de ratificação.[270] O intérprete pode recorrer à regulamentação internacional de determinadas matérias, ainda que não tenham sido ratificadas convenções relativas no plano nacional. O papel integrativo das normas da OIT indica catálogo de princípios gerais de direito do trabalho nos quais estão implicadas noções como as de justiça social, eqüidade e boa-fé. Tais conceitos instrumentalizam o legislador, o executivo e o judiciário dos Esta-

[267] RACCIATTI, Octavio Carlos. El tratado Internacional como Fuente del Derecho del Trabajo. In: *Grupo de lo miércoles: treinta y seis estudios sobre las fontes del derecho del trabajo.* Montevideo: FCU- Fundación de Cultura Universitaria, p. 169-90, 1995.

[268] JENKS, Wilfred. *The Significance for International Law of the Tripartite Character of the International labour Organisation,* read before the Grotius Society on May 28, 1936.

[269] Veja-se sobre sobre as orientações como fonte no item relacionado à atividade normativa da OIT.

[270] SÜSSEKIND, Arnaldo. *Direito Internacional do Trabalho.* 3ª ed. São Paulo: LTr, 2000, p. 202.

dos-Membros a estabelecer diretrizes de ação no campo dos direitos sociais.

A OIT, através de seu sistema normativo, indica a tendência de internacionalização das fontes do direito, demonstrando, desde 1919, o papel fundamental dos princípios no Direito Internacional.

Em síntese, as funções das normas do trabalho hoje, como quando surgiu a OIT, são essencialmente as de indicar diretrizes sociais globais, balizar a interpretação das normas locais e integrar os sistemas nacionais e internacionais de proteção ao trabalhador.[271] Nesse sentido, operacionalizam as próprias funções da OIT, que, no dizer de Virally,[272] como as demais organizações são as de harmonizar e coordenar políticas e comportamentos, realizar operações coletivas e institucionais nos limites das suas competências e poderes.

Para cumprir estas funções, entretanto, em período de mudanças globais, a OIT teve que repensar sua produção normativa, atualizando o mandamento Constitucional de Justiça Social,[273] tomando, em 1979, a decisão de revisar seus instrumentos. Isso se deve em grande parte ao fato de que os países em desenvolvimento evadiram-se de modo generalizado do sistema de normas da OIT e procuraram a opção de nacionalizar de forma pragmática o que as normas prescreviam. Isto causou um desgaste funcional à OIT. Os países em desenvolvimento exigiam ao lado de um universalismo não hegemônico, a realização de ações concretas por parte da OIT.[274]

A tentativa de atualização e harmonização dos procedimentos normativos da OIT será examinada no tópico seguinte.

2.2. PRINCÍPIOS E DIREITOS FUNDAMENTAIS NO TRABALHO

Durante o século XIX, a idéia de uma proteção internacional do trabalho difundiu-se a partir de 1813, através do inglês Robert Owen, com sua obra *A new view of society* somado à ação política de Daniel Legrand junto ao governo francês, a partir de 1841.[275]

[271] THOMAS, Albert. L'Organisation internationale du Travail. Origine – Développement – Avenir; article publié dans la Revue internationale du Travail, vol. 1 (1921), n. 1 (jan) Et reproduit dans 135 (3-4) *Revue internationale du Travail*, 1996, p. 283-299.

[272] VIRALLY, Michel. *El devenir del derecho internacional*. México: Fondo de Cultura Económica, 1998, p. 314-31.

[273] Conseil d'administration, Commission des questions juridiques et des normes internationales du travail, *Politique normative: ratification et promotion des conventions fondamentales de l'OIT*, Genève, Bureau international du Travail, mars 1999, GB. 274/LILS/5, 274e session.

[274] FERNÁNDEZ PARDO, Carlos Alberto. *Régimen Internacional del trabajo*. La OIT en la política mundial. Buenos Aires: Ad-hoc, 2001, p. 228.

[275] SÜSSEKIND, Arnaldo. *Direito Internacional do Trabalho*. 3ª ed. São Paulo: LTr:, 2000, p. 83-87.

Um dos fatos precursores da proteção dos trabalhadores, no plano internacional, com uma relativa harmonização da legislação, originou-se em um tratado entre Suíça e Bélgica, em 1877. A Confederação Helvética,[276] a fim de solucionar contendas entre os cantões, legislou uniformemente, estabelecendo limite de jornadas e condições gerais de trabalho.

A seguir, na Alemanha, a Conferência de Berlim, no ano de 1890[277] aprova, com a participação de quatorze Estados, o estatuto de condições sociais básicas. Esta carta de princípios representa um avanço na discussão dos direitos sociais, renovadas em Berna, em 1905.[278]

No ano seguinte, em 1891, a encíclica *Rerum Novarum* prega a dignidade do ser humano, acima dos fatores de produção.

Os movimentos proletários socialistas da primeira internacional, de 1862, segunda internacional, em 1889, com as idéias de união internacional entre os trabalhadores, formam o substrato social que difundiu a visão da proteção internacional da classe operária.

Mais tarde, com o término da Primeira Guerra, forma-se a OIT, em 1919, como sede permanente de debates trabalhistas.

Albert Thomas, primeiro Diretor-Geral da OIT,[279] sinalou a importância de acordos internacionais sobre normas de trabalho porque eles impediriam que a "concorrência se fizesse em detrimento dos trabalhadores, por uma espécie de 'dumping' desumano e constituiriam, entre empregadores e países, uma espécie de código de concorrência leal".

Três diretores-gerais da OIT discutiram diretamente o problema das normas trabalhistas e sua relação com comércio, do ponto de vista dos direitos humanos:[280] Wilfred Jenks, em 1973, Francis Blanchard, em 1988, e Michel Hansenne, em 1994, sempre com hesitações devido à complexidade dos fatores envolvidos. Os custos trabalhistas, como apenas um aspecto da competitividade internacional e o aperfeiçoamento das condições de trabalho, exigem esforço contínuo, o que era defendido por Jenks.[281] Devido à natureza específica da proteção ao trabalho, problemas relacionados a este campo, são mais bem solucio-

[276] PESO y CALVO, Carlos. *Regulacion Internacional del derecho del trabajo*. Barcelona: Bosch Editorial, 1958, p. 117-44

[277] SHOTWELL, James T. *The Origins of the International Labor Organization*, New York, Columbia University, 1934, v. 1, p. 472-475.

[278] DUBOIS, Daniel. *L'OIT et les normes internationales du travail*, Centre Régional Africain d'Administration du Travail, Yaoundé, 1984, p. 7-17.

[279] GUIMARÃES, Fernando Resende. Não intervenção do Estado nas Relações de Trabalho – Cláusula social nos tratados internacionais. In: *Revista do TST*: Brasília, v. 66, n. 3, jul/set, 2000, p. 178.

[280] LEARY, Virgínia. Worker's rights and International trade. In: Bhagwati, J; Hudec, R. *Fair trade and harmonization*. Cambridge: MIT Press, 1997, p. 190-93.

[281] JENKS, Wilfred. *Social Justice in the law of nations: The ILO impact after fifty years*. London: Oxford University Press, 1970.

nados mediante acordos ou princípios comuns, do que com aplicação de sanções.

Blanchard apostava na confiança como forma de persuasão. Dela decorre medidas pragmáticas e conciliatórias que são mais indicadas no Direito Internacional. Entretanto, no próprio interior da OIT, os representantes de trabalhadores, empregadores e governos, não chegaram a um denominador institucional comum sobre a possibilidade de usar padrões trabalhistas para efeitos de comércio internacional, manifestando sobre o tema, respectivamente, ambigüidade pelos trabalhadores, hostilidades pelos empregadores e indiferença pelos governos. Blanchard buscava conciliar estes interesses.[282]

Nas décadas de 60 e 70, o sistema normativo da OIT sofreu várias críticas, o que inspirou a OIT a incluir nos seus métodos uma revisão periódica da atividade normativa. Essas críticas incluíam alguns temas e conteúdos dos instrumentos normativos, tais como a insuficiência da participação de empregados e empregadores na elaboração das convenções,[283] e o ritmo elevado de produção normativa. Apontava-se ausência de controle das fontes de Direito Internacional e que estas nem sempre interessavam aos países em desenvolvimento.[284]

Com o aumento numérico dos desempregados e dos trabalhadores no mercado informal questionou-se o sentido da OIT, no plano interno, quanto à eficácia do tripartismo, e, no plano internacional, quanto às suas relações com os demais agentes internacionais. A divisão entre países industrializados e países em desenvolvimento está fortemente presente, no seio da OIT, motivo pelo qual, a partir da Conferência Internacional do Trabalho, de 1976, as preocupações voltaram-se para as necessidades essenciais dos países em desenvolvimento, com vistas ao crescimento econômico. Essas questões estão refletidas no aspecto político da estrutura da OIT e perpassam a instituição quando da elaboração das normas.

Como solução às críticas acima apontadas, entre 1984 e 1987, estudaram-se na organização, perspectivas para sua atividade normativa. Embora sem consenso, os estudos do período revelaram a necessidade de que as fontes de direito internacional produzidas pela instituição promovessem o desenvolvimento equilibrado dos países, tendo como origem e inspiração das políticas sociais as condições de justiça e liberdade.[285]

282 BLANCHARD, Francis. International Labour Office. Geneva: *Human Rights a common responsibility*. International Labour Conference. 75th Session, 1988. Report of the director-general (Part I).

283 CÓRDOVA, Efrén. Some Reflections on the Overproduction of International Labour Standards. *Comparative Labour Law Journal*, 14: 138, p. 153.

284 VON POTOBSKY, Geraldo; BARTOLOMEI DE LA CRUZ, Héctor. *La Organización Internacional del Trabajo*. Buenos Aires: Astrea, 1990, p. 83.

285 *Idem, Ibidem*. Buenos Aires: Astrea, 1990, p. 83-90.

Apesar dos esforços de trabalhos em cooperação, assistência técnica, estudos, formação e pesquisas, obstáculos da OIT são resumidos na ausência de poder concreto para sancionar as violações ocorridas aos direitos, pois nem todos os governos submetem suas legislações aos princípios por ela fixados. Diante da consideração de que há apenas um poder "moral" da OIT, para fazer cumprir esses princípios fundamentais, questiona-se da oportunidade de criar instrumentos para melhor implementação destas normas. Esse debate surge no cenário internacional pelo que foi tentado implementar-se na OMC por via das chamadas "cláusulas sociais" ou "padrões trabalhistas". Teorias econômicas propõem que a OMC sancione comercialmente países que descumprem a legislação trabalhista mínima.[286]

Assim, a OIT, nos anos 90, se vê diante de dois perigos: o de ser enfrentada institucionalmente quanto ao aspecto formal de sua competência, por outra organização internacional, a OMC.[287] A OMC pretendia ampliar seus "dentes" para abranger matéria típica da OIT, esvaziando, pelo discurso econômico, o seu conteúdo material no que diz respeito à promoção da justiça social e dos direitos sociais no plano internacional e na circunscrição doméstica dos Estados.

Ciente destes desafios, na Conferência de 1994, o Diretor-Geral da OIT, Michel Hansenne, ao apresentar seu relatório, focalizou as perspectivas sombrias da globalização econômica, sujeita às leis do mercado, concluindo que a desigualdade entre as nações e dificuldades de adaptação à econômia marginaliza inúmeros países menos desenvolvidos do sistema econômico mundial que se configurava.

Com essa preocupação, Hansenne propôs um estudo da organização, rotulado de "Dimensões sociais da liberalização do comércio mundial".[288] Como fruto da resposta da OIT à globalização e à problemática de que as Convenções aprovadas precisavam ser revistas, inclusive para abarcar a discussão crescente no campo dos direitos humanos. Definiu-se quais das mais de 180 Convenções conteriam

---

[286] Este argumento será oportunamente explicitado quando trataremos dos limites jurídicos do Direito Internacional do Trabalho.

[287] Documento da OMC WT/GC/W 283, de 5 de novembro de 99, preparatório para a Conferência de Seattle. Neste documento a OMC revela propósito de criar grupo de estudos conjuntos OIT/OMC. O tema cláusulas sociais está paralisado desde Seattle na OMC, quando o assunto foi rechaçado pelos delegados conforme se verifica no Documento OIT GB277/WP/SDL/2/ add1. Notícia Editorial do Diário Catarinense de 19/11/2001: "Excluídas como prioridade nos debates em nível governamental que antecederam o lançamento da nova rodada da Organização Mundial do Comércio (OMC) em Doha, no Catar, questões como as normas trabalhistas começam a merecer crescente atenção por parte de corporações com atuação em países em desenvolvimento. Na impossibilidade de um acordo global sobre o tema, algumas empresas decidiram antecipar-se na adoção de medidas defendidas pela Organização Internacional do Trabalho (OIT)".

[288] Documento do Conselho de Administração da OIT: GB 261/WP/SLD/1/ Genebra, novembro de 1994.

materialmente os direitos humanos trabalhistas básicos. Estas convenções passaram a se chamar Convenções fundamentais do trabalho, através de uma declaração solene, na Conferência de 1998. Estes direitos fundamentais, ou básicos, explicitados em 1998, são um aprofundamento da Declaração de Filadélfia, aprovada pela Conferência Internacional de Trabalho, em 1944, e incorporada na Constituição da OIT, em 1946.

2.2.1. A declaração de princípios e direitos fundamentais no trabalho de 1998 da OIT

As convenções fundamentais do trabalho, divididas em quatro temas fundamentais, proclamadas em 1998, sob o título *"Princípios e Direitos Fundamentais no Trabalho"* são: liberdade sindical, trabalho forçado, não-discriminação e idade mínima para o trabalho

Numa perspectiva histórica, reafirmam-se os direitos humanos de todas as gerações ou dimensões, como preferem alguns. Quanto à liberdade sindical, por óbvio, apesar de ser enunciado como direito social, materialmente se invoca este princípio como um direito de primeira geração. Liberdade que se relaciona, hoje, ao desenvolvimento, no seu papel constitutivo e instrumental.[289] No tocante à igualdade, verifica-se, sim, um direito de segunda geração redifinido em termos de versões de tolerância,[290] concebida a partir de uma sociedade multicultural.[291] Ao pretender o término do trabalho escravo e do trabalho infantil, espreitam-se direitos de terceira geração, ou seja, direitos de desenvolvimento dos cidadãos em qualquer Estado. Assim, se dos direitos fundamentais dos trabalhadores associam-se adimensões de direito, esta vinculação é relativa. Ao mesmo tempo, estão sendo violados direitos individuais de liberdade e de igualdade quando há crianças e adultos trabalhando em regime de escravidão. Isso revela a interdependência de todos os direitos humanos no trabalho, e que, nem sempre, precisam ser adjetivados como individuais ou sociais.[292]

Diante da relevância que tais convenções adquiriram em face da declaração de 1998, passa-se à enunciação resumida das mesmas. Na propagação do trabalho decente no mundo,[293] elas se tornaram bandeira prioritária da OIT.

---

[289] SEN, Amartya. *Desenvolvimento como liberdade.* São Paulo: Cia das Letras, 1999, p. 21-3.

[290] WALZER, Michael. *Da tolerância.* São Paulo: Martins Fontes, 1999, p. 43

[291] RALWS, John. *Liberalismo Político.* México: Fondo de Cultura Económica, 1995, p. 19.

[292] No sentido da interdependência dos direitos fundamentais declarados na OIT veja-se VEGA RUIZ, Maria Luz; MARTINEZ, Daniel. *Los principios y derechos fundamentales en el trabajo. Su valor, su viabilidad, su incidência y su importancia como elementos de progreso económico y de justicia social.* Ginebra, Julio, 2002, p. 11.

[293] Trabajo Decente. Memoria del director general. Oficina Internacional del Trabajo. Ginebra. 1999. Conforme OIT, doc. GB 280/wp/sdg/1, de março de 2001 trabalho decente ou digno (esta seria a melhor tradução em português) é aquele "desenvolvido em ocupação produtiva, justa-

mente remunerada e que se exerce em condições de liberdade, eqüidade, seguridade e respeito a dignidade da pessoa humana."

2.2.1.1. *Liberdade sindical*

A liberdade sindical está regulada na Convenção 87, sobre liberdade sindical e proteção do direito de sindicalização, de 1948, e na Convenção 98, sobre o direito de sindicalização e de negociação coletiva, de 1949.[294]

A Convenção número 87 – Liberdade sindical e proteção do direito de sindicalização(1948) – estabelece o direito de todos os trabalhadores e empregadores constituírem organizações que considerem convenientes e, de a elas se afiliarem, sem prévia autorização. Relaciona-se à esfera de liberdade de empregados e empregadores no que tange à organização de sindicatos. A liberdade sindical se traduz em forma de potência e ato: diz respeito tanto à possibilidade de empregadores e empregados se organizarem, quanto de atuarem livremente, sem a intervenção externa. Dispõe sobre uma série de garantias para o livre funcionamento e filiação a sindicatos, federações e confederações. Devido à sua relevância na esfera das relações laborais, o princípio da liberdade sindical é ponto de partida e chegada para a concretização das demais liberdades e direitos fundamentais do trabalho.[295] É direito a ser defendido para que os demais sejam promovidos.

A Convenção número 98 – Direito de sindicalização e de negociação coletiva (1949) – estipula proteção contra todo ato de discriminação que reduza a liberdade sindical. Esta convenção busca promover a negociação coletiva, típica técnica de resolução de conflitos coletivos entre empregado e empregador, que representa a aceitação pelo Estado da autonomia privada coletiva.[296] A Convenção n. 98 visa à proteção dos trabalhadores e da própria organização sindical, no exercício do direito de sindicalização. Expressa princípio amplo e genérico de proteção da liberdade sindical, que, uma vez tutelada, impede atos destinados a condicionar o trabalhador ou prejudicar de alguma forma o seu emprego por pressões por parte do empregador, em decorrência de sua filiação em organização sindical. A convenção busca, como um todo, a possibilidade de negociação livre e responsável entre empregados e empregadores, sem atos de ingerência externos, hoje incentivada pela idéia de diálogo social, nas relaçoes de trabalho.[297] Como conse-

[294] No caso brasileiro, a Convenção 87 foi aprovada pela Câmara em 84. O Brasil já ratificou a Convenção 154 sobre a promoção da negociação coletiva, bem como a Convenção 135 sobre a proteção e facilidades a serem dispensadas à representantes de trabalhadores na empresa. Não adotou a Convenção 151 sobre trabalhadores migrantes.

[295] OIT: *Manual para la defensa de la liberdad Sindical*. Ginebra, ACTRAV 1999, p. 17.

[296] NASCIMENTO,Amauri Mascaro. *Curso de Direito do Trabalho*. São Paulo: Saraiva, 1998, p. 192.

[297] SÜSSEKIND, Arnaldo. *Convenções da OIT*. 2ª ed. São Paulo: LTr, 1998, p. 206-7.

qüência da existência de sindicatos atuantes ressalta-se a capacidade de evitar, até o final do século XX, a pauperização maciça dos trabalhadores no sistema capitalista e a manutenção do próprio sistema capitalista pela garantia de consumo das grandes massas com a elevação dos níveis de produção.[298]

As convenções internacionais do trabalho relativas à liberdade sindical são, efetivamente, aplicadas na medida em que também se reconheçam e protejam as liberdades civis e políticas consagradas pela Declaração Universal de Direitos Humanos, que são quase coincidentes com a normativa da OIT.[299]

Das observações da Comissão de Peritos para o ano de 2000 e 2001[300] sobre 88 países dos 134 que ratificaram esta convenção, verificam-se limitações aos princípios da liberdade sindical. Há restrições a certas categorias de trabalhadores (funcionários, trabalhadores de zonas francas de exportação), distinção entre nacionais e estrangeiros, limitação à livre eleição de dirigentes sindicais e outros problemas, em escala menor, como a exigência de uma quantidade mínima demasiada e elevada de trabalhadores ou de empregadores para constituir um sindicato ou uma associação de empregadores, negação de registro de organização sindical ou a exigência de uma autorização prévia para seu funcionamento. Algumas observações se referem a diversos aspectos do direito de greve,[301] que, ainda que não regulamentado por norma específica da OIT, é direito decorrente do exercício da liberdade sindical.

Os princípios que foram desenvolvidos pelos órgãos de controle da OIT, como o Comitê de liberdade sindical e a Comissão de Peritos, baseados nas práticas dos Estados-Membros, revelam a vitalidade do processo de supervisão e o caráter variável do exercício de liberdade sindical.[302]

Em decorrência da liberdade sindical, há o direito à negociação coletiva. A elevação ao *status* de norma de direito fundamental à negociação coletiva reflete a importância desta fonte original e coletiva

---

298 COMPARATO, Fábio Konder. *A afirmação histórica dos direitos humanos*. 2ª ed. São Paulo: Saraiva, 2001, p. 348.

299 SWEPSTON, Lee. Desarrollo de las normas sobre derechos humanos y libertad sindical mediante el control de la OIT. *Revista Internacional del Trabajo*, (Número especial), v. 137, 1998, p. 189-215.

300 OIT: *Informe de la Comisión de Expertos en aplicación de Convenções y Recomendaciones*. Informe III, parte 1ª, 2001, p. 239-364.

301 HODGES-AEBERHARD, Jane. Protección del derecho de sindicación: ¿a qué trabajadores, 'sin ninguna distinción', alude el artículo 2 del Convenio núm. 87?. *Revista Internacional del Trabajo*, v. 128, n. 2, 1989, p. 33-54.

302 SWEPSTON, Lee. Desarrollo de las normas sobre derechos humanos y libertad sindical mediante el control de la OIT. *Revista Internacional del Trabajo* (Número especial), v. 137, 1998, p. 189-215.

do Direito do Trabalho. Trata-se de alcançar a justiça social pela forma clássica e por meio *sui generis*.[303]

A negociação coletiva se concebe nos instrumentos da OIT, como a atividade ou processo encaminhado para a conclusão de um acordo coletivo.[304] O contrato ou convenção coletiva é definido na Recomendação sobre os contratos coletivos, 1951 (n. 91), § 2º, como:

> Todo acordo escrito, relativo às condições de trabalho e de emprego, celebrado entre um empregador, um grupo de empregadores ou uma ou várias organizações de empregadores, por uma parte, e, por outra, uma ou várias organizações representativas de trabalhadores ou, em ausência de tais organizações, representantes dos trabalhadores interessados, devidamente eleitos e autorizados por estes últimos, de acordo com a legislação nacional.

As normas e princípios sobre o direito de negociação coletiva, como surgem de instrumentos da OIT,[305] são direitos fundamentais aceitos pelos seus membros ao incorporarem-se à organização, a serem promovidos de boa-fé. Isto significa um empenho concreto em direção à negociação.

A titularidade do direito à negociação coletiva cabe aos empregadores e empregados e suas organizações, sendo que só é possível celebração de negociações coletivas diretamente com os empregados, na ausência de tais organizações. O exercício do direito de negociação coletiva, para ser efetivo, deve ser feito sem a ingerência indevida das autoridades e controle de empregadores ou grupos de empregadores.

O reconhecimento do direito de negociação coletiva tem caráter geral, tanto no setor privado, como no setor público, e só pode se excluir de seu exercício as forças armadas, a polícia e os funcionários públicos na administração do Estado.

A negociação coletiva tem como objeto a definição das condições de trabalho e emprego num sentido amplo. Os acordos ou convenções coletivas possuem caráter vinculante e devem fixar condições de trabalho mais favoráveis que as estabelecidas por lei, prevalecendo os contratos individuais somente se forem mais benéficos ao trabalhador. É admissível que o sindicato que represente uma maioria de trabalhadores goze de direitos preferenciais ou exclusivos de negociação, mas, quando nenhum sindicato reúne essas condições, as organizações de trabalhadores podem concluir uma convenção ou acordo coletivo em nome de seus afiliados.

Dado o aspecto voluntário da negociação coletiva, é fundamental a não-imposição às partes de mecanismos de auxílio. As negociações se

303 VEGA RUIZ, Maria Luz; MARTINEZ, Daniel. Los principios y derechos fundamentales en el trabajo. Su valor, su viabilidad, su incidência y su importancia como elementos de progreso económico y de justicia social. Ginebra, Julio, 2002, p. 4.

304 GERNIGON, B; ODERO, A; GUIDO, H.. Los principios de la negociación colectiva. *Revista Internacional del Trabajo*, v. 119, n. 1, Ginebra: 2000, p. 37-60.

305 OIT: *Las normas internacionales del trabajo:* Un enfoque global: Ginebra, 2002, p. 31-2.

desenvolverão em qualquer nível, e a conciliação e a mediação impostas pela legislação. No processo voluntário de negociação devem existir, primeiro, prazos razoáveis para os ajustes. A arbitragem obrigatória, quando as partes não chegam a um consenso, é, de maneira geral, contrária ao princípio da negociação coletiva voluntária. Ela é admitida nos serviços essenciais, no sentido estrito do termo, ou seja, nos quais a interrupção dos serviços poderia colocar em perigo a vida, a segurança ou a saúde da pessoa, em toda ou parte da população. Quando a duração das negociações é tão longa que não será superada sem a interferência das autoridades, e, em caso de crise nacional aguda, é aceitável a imposição da arbitragem.

Não estão de acordo com a liberdade de negociação coletiva as intervenções das autoridades para modificar conteúdo das cláusulas. Por motivos imperiosos de interesse econômico, são admissíveis limitações ao conteúdo de negociações coletivas futuras, desde que sejam interpretadas como medida de exceção e acompanhadas de garantias destinadas a proteger de maneira efetiva o nível de vida dos trabalhadores interessados, especialmente dos que possam ser mais afetados.

A idéia força do conjunto destes princípios enunciados é que as normas coletivas sejam produzidas em relações de igualdade entre empregados e empregadores. O pressuposto das relações coletivas é a possibilidade de as partes terem "iguais armas".[306] Observe-se que a dimensão da liberdade sindical, presente no momento da negociação coletiva, orienta-se pelo valor da igualdade.

2.2.1.2. Trabalho forçado

O término do trabalho forçado vem previsto na Convenção 29, sobre o trabalho forçado, de 1930, e na Convenção 105, sobre a abolição do trabalho forçado, de 1957.

A Convenção número 29 – Trabalho Forçado (1930) – apregoa que todo trabalho forçado ou obrigatório, exigido ilegalmente, deve ser objeto de sanções penais eficazes, com o objetivo de ser eliminado.

A norma internacional pretende a supressão do trabalho forçado ou obrigatório em todas as suas formas, contemplando sua definição geral, no art. 2º: "todo trabalho ou serviço exigido de um indivíduo sob ameaça de qualquer penalidade e para o qual ele não se ofereceu de espontânea vontade".

A Convenção autoriza o serviço militar obrigatório, certas obrigações cívicas, o trabalho penitenciário exigido em virtude de condenação pronunciada por sentença judicial, o trabalho exigido em casos de força maior e os pequenos trabalhos realizados por membros de uma

[306] SERVAIS, Jean-Michel. *Elementos de Direito Internacional Comparado do Trabalho*. São Paulo: LTr, 2001, p. 68-9.

comunidade, em benefício direto dessa coletividade, como em situações de emergência, guerras, incêndios, terremotos.

A Convenção número 105 – Abolição do Trabalho Forçado (1957) –, complementando e reforçando a anterior, de 1930, tipifica trabalho forçado em cinco hipóteses, que devem ser abolidas, a saber:

> a) como meio de coerção ou de educação políticas ou como castigo por ter ou expressar determinadas opiniões políticas, ou por manifestar oposição ideológica à ordem política, social ou econômica estabelecidas;
> b) como método de mobilização e utilização da mão-de-obra, com finalidade de fomento econômico;
> c) como medida de disciplina no trabalho;
> d) como castigo por haver participado de greves;
> e) como medida de discriminação racial, social, nacional ou religiosa.

Os primeiros esforços do direito internacional contra o trabalho forçado se inscrevem em 1815, no Congresso de Viena, no qual se declarava que o tráfico de escravos africanos desolava a África, degradava a Europa e afligia a humanidade,[307] sendo considerado um crime.

O Pacto dos Direitos Civis e Políticos está na mesma linha da Convenção Suplementar sobre a Abolição da Escravidão, do Tráfico de Escravos e de Instituições e Práticas Análogas à Escravidão. O Conselho Econômico e Social das Nações Unidas, em 1956, considerou como similares à escravidão, tal como definida pela Convenção de Genebra de 1926, as práticas de servidão.[308] A abolição do trabalho forçado na Convenção Suplementar sobre a Abolição da Escravidão relaciona-se diretamente com a Convenção n. 105, da OIT, sobre a abolição do trabalho forçado, aprovada em 1957. Ela é uma Convenção básica e se une diretamente às demais convenções que prevêem a não-discriminação e a abolição das piores formas de trabalho infantil. Dessa forma, o exercício de trabalho livre, ou, o término do trabalho forçado, vincula-se intrinsecamente a todos os outros direitos humanos fundamentais.

---

307 BOLLÉ, Patrick. Le contrôle des normes du travail et les droits de l'homme – L'exemple du travail forcé au Myanmar (Birmanie)137 (3) *Revue internationale du Travail*(1998) 419-438.

308 "a) a servidão por dívidas, isto é, o estado ou a condição resultante do fato de que um devedor se haja comprometido a fornecer, em garantia de uma dívida, seus serviços pessoais ou os de alguém sobre o qual tenha autoridade, se o valor desses serviços não for eqüitativamente avaliado no ato da liquidação da dívida, ou se a duração desses serviços não for limitada nem sua natureza definida; b) a servidão, isto é, a condição de qualquer um que seja obrigado pela lei, pelo costume ou por um acordo, a viver e trabalhar numa terra pertencente a outra pessoa, e a fornecer a essa outra pessoa, contra remuneração ou gratuitamente, determinados serviços, sem poder mudar sua condição; c) toda instituição ou prática, em virtude da qual: 1 – uma mulher é, sem que tenha o direito de recusa, prometida ou dada em casamento, mediante remuneração em dinheiro ou espécie, entregue a seus pais, tutor, família, ou a qualquer outra pessoa ou grupo de pessoas; II – o marido de uma mulher, a família ou clã deste tem o direito de cedê-la a um terceiro, a título oneroso ou não; III – a mulher pode, por morte do marido, ser transmitida por sucessão a outra pessoa; d) toda instituição ou prática, em virtude da qual uma criança, ou adolescente de menos de 18 anos é entregue, quer por seus pais ou um deles, quer por seu tutor, a um terceiro, mediante remuneração ou sem ela, com o fim da exploração da pessoa ou do trabalho da referida criança ou adolescente".

Segundo grupo de trabalho criado em 1974, na Comissão de Direitos Humanos da ONU, sobre as formas contemporâneas de escravidão, haveria, em todo o mundo, no final do século, cerca de duzentos milhões de pessoas submetidas à escravidão ou a formas assemelhadas, tal como descritas na Convenção Suplementar de 1956.[309] Num relatório publicado em 2000, o Fundo das Nações Unidas para o Desenvolvimento da Mulher estimou que o tráfico de mulheres e crianças atinge, anualmente, um milhão de pessoas em todo o mundo e movimenta entre 7 e 12 bilhões de dólares por ano. O novo e crescente fenômeno do "tráfico de pessoas", definição internacionalmente aceita, originou um Protocolo de Convenção das Nações Unidas contra o Crime Transnacional Organizado, aberto a assinaturas em dezembro de 2000. A definição de "tráfico de pessoas" aborda seus elementos coercitivos, entre os quais figuram o trabalho forçado, a servidão por dívidas e práticas análogas à servidão.[310]

A Convenção n. 29, de 1930, surgiu na OIT como preocupação sobre os povos colonizados, enquanto a Convenção n. 105, de 1957, surgiu de um movimento pós-guerra, a partir de um relatório da OIT dos anos 50, que revelou que a prática do trabalho forçado era utilizado basicamente para fins políticos e econômicos.

Trabalho forçado pode ser definido por todo trabalho ou serviço exigido a um indivíduo sob ameaça de uma pena qualquer, com ausência de sua vontade. O que se pretende com o trabalho livre é um consentimento material com o ato de trabalhar.

A convenção n. 105 é aplicável na hipótese em que o trabalho é utilizado como sanção, meio de coerção ou educação, excetuando-se o trabalho decorrente de sentença judicial.[311] Diferenciam-se os casos de delinqüentes comuns quando o trabalho tem por objetivo a ressocialização dos que foram condenados em razões das opiniões políticas ou por terem participado de greves.

A limitação do trabalho forçado, em ambos os casos, tanto da Convenção n. 29, como da Convenção n. 105, inserem-se no exercício das liberdades. Porém, a erradicação do trabalho forçado pode ser inscrita na promoção da igualdade, quando se evita que este seja utilizado com base em critérios raciais, sociais, nacionais ou religiosos, afetando diretamente certos grupos.

As formas mais comuns de trabalho forçado no mundo hoje, segundo informe da OIT, são: escravidão e seqüestro; participação obrigatória em obras públicas, trabalho forçado na agricultura e áreas

309 COMPARATO, Fábio Konder. *A afirmação histórica dos direitos humanos*. 2ª ed. São Paulo: Saraiva, 2001, p. 298-300.

310 http://www.oit.org/public/portugue/region/ampro/brasilia/info/download/relat_global. Pdf

311 OIT: *Las normas internacionales del trabajo:* Un enfoque global: Ginebra, 2002, p. 42-65.

rurais remotas; trabalhos domésticos; trabalho em regime de servidão; trabalho forçado para fins militares; trabalho forçado para cuidado de pessoas; trabalho forçado em regime penitenciário dentro de certas condições.[312] Sinala-se que as preocupações da OIT são no sentido de resgatar o ser humano nesta condição e prover sua inclusão no meio social.[313]

2.2.1.3. Não-discriminação

A não-discriminação vem regulamentada na OIT pela Convenção n. 100, sobre igualdade de remuneração, de 1951, e pela Convenção n. 111, sobre a discriminação no emprego e ocupação, de 1958.

A Convenção número 100 – Igualdade de remuneração (1951) – preconiza a igualdade de remuneração e de benefícios entre homens e mulheres por trabalho de igual valor. A norma decorre do princípio geral de isonomia de remuneração para homens e mulheres por um trabalho de igual valor, mediante métodos de fixação de taxas de remuneração eqüânimes. Para se fixarem parâmetros de igualdade, tomam-se leis ou regulamentos nacionais ou instrumentos de contratação coletiva. A Convenção aplica-se ao salário ou soldo ordinário, básico ou mínimo e a qualquer outro emolumento pago em dinheiro ou em espécie pelo empregador para remunerar direta ou indiretamente o trabalhador.

O artigo 1º da Convenção dispõe a igualdade entre a mão-de-obra feminina e masculina, resultante de um trabalho de "igual valor". Juntamente com a Recomendação n. 90, elege-se o valor do trabalho como o centro da comparação. A convenção diz respeito ao valor relativo do trabalho a ser ponderado para calcular a remuneração. Não deve ser utilizada apenas a metodologia do valor comparável, mas podem ser usados outros métodos para fixação de salários, como

312 Conferencia Internacional del Trabajo, 89ª reunión, 2001. Memoria del Director General, Informe I (B): Alto al trabajo forzoso – informe global com arreglo al seguimiento de la Declaración de OIT relativa a los principios y derechos fundamentales en el trabajo. Ginebra, 2001.

313 O trabalho forçado em Mianmar impede que os agricultores atendam às necessidades de suas famílias, e as crianças de irem à escola. O trabalho forçado é realizado em grande parte por mulheres, crianças e idosos, como também por pessoas incapacitadas para o trabalho e exige-se trabalho pesado também de grupos étnicos não birmaneses, minoria muçulmana, sobretudo em áreas onde é forte a presença militar. As tropas que vão em busca de trabalhadores entram em contato com o chefe da aldeia, que costuma organizar um sistema rotativo pelo qual cada família é obrigada a fornecer uma pessoa para trabalhar num projeto. O governo manifestou-se pela aceitação cultural da prática como contribuição para um rápido desenvolvimento econômico. Esse ponto de vista foi expresso pelo Governo de Mianmar, por exemplo, ao contestar conclusões da Comissão de Inquérito da OIT sobre o recurso generalizado e sistemático ao trabalho forçado naquele país. Porém aceitou uma missão de cooperação técnica em outubro de 2000 e, mais tarde, adotou novas normas e diretrizes e ressaltou outras medidas administrativas contra o trabalho forçado. Conselho de Administração, 27ª Reunião (2000), documentos GB. 279/6/1 (Ver. 1), GB 279/ 6/1 (Add. 3) e GB. 279/6/2.

salários mínimos, produtividade, e novos sistemas salariais baseados na capacidade.[314] Para determinação de meios salariais justos e equânimes, a Convenção admite sejam observadas dentro da legislação nacional, qualquer sistema de remuneração reconhecido normativamente ou mediante convenções coletivas entre empregadores e trabalhadores.

No campo da igualdade de remuneração além das políticas de mercado de trabalho, deve ser considerada a necessidade de reformular idéias tradicionais sobre o papel das mulheres e levar-se em consideração sua colaboração para a economia doméstica.

O importante é considerar que a discriminação remuneratória contra mulheres pode tomar muitas formas que, à primeira vista, parecem neutras, mas, prejudicam o sexo feminino, como questões de acesso e continuidade do emprego e considerações sobre a sua condição familiar.

A Convenção número 111 – Discriminação (emprego e ocupação) (1958) – pretende a promoção da igualdade e eliminação de toda discriminação de oportunidade e de tratamento, em matéria de emprego e de ocupação, mediante política nacional adequada.

Qualquer distinção, exclusão ou preferência, baseada em motivo de raça, cor, sexo, religião, opinião política, ascendência nacional ou origem social que tenha por efeito anular ou alterar a igualdade de oportunidades ou de tratamento é vista como discriminação. Os preceitos da Convenção são válidos, tanto para a admissão no emprego, como para condições de trabalho e acesso aos meios de formação profissional.[315]

O artigo 1º da Convenção n. 111,[316] de 1958, define discriminação como "qualquer distinção, exclusão ou preferência (fundada sobre certos critérios), que tenha por efeito anular ou alterar a igualdade de oportunidades ou de tratamento no emprego e na ocupação". Esta definição contém os seguintes elementos: um fato no qual a distinção ou exclusão constitui-se em uma diferença de tratamento; um critério duvidoso na base da diferença de tratamento e, por fim, o resultado objetivo desta diferença de tratamento, que é a destruição ou alteração da igualdade de oportunidades e de tratamento.

---

314 Estudio general sobre la igualdad de remuneración, 1986, §§ 139-142; Informe de la Comisión de Expertos 2001, §§ 43 e 44.

315 VON POTOBSKY, Geraldo; BARTOLOMEI DE LA CRUZ, Héctor. *La Organización Internacional del Trabajo*. Buenos Aires: Astrea, 1990, p. 379.

316 *Igualdad en el empleo y la ocupación:* Estudio general de las memorias sobre el Convenio sobre la discriminación (empleo y ocupación), 1958, (núm. 111), y la Recomendación sobre la discriminación (empleo y ocupación), 1958, (núm. 111), CIT, 75. ª reunión, 1988, informe III, (Parte 4B), §§ 22-29; Estudio especial, 1996, *op. cit.*, §§ 23-26.

A crítica que se faz a esta definição é que ela é meramente procedimental. Ou seja, pretende uma igualdade formal, de tratamento, e não uma melhora da condição dos empregados como um todo. A idéia de igualdade substancial, ou material, ao contrário, pressupõe uma igualdade de resultados e oportunidades.[317] Trata-se da noção em que a igualdade dos trabalhadores não deve ser alcançada pelo nivelamento por baixo. Não é justa a igualdade na escravidão da necessidade. Desenvolveu-se hoje a noção de igualdade horizontal, uma igualdade que promove a todos, sendo ressarcidas as desigualdades do passado. Fala-se em ações afirmativas, ou seja, políticas que procuram reverter os efeitos de uma discriminação passada, habilitando um grupo, ou uma pessoa, para competir nos mesmos termos de outros grupos ou pessoas favorecidas, a fim de atingir igualdade nos resultados.[318]

O que se pretende é avançar na limitação das discriminações indiretas[319] que são as que se referem a uma prática, situação ou regra, aparentemente neutra, que tem conseqüências adversas injustificáveis para certa pessoa ou coletividade. Ocorre quando a mesma condição se aplica a todos, mas há um impacto maior sobre pessoas que possuem certas características específicas, fundadas em sexo ou religião, sem relação direta com os requisitos inerentes ao trabalho.

Os campos de aplicação da Convenção n. 111 são raça, cor, ascendência nacional, sexo, religião, origem social e opinião política. Num estudo especial, em 1996, sobre a aplicação da Convenção n. 111, a Comissão de Peritos recomendou que se considere a adoção de um protocolo opcional para se inserirem os seguintes critérios como indiciários de discriminação: a condição matrimonial, a idade, o estado de saúde (devido a AIDS e os avanços genéticos), a invalidez, a língua, a nacionalidade, a orientação sexual, a propriedade e as responsabilidades familiares.

A Convenção n. 111 é passível de aplicação no acesso à formação, à ocupação, ao emprego e termos e condições de emprego. A normativa estabece, ainda, três tipos de medidas que não serão consideradas como discriminação, como sendo as que:

a) se baseiam nas qualificações exigidas para um emprego determinado;
b) possam estar justificadas pela proteção da segurança do Estado;
c) tenham caráter de medidas de proteção ou de assistência.

---

317 OIT: *Las normas internacionales del trabajo:* Un enfoque global: Ginebra, 2002, p. 31-2.

318 HODGES-AEBERHARD, Jane. Affirmative action in employment: recente court approaches to a difficult concept. International Labour Review. Vol. 138, n. 3, 1999, p. 247-272. O termo "ação afirmativa" apareceu pela primeira vez em 1935 nos Estados Unidos (*National Labor Relations Act – The Wagner Act*) para enfatizar aos empresários que prestavam serviços ao governo, que seus empregados fossem contratados sem discriminação ou seja, sem observar-se critérios de raça, cor ou origem nacional.

319 HEPPLE, Bob. Igualdad, representación y participación para un trabajo decente. *Revista Internacional del Trabajo,* v. 120, n. 1, 2001, p. 5-20.

Nos debates referentes a esta convenção, recordou-se que a proteção das mulheres deveria ser contextualizada como parte integral dos esforços realizados para a contínua promoção e melhora das condições de vida e de trabalho de todos os empregados,[320] recomendando-se que toda a legislação protetora seja revisada, inserindo-se a questão, por exemplo, das responsabilidades familiares. Toda mudança no papel tradicional das mulheres deveria estar acompanhada de uma alteração do papel masculino, para que os homens participem, cada vez mais, da vida familiar e das tarefas domésticas.[321] Ainda, mencionam-se duas convenções que se relacionam, especificamente, com a não-discriminação:[322] a Convenção n. 169, referente a povos indígenas ou tribais, de 1989; e a Convenção n. 97, sobre os trabalhadores migrantes (revisada), de 1949, que entretanto mesmo importantes para dimensionar o conteúdo de discriminação não foram consideradas, assim como a Convenção n. 156, convenções fundamentais.[323]

A não-discriminação e a igualdade são temas pesentes em outras normas internacionais. Entretanto, as normas específicas da OIT se justificam porque buscam promover a igualdade para membros de certos grupos de trabalhadores, em função da sua vulnerabilidade e necessidade de proteção.

---

[320] SERVAIS, Jean-Michel. *Elementos de Direito Internacional Comparado do Trabalho*. São Paulo: LTr, 2001, p. 132-3.

[321] Em 1981, a Conferência Internacional do Trabalho adotou a Convenção n. 156, sobre os trabalhadores com responsabilidades familiares. O artigo 8° da Convenção dispõe que "a responsabilidade familiar não deve constituir causa justificada para término da relação de trabalho". Isto significa que o estado matrimonial, a situação familiar ou as responsabilidades familiares não deveriam constituir causas justificadas para denegar emprego ou para terminar a relação de trabalho. As disposições da Convenção aplicam-se por via legislativa, normas coletivas, regulamentos de empresa, laudos arbitrais, decisões judiciais. As medidas destinadas a permitir que os trabalhadores e as trabalhadoras equilibrem suas responsabilidades laborais e familiares constituem uma extensão natural de princípios de igualdade bem estabelecidos, nos quais se incluem as normas da Convenção n. 156 e da Recomendação n. 165. Está contemplada na noção de dignidade humana a garantia de que todo homem e toda mulher tenham a oportunidade de desempenhar papéis plenos na vida social, econômica e pública, bem como na família.

[322] OIT: *Las normas internacionales del trabajo:* Un enfoque global: Ginebra, 2002, p. 105-70.

[323] A Convenção n. 169, referente a povos indígenas ou tribais, estabelece, genericamente, no artigo 3°, que os povos indígenas e tribais devem gozar plenamente dos direitos humanos e das liberdades fundamentais, sem obstáculos nem discriminação. Num contexto de comunidades nacionais, o conteúdo da proteção aos indígenas diz respeito ao acesso à justiça, direito às prestações de seguridade social, educação e assistência médica, visto que os povos indígenas e tribais são parte dos grupos mais vulneráveis, geralmente vítimas de opressão através de trabalho forçado ou escravo, e de discriminação salarial. Também as convenções relativas à não-discriminação aplicam-se aos migrantes, tendo recentemente revisada a Convenção n. 97, sobre os trabalhadores migrantes, de 1949, sendo que, no art. 6°, proíbe as desigualdades de tratamento entre os trabalhadores migrantes e os trabalhadores nacionais, que poderiam derivar-se da legislação e da prática das autoridades administrativas no que tange à condições de vida e de trabalho, seguridade social e acesso à justiça.

2.2.1.4. *Idade mínima e erradicação das piores formas do trabalho infantil*

Sobre a idade mínima para ingresso no emprego, a OIT elaborou a Convenção número 138, de 1973. Sobre a erradicação das piores formas de trabalho infantil, editou a Convenção número 182, de 1999.

A Convenção número 138 – Idade Mínima (1973) – objetiva a abolição do trabalho infantil e sugere idade mínima para o labor quando do término da escolaridade obrigatória.[324] Excetuam-se os trabalhos efetuados por crianças ou adolescentes nas escolas de ensino geral, profissional ou técnico, ou em outras instituições de formação, quando tal trabalho seja parte de cursos ou programas de ensino, formação ou orientação profissional reconhecidos e, em certos casos, trabalhos que sejam representações artísticas.

A Convenção n. 138 admite a possibilidade de que as leis e regulamentos nacionais autorizem o emprego de menores de treze a quinze anos de idade (ou de quinze anos, pelo menos, quando tais pessoas sigam submetidas ainda à obrigação escolar) em trabalhos leves; neste caso, valem determinadas condições, aplicáveis a trabalhos de certa natureza. Os países de desenvolvimento econômico e administrativo insuficiente podem limitar inicialmente o campo de aplicação da Convenção. As idades mínimas iniciais serão, em tal caso, de doze a quatorze anos.

A Convenção 138 da OIT que fixa a idade mínima para ocupação, foi complementada pela Recomendação 146, que estabelece diretrizes para o trabalho juvenil, determinando que todo Estado se comprometa a:

a) seguir uma política de desenvolvimento com vistas ao pleno emprego;

b) tomar medidas econômicas e sociais para atenuar a pobreza e melhorar as condições de vida e de renda dos trabalhadores;

c) promover, sem discriminação, a progressiva extensão de medidas de seguridade social e de bem-estar familiares, destinadas a garantir a manutenção da criança;

d) desenvolver e estender progressivamente meios adequados de ensino, orientação e formação profissionais;

e) desenvolver e estender progressivamente meios adequados de proteção e bem-estar da criança e do adolescente;

f) estabelecer a escolarização compulsória até, no mínimo, aos 14 anos de idade;

g) tomar medidas de apoio – bolsas de estudo, formação profissionalizante – à criança que não viva com a família.

Pochmann[325] explica que o mundo do trabalho tem retardado o tempo para a entrada do jovem num mercado cada vez mais excludente e competitivo. Os maiores responsáveis pela inserção dos jovens no

[324] Veja-se, quanto a esta convenção e os demais princípios fundamentais comentados em SERVAIS, Jean-Michel. *Elementos de Direito Internacional Comparado do Trabalho*. São Paulo: Ltr, 2001.

[325] POCHMANN, Marcio. *O emprego na globalização*. São Paulo: Boitempo, 2001, p. 92-109.

mercado de trabalho são os recursos públicos, o que demonstra a importância do Estado interventor na política de emprego ante a necessidade de uma formação prévia da criança e do adolescente para um futuro profissional.

A Convenção número 182 – Piores Formas de Trabalho Infantil (1999) – defende a adoção de medidas imediatas e eficazes que garantam a proibição e a eliminação das piores formas de trabalho infantil, conforme descreve o seu artigo quarto:

> a) todas as formas de escravidão e práticas análogas à escravidão, como a venda e tráfico de crianças, o trabalho forçado ou obrigatório, incluído o recrutamento de crianças conflitos armados;
>
> b) a utilização, o recrutamento ou a oferta de crianças para a prostituição, a produção de pornografia ou atuações pornográficas;
>
> c) a utilização, o recrutamento ou a oferta de crianças para a realização de atividades ilícitas, em particular a produção e o tráfico de estupefacientes;
>
> d) e o trabalho que, por sua natureza ou por suas condições provavelmente cause danos à saúde, à seguridade ou à moralidade das crianças.

A insistência das normas internacionais do trabalho, quanto à proteção da infância, manifesta a convicção de que este é o período da vida que deveria estar consagrado ao desenvolvimento físico e mental.[326] As questões relacionadas ao trabalho infantil supõem a ausência de liberdade e de igualdade no trabalho, visto que a autonomia para o trabalho só é possível a partir de certo grau de desenvolvimento. Os princípios de proteção à infância foram desenvolvidos na Convenção sobre os Direitos da Criança, adotada em 20 de novembro de 1989, pela Assembléia Geral das Nações Unidas, quando a "situação irregular da criança" foi substituído pelo princípio da "ampla proteção", fundado na situação de dependência da criança.[327] Entre outras normas de proteção à infância, como a Convenção sobre Cooperação Internacional e Proteção de Crianças e Adolescentes em Matéria de Adoção Internacional, adotada em 29 de maio de 1993, estão as normas da OIT, que buscam a erradicação do trabalho infantil.

A questão da erradicação do trabalho infantil é um problema social que diz respeito à política e à economia e, também, ao direito. O trabalho de crianças é explicado, não só pela permissividade do direito e pela ausência de fiscalização das normas proibitivas, como também pelas necessidades econômicas da família da criança.[328] O texto da

[326] Advogam-se teses que a inclusão desta convenção está diretamente relacionada às políticas do Banco Mundial que, ao lado da liberalização do comércio pretende um incremento à educação primária até 2010, conforme ELLIOTT, Kimberly Ann. International Labor Standards and Trade What Should be done? In: *Launching New Global Trade Talks:* An Action Agenda. Washington: Edicted by Jeffrey J. Schott, 1998, p. 175.

[327] COMPARATO, Fábio Konder. *A afirmação histórica dos direitos humanos.* 2ª ed. São Paulo: Saraiva, 2001, p. 318.

[328] GROOTAERT,Christiaan; KANBUR, Ravi. Perspectiva económica del trabajo infantil. *Revista Internacional del Trabajo*, v. 114, n. 2, 1995, p. 211-29.

Convenção n. 182, resultante da Conferência Geral da OIT, de 1999, aponta que a eliminação das piores formas de trabalho infantil deve ser a principal prioridade da ação nacional e internacional, assegurando a reabilitação e inserção social da criança, ao mesmo tempo que se atenda às necessidades de suas famílias, recordando a Convenção sobre os Direitos da Criança (que entende criança até 18 anos) adotada pela Assembléia Geral das Nações Unidas, de 20 de novembro de 1989, e a Declaração da OIT relativa aos princípios e direitos fundamentais no trabalho, adotada pela Conferência Internacional do Trabalho na sua 86ª reunião, celebrada em 1998. Como se verifica no plano sociocultural, existe um trabalho infantil, não só aceitável, mas útil e até necessário, segundo o senso comum que emerge nos países mais pobres, embora países ricos também tolerem estas práticas.[329]

A opinião pública tem expressado preocupação considerável sobre a persistência do trabalho infantil, visto que, de acordo com estimativas da OIT, 12% das crianças na idade entre 5 e 9 anos estão no trabalho. Esta taxa sobre para 23% na faixa etária de 10 a 14 anos.[330] Além disso, mais de 8 milhões de crianças estão sujeitas às "piores formas" de emprego, como por exemplo escravidão, prostituição, várias atividades relacionadas ao crime, como tráfico de drogas. O trabalho relacionado às "piores formas" tem efeitos devastadores na saúde e desenvolvimento psicológico das crianças envolvidas em tal prática, o que reduz as possibilidades de capital humano de um país. A prostituição, na esmagadora maioria dos casos, é forçada, e sempre o é quando se trata de criança. Levantamentos realizados revelam intenso tráfico regional e internacional de pessoas destinadas a essa indústria, que costuma ser controlada por organizações criminosas e, às vezes, conduzidas por redes familiares e comunitárias.[331] Na África Ocidental, as crianças traficadas são em geral utilizadas no serviço doméstico (as meninas) ou na agricultura (meninos) e, às vezes, são também utilizadas como combatentes em conflitos armados.

---

329 Veja-se o recente artigo na imprensa sobre o trabalho escravo infantil nos Estados Unidos, o primeiro país a ratificar a convenção n. 182 da OIT. Veja-se: O trabalho infantil e hipocrisia. Editorial/ Estadão de 26. 06. 2000: "centenas de milhares de crianças trabalham no campo nos Estados Unidos em condições perigosas e exaustivas" menores de 14 anos – a maioria de origem latina – chegam a trabalhar mais de 10 horas por dia em condições abomináveis, sem acesso a sanitários nem proteção contra pesticidas". No mesmo sentido a observação da Comissão de Peritos, na Conferência Internacional do Trabalho de 2002. ILO:*Report of the Committe of Experts on The Application of Conventions and Recommendations.* Report III (Part 1ª): Geneve, 2002 p. 629- 30.

330 OIT: *a future without child labour.* Global report under the follow-up to the ILO Declaration on Fundamental Principles and Rights at Work. Geneve: 2002, p. 14-15.

331 http://www.oit.org/public/portugue/region/ampro/brasilia/info/download/relat_global.Pdf.

2.2.2. *O significado da declaração de princípios e direitos fundamentais no trabalho, de 1998, e o trabalho decente*

Sobre a Declaração de Princípios e Direitos Fundamentais no Trabalho, de 1998, Valticos[332] diz ser oportuno recordar certas verdades fundamentais e destacar os valores que estão em jogo. Dá-se ênfase à indivisibilidade dos direitos humanos proclamados na Declaração Universal, nas duas Convenções Internacionais de 1966 e acentua-se a importância de existirem padrões trabalhistas reforçados internacionalmente.

Entende-se que a eficácia jurídica de uma declaração emerge da sua condição *sui generis* de fonte originária porque se incorpora à Constituição da OIT. A Declaração é ato jurídico formal e exortatório da OIT. Foi o resultado de uma decisão coletiva tripartite, solene e de consenso, tomada durante a Conferência Internacional do Trabalho de 1998, com o objetivo de atualizar o comando de justiça social. A Declaração tem eficácia derivada quando examinada sua vinculação a outras fontes de Direito Internacional do Trabalho, confirmando e comprovando estas.[333] Nesse sentido aprova os costumes e princípios de um direito laboral humanitário, como foi também a hipótese ocorrida quando da elaboração da Declaração de Filadélfia.

A Declaração de 98 se apóia em instrumentos com os quais a maioria dos Estados membros da OIT já se encontram comprometidos: convenções da OIT de especial importância e fontes internacionais gerais e regionais de direitos fundamentais.[334] As convenções ratificadas que compõem a declaração da OIT passam a incluir o que se chama de "bloco de constitucionalidade" dos países que as adotaram. É importante sinalar que as normas de direitos fundamentais representam um conjunto de princípios internacionais constitucionalizados

---

332 VALTICOS, Nicolas. Labour Rigths, Human Rigths. *International Labour Review*, v. 137, n. 2, p. 130, 1998.

333 RACCIATTI, Octavio Carlos. Eficacia Jurídica de la Declaración Sociolaboral del MERCOSUR. In OIT & Asociación Argentina de Derecho Del Trabajo y de la Seguridad Social: Oficina Internacional del Trabajo: *Eficácia jurídica de la Declaración Sociolaboral del MERCOSUR. Trabajos de la Reunión Técnica celebrada en Buenos Aires, los dias 10 e 11 de diciembre de 2001*, p. 135-139. Explica Racciatti: A técnica declarativa expressa princípios fundacionais, como a Declaração de Filadélfia ou a Declaração de 1998, casos em que expressa um consenso. Em outros casos consolida princípios que não são consenso para serem tomados por uma convenção internacional, como é o caso da Declaração Tripartita de Princípios sobre as empresas Multinacionais e a política social, aprovada pelo Conselho de Administração na sua 204ª Reunião e emendada em 2000 por uma resolução do Conselho de Administração sobre os procedimentos de solução de conflito e foi aditada para contemplar os princípios da Declaração de 98 como princípios que as Multinacionais devem seguir. Nesse caso o caráter de orientação da Declaração a aproxima das recomendações.

334 OIT & Asociación Argentina de Derecho Del Trabajo y de la Seguridad Social: Oficina Internacional del Trabajo: Resumen de los debates. *Eficácia jurídica de la Declaración Sociolaboral del MERCOSUR. Trabajos de la Reunión Técnica celebrada en Buenos Aires, los dias 10 e 11 de diciembre de 2001*, p. 151-154.

e internalizados domesticamente.[335] A proteção aos trabalhadores é um ponto de convergência entre direito internacional e direito constitucional. Ao proclamar-se direitos reconhecidos pela consciência jurídica universal como patrimônio da humanidade, vê-se, nos princípios declarados, um valor jurídico hierárquico superior às normas internas,[336] independentemente da formalidade da ratificação. A isso se soma a idéia de que certos direitos relacionados ao trabalho ficam vinculados aos sistemas internacionais de proteção aos direitos humanos.[337] Os instrumentos de proteção aos direitos humanos transcenderam o nível estatal da proteção à pessoa humana. Estes prevêem obrigações objetivas exigíveis de todos os Estados e oponíveis *erga omnes* aos mesmos, no respeito à dignidade humana.[338] Supera-se a noção da reciprocidade nas relações internacionais, e os direitos humanos deixaram de ser categoria de assuntos que pertencem à jurisdição interna dos Estados. Os direitos humanos explicitam que as obrigações jurídicas dos Estados não derivam exclusivamente da sua vontade, constante de acordos ou Convenções Internacionais, mas são oriundas de princípios de Direito Internacional geral. Em função destas características, os padrões fundamentais laborais gozam de presunção de auto-aplicabilidade.[339] Sua hermenêutica se orienta pela interpretação mais favorável à pessoa humana porque normas de direitos humanos são acumulativas, imprescritíveis e irreversíveis.[340]

---

335 Veja-se, por exemplo, que a Constituição da República Federativa do Brasil contempla no art. 5º § 2º que "Os direitos e garantias expressos nesta Constituição não excluem outros decorrentes do regime e dos princípios por ela adotados, ou dos tratados internacionais em que a República Federativa do Brasil seja parte". Esta tese é defendida por OLEA, Manuel Alonso. *Introdução ao Direito do Trabalho*. Curitiba: Gênesis, 1994, p. 410-1.

336 PERONE, Giancarlo. *Liniamenti di diritto del lavoro:* Evoluzione e partizione della materia: tipologie lavorative e fonti. Torino: G. Giappichelli Editore, 1999.

337 RACCIATTI, Octavio Carlos. El tratado Internacional como Fuente del Derecho del Trabajo. In: *Grupo de lo miércoles: treinta y seis estudios sobre las fontes del derecho del trabajo*. Montevideo: FCU – Fundación de Cultura Universitaria, 1995, p. 185. Racciati afirma que se aplicam às normas internacionais da OIT os arts. 26 e 27 da Convenção de Viena sobre o Direito dos tratados, pelas quais improcede a invocação de normas internas para que como justificação para o descumprimento de normas internacionais.

338 CANÇADO TRINDADE, Antônio Augusto. *Direitos Humanos e Meio-ambiente:* paralelo dos sistemas de proteção internacional. Porto Alegre: Sérgio Fabris Editor, 1993, p. 45.

339 As Convenções que fazem parte da Declaração de 98 possuem cláusulas auto-aplicáveis e cláusulas programáticas. Exemplifica-se com a Convenção n. 87 da OIT cujo artigo segundo ao afirmar o direito de empregados e empregadores constituírem sindicatos é auto-aplicável, enquanto o art. 9º, ao estipular que a legislação nacional disporá sobre a aplicabilidade da Convenção n. 87 às forças armadas, é programática.

340 Trata-se de aplicar a "Cláusula Martens" incluída na IV Convenção de Haia de 1907, bem como nas quatro convenções de Genebra de 1949, que supõe que o Direito das Gentes protege a pessoa humana. A denúncia de convenções de direitos humanos não tem o efeito de dispensar o Estado das exigências de respeito à consciência pública ou os princípios de direito humanitário. Cfe. SANCHEZ DE BUSTAMANTE, Teodoro. Globalización Econômica Y derechos sociales. Supremacía del derecho progresivo e garantista. OIT & Asociación Argentina de Derecho Del Trabajo y de la Seguridad Social: Oficina Internacional del Trabajo: *Eficácia jurídica de la De-*

Há uma crescente imposição aos Estados nacionais de matérias de ordem pública internacional que constituem princípios básicos de convivência. Nesse sentido, a noção de *jus cogens* reafirmada na Convenção de Viena, no art. 53, significa a *norma aceita e reconhecida pela comunidade internacional de Estados em seu conjunto como norma que não admite acordo em contrário e que só pode ser modificada por uma norma ulterior de Direito Internacional geral, que tenha o mesmo caráter.*

As normas internacionais do trabalho, como direitos humanos, ocupam diversos papéis como fontes de *jus cogens*. Compreendem-se como tratados, quando ratificados, princípios gerais de direitos das nações civilizadas e como costume internacional.

A declaração da OIT de 1998, como fonte de direitos humanos, é parte do *jus cogens* pelos princípios enunciados e pela codificação do direito consuetudinário que representa. Por isso a sua validade e eficácia como norma de ordem pública internacional independe de ratificação, como já decidiu a Corte Interamericana de Direitos Humanos e a Corte Internacional de Justiça em outras situações análogas.[341] Os princípios reconhecidos pelas nações civilizadas não se encontram unicamente em tratados internacionais, mas emanam de declarações e diversos instrumentos jurídicos, que expressam o consenso da comunidade internacional, especialmente quando dizem respeito à dignidade humana. A Corte Internacional de Justiça, embora não dispense o consentimento dos Estados, na elaboração de normas jurídicas internacionais, construiu uma concepção mais objetiva e menos voluntarista dos costumes. Neste sentido ela interpreta que os princípios não são apenas os reconhecidos nos ordenamentos jurídicos internos dos Estados mas são também os que operam como bases constitucionais do Direito Internacional Contemporâneo.[342]

Embora alguns padrões trabalhistas possam desafiar a universalidade dos direitos humanos, dadas certas especificidades culturais, no seu conjunto, as normas tidas como princípios fundamentais são dotadas de propriedades que "buscam proteger a vida e dignidade de todo ser humano". Os direitos fundamentais não são imutáveis porque "condições e conceitos evoluem." Apesar de retrocessos, a tendência global em direitos humanos, segundo Kellerson,[343] é claramente positi-

claración Sociolaboral del MERCOSUR. Trabajos de la Reunión Técnica celebrada en Buenos Aires, los dias 10 e 11 de diciembre de 2001, p. 161-163.

341 URIARTE, Oscar Ermida. La declaracion sociolaboral del Mercosur y su aplicabilidad judicial. *Revista de Direito do Trabalho.* São Paulo: RT, p 151-74, abril/junho, 2000. O papel das declarações analisado por Uriarte no âmbito da declaração sociolaboral do MERCOSUL serve igualmente para a Declaração da OIT de 98.

342 CARRILLO SALCEDO, Juan Antonio. *Soberania de los Estados y derechos humanos en el derecho internacional contemporaneo.* Madrid: Editorial Tecnos, 1995, p. 76-102.

343 KELLERSON, Hilary. Labour Rigths, Human Rigths. *International Labour Review,* 1998. v. 137, n. 2, p. 133. Hilary Kellerson é consultora jurídica da OIT.

va. Segundo a autora, a afirmação de princípios fundamentais do trabalho em quatro áreas chaves uniu-se a um seguimento de promoção potencialmente forte. Há uma combinação entre os princípios, que têm um caráter orientador, com um anexo (seguimento) que obriga os Estados a apresentarem para a OIT informações sobre esforços feitos para promover a implementação das Convenções ratificadas e ratificar as que ainda não o tenham sido, quando se tratem dos direitos fundamentais do trabalhador.[344] A Declaração solene representa uma reafirmação, através de governos e os parceiros sociais, da universalidade de princípios fundamentais e direitos cuja incerteza estava difundida e questionada e nisto está seu valor intrínseco. A Declaração não impõe obrigações novas aos Estados-Membros. Não pretende estabelecer um nexo entre normas de trabalho e comércio internacional motivando pretextos para medidas protecionistas.[345] Além do valor intrínseco de reafirmação da universalidade dos princípios fundamentais, a declaração explicita um valor potencial que depende da aplicação dinâmica do seu seguimento(anexo), donde se retira todo o caráter punitivo. São pedidos aos Estados memórias anuais que são examinadas pela Oficina e Conselho de Administração a fim de que sejam evidenciadas as tendências mais significativas da aplicação prática dos princípios da declaração. Após estes relatórios, é elaborado um informe global para ser apresentado para a Conferência Internacional do Trabalho.

A Declaração da OIT de 1998, ao complementar o ideário traçado no preâmbulo da Constituição da OIT, indica que seus princípios devem ser respeitados e implementados pelos Estados-Membros. Neste ponto, a cooperação de outros atores, quanto ao monitoramento do cumprimento dos direitos humanos, no cenário internacional, é mais que desejável para a OIT. A visão do trabalho, como parte dos direitos humanos, já iniciada com a Declaração de Filadélfia, se expande no direito internacional, o que redimensiona as relações da própria OIT com outras organizações e sujeitos do Direito Internacional[346] que se envolvem diretamente com a problemática dos direitos humanos.

---

[344] Com a finalidade de oferecer à Organização e seus membros a possibilidade de levar a cabo o desenvolvimento de esforços com vistas à promoção destes princípios, a declaração está acompanhada de um anexo promocional que visa a obter dos Membros que não tenham ratificado um ou vários dos convênios fundamentais informações correspondentes sobre todas as mudanças que tenham ocorrido na sua legislação ou prática, através das memórias que se solicitam anualmente em virtude do artigo 19, § 5º, e da Constituição da OIT, referente a cada uma das categorias dos princípios e direitos enunciados na Declaração.

[345] KELLERSON, Hillary. La declaración de la OIT de 1998 sobre los principios e derechos fundamentales: un reto para el futuro. *Revista Internacional del Trabajo,* 1998. v. 117, p. 243-8.

[346] Veja-se a respeito o Documento do Conselho Econômico e Social das Nações Unidas E/CN. 4/Sub. 2/2000/13, de 15/06/2000 que incentiva todos os organismos internacionais a promoverem os direitos Humanos no âmbito de sua competência.

A OIT, ao adotar a Declaração, deu passo relevante em relação a vários foros, no sentido de relacionar políticas para respeito dos direitos fundamentais. Ao promover padrões trabalhistas essenciais, que passaram a ser designados "core labor", toma o desafio para o novo milênio no sentido de assegurar que a Declaração alcance impacto para o progresso acelerado da justiça social.[347]

Das críticas que se levantam contra a Declaração extraem-se alguns argumentos. De fato, uma relevante objeção é sintetizada da forma que segue: Se 175 países do mundo pertencem à OIT, presume-se que os princípios de liberdade sindical, o direito de negociação coletiva, erradicação de trabalho infantil e abolição de trabalho escravo não têm sido questionados nos debates públicos dos foros internacionais. Ao contrário, são princípios reafirmados, o que indica a existência de um consenso autêntico e espontâneo relativo às normas e princípios fundamentais do trabalho.[348] Portanto, a OIT não enfocaria corretamente o problema da eficácia das normas, que reside nas divergências a respeito dos meios que são mais oportunos para reforçar o cumprimento destas. A resposta a ser dada a esta objeção implica considerar que os enunciados previstos pela OIT, em 1998, aplicam-se a todos os países indistintamente, prescindindo do nível de desenvolvimento dos mesmos.[349] A OIT procura influenciar positivamente os Estados. O monitoramento via relatórios e coersão moral é superior à sanção rígida ou outros condicionamentos em direitos humanos.

Por outro lado, está muito difundida a idéia de que há falta de medidas de cooperação internacional e que a crescente competição econômica tenderá a rebaixar as normas laborais.[350] A questão, se é necessária uma harmonização universal de padrões trabalhistas, inscreve-se no problema mais amplo que dizem respeito aos acordos de liberalização comercial, e se estes deveriam ser expandidos para além das regras estritamente comerciais. Nesse ponto, a segunda objeção à Declaração diz respeito ao fato de que se a OIT, patrocinando a harmonização de normas principais, sem sanção, avançaria pouco quanto a imposição de cláusulas sociais ou padrões trabalhistas em

347 CAPPUYNS, Elizabeth. Linking labor standards and trade sanctions: na analysis of their current relationship. In: *Columbia Journal of transnational law*, 1998. v. 36, n. 3. New York, p. 659-86.

348 Os princípios gerais do direito são reconhecidos porque já passaram pela etapa consuetudinária, como diz Reuter. REUTER, Paul. *Introdución al derecho de los Tratados*. México: Fondo de Cultura Económica, 1999, p. 167.

349 PERULLI, Adalberto. *Diritto del lavoro e Globalizzazione:* clausole sociali, codici di condutta e commercio internazionale. Padova: CEDAM, 1999, p. 12.

350 BHAGWATI, Jagdish N; HUDEC, Robert E.. 1996. Fair trade and harmonization: Prerequisites for free trade? Vol. 1: Economic analysis. Vol. 2: Legal analysis. Cambridge (Massachusetts) y Londres, MIT Press. *apud* LEE, Eddy. Trabajo, Empleo, Justicia Social. *Revista Internacional Del Trabajo*, 1997, v. 116, n. 2, p. 47-67.

acordos multilateriais de comércio, não auxiliando suficientemente o processo de harmonização das normas laborais.

A resposta é no sentido de que a atitude da OIT em favor da harmonização sem coação e via cooperação é válida, porque se baseia em normas comuns de consenso. Em sua maioria, são princípios já consagrados soberanamente pela comunidade internacional e que se inserem no marco de competitividade internacional dos países-membros.

Há ainda outro argumento de economia política que é a favor de harmonizar as normas via direitos humanos pela OIT:[351] sem harmonização, os custos extras de manter unilateralmente algumas normas trabalhistas mais exigentes recaem sobre os produtores do país, já que o preço da mercadoria, no mercado mundial, não aumenta. Se houver harmonização de padrões trabalhistas, estes custos de manutenção de tais normas poderão ser repassados aos consumidores do mercado global, através do aumento do preço da mercadoria.

A OIT resolve o problema da harmonização através do argumento ético[352] para considerar inaceitáveis práticas de exploração do trabalho infantil e do trabalho forçado. O aspecto ético do debate é superior ao vinculado às relações comerciais, já que fica difícil para os governos justificarem que seriam prejudicados nas exportações se impedissem que as crianças trabalhem. Assim, o texto da Declaração menciona claramente que a adoção de padrões comuns, e, portanto, harmonizadores da legislação laboral internacional, não devem ser usados no comércio internacional, nem como discurso das vantagens comparativas de países em desenvolvimento, nem como protecionismo do mercado dos países ricos.

A difusão internacional de padrões básicos, acolhida pelos sindicatos[353] e pela OIT via Declaração, não pretende universalizar as

---

351 KRUGMAN, Paul. What should trade negotiators negotiate about?. *Journal of Economic Literature*. Nashville, Tennessee. 1997, v. 35, marzo, p. 113-20.

352 Contra a harmonização das normas trabalhistas internacionais, fundada apenas pelo efeito econômico, cita-se estudo recente da OCDE, que examinou a relação entre normas de trabalho e a competitividade, em países em desenvolvimento. O estudo demonstra que "as normas laborais fundamentais" não desempenham um papel importante nos resultados do comércio. A opinião que sustenta que os países mais permissivos conseguem maiores cotas nos mercados de exportação, em detrimento daqueles que respeitam normas exigentes, parece carecer de apoio empírico sólido. OCDE. 1996. *Trade, employment and labour standards*: A study of core workers' rights and international trade. Paris, p. 105. No mesmo sentido recente estudo de 2000 reafirma estes dados, atualizando-os.

353 Para o movimento sindical a ratificação de padrões trabalhistas básicos é obviamente importante. Porém, no contexto tripartite da OIT, todas as partes reconhecem que isso não representa nenhuma garantia que os princípios que contiveram as Convenções abrangidas pelo "core labour" sejam implementados. Os sindicatos pretendem debates relativos a revisão dos mecanismos de supervisão dentro da OIT, na conformidade da idéia de diálogo social. In: KYLOL, Robert. Governance of Globalisation: ILO's Contribution http://www.ilo.org/public/english/dialogue/actrav/publ/global.htm#5e – Oficina de atividades para os trabalhadores.

normas trabalhistas do mundo rico, mas é realizável em países com diversos níveis de desenvolvimento. A integração na economia mundial não pode substituir o empenho de cada Estado na criação de empregos, mas deve ser parte de uma estratégia de desenvolvimento na qual políticas públicas são indispensáveis para reforçar os efeitos positivos, diretos e indiretos, que a integração pode produzir.

Para Uriarte,[354] a OIT apresenta uma tendência de rever a regulamentação no Direito Internacional do Trabalho, para a adaptação da organização à globalização, com a inclusão de grandes pactos e declarações. Emergem dois pontos de vista sobre a declaração de 1998. Há os pessimistas, que encaram a adoção da Declaração como opção de flexibilização das normas internacionais e de um direito internacional laboral mínimo. Por outro lado, os otimistas vêem na declaração uma forma de obrigar a todos os membros, independentemente da ratificação expressa dos Estados.

A declaração de princípios se insere numa crescente mudança de padrões de normas internacionais da OIT, que anteriormente previa deveres estritos e proibições rígidas e agora passa a contemplar textos admonitórios, tolerantes ou promocionais, ressaltando o caráter programático das normas internacionais.

Quanto ao aspecto axiológico desta mudança, só o tempo dirá da utilidade e efeitos de tais alterações e o seu significado para o sistema internacional de proteção ao trabalhador, revelando seus os aspectos positivos ou negativos.

Para a OIT, entretanto, a resposta às críticas referentes à sua ação quanto à fixação dos direitos humanos do trabalhador veio na explicitação da tese do trabalho decente.

Nas últimas duas décadas, mudaram-se as bases tradicionais das atividades da OIT, porque se transformou o ambiente econômico e social através da economia global emergente.[355] Mudanças em padrões de emprego, nos mercados e nas relações de trabalho tiveram um impacto profundo nos componentes da OIT, particularmente sindicatos e as organizações de empregadores, onde a globalização trouxe prosperidade e desigualdades que estão testando os limites de responsabilidade social coletiva. Criam-se demandas e oportunidades novas para ação social com a consciência maior a respeito de direitos humanos. Problemas de insegurança humana e desemprego também volta-

---

Ginebra: OIT, 1998, 86p. Diálogo social é entendido para incluir todos os tipos de negociações, consultas ou troca de informação entre a OIT e os sócios em assuntos de interesse comum relativo a política econômica e social. http://www.ilo.org/public/english/dialogue/infocus/about.htm

354 Palestra proferida em curso da OIT em Montevidéo, na sede da CINTEFOR (Centro Interamericano de Invertigación y Documentación sobre Formación Profesional da Oficina Internacional del Trabajo) em 08/05/2001.

355 *Trabajo Decente*. Memoria del director general. Oficina Internacional del Trabajo. Ginebra. 1999, p. 2.

ram ao topo da ordem do dia política na maioria dos países. O apelo para dar uma face humana à economia global está surgindo de vários pontos.[356]

Nessa conjuntura, a OIT posicionou-se como organização internacional na qual empreendedores, trabalhadores e os governos sentam à sua mesa e, através de instrumentos de diálogo social e políticas para promover princípios fundamentais e direitos a trabalho, emprego, e a segurança de pessoas, dão relevância pública aos problemas da comunidade internacional. Esta, segundo a OIT, teria demonstrado capacidade histórica de adaptação, renovação e mudança, mantendo o mandato expresso na Declaração de Filadélfia de possibilitar as condições de "liberdade e dignidade, de segurança econômica e oportunidade igual" nas quais "todos os seres humanos, independente de raça, credo ou sexo, podem procurar o bem-estar material e o desenvolvimento espiritual". A Declaração de 98 responde a uma preocupação difundida de que o crescimento econômico deveria ser acompanhado por justiça social.[357]

A OIT[358] enfrentou os desafios da globalização, adotando a Declaração como um farol indicador da política central para o desenvolvimento. Trata-se de um ponto de referência para a comunidade mundial: para as organizações de empregadores e trabalhadores, legisladores, ONGs, companhias globais e outras organizações internacionais. Realmente, a Declaração torna a OIT responsável para criar um clima para desenvolvimento econômico e social em parâmetros de respeito aos princípios fundamentais e direitos no trabalho.

O programa para promover a *Declaração de Princípios Fundamentais e Direitos no Trabalho* tem um propósito de elevar a consciência da Declaração dentro de países e regiões. Busca aprofundar entendimentos de que estes princípios fundamentais reforçam o desenvolvimento e a democracia. A promoção da Declaração inclui aspectos de:[359]

a) mídia e campanhas educacionais, visando vários contextos culturais e econômicos;

b) pesquisa, investigando como cada um dos direitos e princípios se relaciona a crescimento econômico, criação de emprego, redução de pobreza e patrimônio líquido de gênero;

c) revisões sociais, respondendo aos pedidos de países para examinar o que está impedindo ou está facilitando implementação da Declaração;

---

356 Motivos de interesse ou motivos de promoção aos direitos humanos, motivos vocacionais da OIT, há um consenso sobre a necessidade de definir-se patamares de trabalho justo. WEISS, Friedl. *International Economic Law with a Human Face*. London: Kluer Law International, 1998, p. 106-7.

357 BARROS, Cassio Mesquita. As reformas necessárias na legislação trabalhista na perspectiva das novas diretrizes da OIT. *Revista do Tribunal Superior do Trabalho*, v. 67, n. 4, out. /dez, 2001, p. 82-91.

358 Cfe. Documento OIT GB277/WP/SDL/2, de março de 2000, a OIT passou a trabalhar de forma integrada e dar maior importância aos relatórios e informes anuais do FMI, Banco Mundial, e UNCTAD.

359 Cfe. *Trabajo Decente*. Memoria del director general. Oficina Internacional del Trabajo. Ginebra. 1999, p. 17.

d) conselho de política, aconselhando em criação de trabalho e proteção social dentro do respeito pelos princípios fundamentais e direitos;

e) apoio legal, fortalecendo a capacidade de legisladores e administrações, para criar leis que dão expressão aos direitos fundamentais e princípios.

O diretor da OIT destacou os "quatro mandatos"[360] que permitem entender as expectativas que existem com relação ao presente e ao futuro da organização, compreendendo a efetivação da declaração de princípios e o trabalho decente:

a) O histórico, no sentido de alcançar que sejam respeitados plenamente os direitos fundamentais no trabalho, consagrados nos Convênios básicos da OIT, bem como aqueles outros que, sem serem fundamentais, constituem o que com muita razão denominou-se o resultado do desenvolvimento da consciência social da humanidade;

b) O político, consiste em conseguir a criação de maiores oportunidades para o trabalho decente, o que está indissoluvelmente vinculado à criação de empresas;

c) O ético, de fazer tudo que seja necessário para ampliar a cobertura da proteção social.[361] Uma grande maioria da população, está à margem do sistema de proteção diante de riscos de desemprego, de acidentes de trabalho, de doença e da velhice. Esta preocupação, junto com o aumento do emprego informal, precário e não registrado, é uma das principais causas do alto grau de incerteza e insegurança em que vivem tantas famílias;

d) O organizativo, de contribuir com o fortalecimento das instituições sociais, especialmente, as de empregadores e empregados, e de impulsar um diálogo construtivo entre elas, no âmbito de um tripartismo coeso e criativo, com diálogo social, com organizações de trabalhadores e de empregadores fortes e governos eficientes.

2.2.2.1. O Trabalho Decente e a Declaração da OIT

Ouvida a OIT, na defesa da declaração de 1998, a partir da fixação dos direitos fundamentais no trabalho, o próximo passo da organização, em 1999, foi estabelecer o sentido dos direitos humanos do trabalhador, especificando que, estes direitos, entre outros, já reafirmados, visam à promoção do trabalho decente no mundo.

A missão da OIT é melhorar a situação de seres humanos que hoje se expressa no fomento de oportunidades sustentáveis para o trabalho decente ou digno.[362]

Segundo a OIT, trabalho decente resulta em maior produtividade e em condições mais favoráveis ao crescimento econômico,[363] nos quais

360 http://oitamericas99.org.pe/spanish/conclus/text_por.shtml XIV Reunião Regional Americana Limal – Peru, 24-27 ago. 1999.

361 Conforme Documento OIT GB277/16, de março de 2000, do Grupo de estudos sobre as dimensões sociais da globalização tem como prioridade a interação da OIT com os demais Organizações Internacionais.

362 De fato, a necessidade de respeito aos Direitos Humanos do trabalhador está formulada no preâmbulo da Constituição da OIT: "se qualquer nação não adotar regime de trabalho realmente humano, essa omissão constituirá um obstáculo aos esforços de outras nações que desejam melhorar a sorte dos trabalhadores em seus próprios países."

363 O Documento GB. 280/WP/SDG/1 baseado no Informe del Empleo en el Mundo 2001 da OIT enfatiza o papel da OIT na redução da pobreza já que 1.200 milhões de pessoas vivem em condições de pobreza absoluta e são integralmente mantidos por 500 milhões de pessoas que trabalham. Esses pobres que trabalham não têm um trabalho decente. Veja-se também no documento GB. 280/ESP/4/1 (http://www.ilo.org/public/english/realm/ilc87/rep-i.htm).

não se pode deixar as condições de trabalho e a questão dos direitos na dependência do mercado porque, sem regulação, os sistemas econômicos geram oportunidades para alguns países e não para outros, assim como desigualdades de acesso a benefícios dentro de cada país.

O trabalho decente é definido como *"aquele desenvolvido em ocupação produtiva, justamente remunerada e que se exerce em condições de liberdade, eqüidade, seguridade e respeito a dignidade da pessoa humana"*.[364]

A definição de trabalho decente merece ser explicitada nos termos dos próprios documentos da OIT,[365] como se segue.

2.2.2.1.1. Ocupação produtiva

Trabalho decente[366] significa ocupação produtiva para todos os tipos de trabalhadores. Reafirmam-se os princípios da Convenção n. 122 de 1964. A meta da OIT não é só a criação de trabalhos, mas a criação de trabalhos de qualidade aceitável, incluindo a idéia, por exemplo, de valor e satisfação. Nesse sentido, promove programas que enfrentam o problema do emprego, da desocupação e da pobreza, de modo integrado, sempre com a participação tripartite dos atores sociais.

Com relação ao trabalho produtivo, a OIT incentiva a política de emprego. Também se encaixam aqui as políticas de formação profissional para as quais há regulação específica através da Convenção n. 142 e da Recomendação n. 150 sobre o "desenvolvimento dos Recursos Humanos", ambas de 1975.

2.2.2.1.2. Justamente remunerado

Trabalho decente justamente remunerado enfrenta o problema central da redistribuição de riquezas, em uma dimensão de crescimento econômico sustentável e equilibrado.

Num sentido social e econômico mais específico, significa remuneração que contemple as necessidades vitais mínimas do trabalhador.

A OIT aponta para a Convenção n. 131 "fixação de salários mínimos" de 1970, mediante contratação coletiva como meio de fixação de condições de trabalho e emprego (Convenção n. 154 relativa à negociação coletiva). Reforça a Convenção n. 95 sobre a proteção ao salário.

---

364 OIT, doc. GB 280/wp/sdg/1, de março de 2001.

365 Por outro lado, é claro o realinhamento da OIT com a continuidade dos processos iniciados com as instituições de Bretton Woods que "puso de relieve las posibilidades de cooperación interorganismos en los niveles político, institucional, analítico y operativo. Tal colaboración debería convertirse en una sólida base para el refuerzo mutuo de los objetivos institucionales, así como en un mecanismo práctico para proyectar las preocupaciones de la OIT expresadas en *Trabajo Decente* e insertarlas en el contexto de Bretton Woods, intensificando al mismo tiempo la lucha contra la pobreza y la exclusión". GB. 277/ESP/4, março de 2000.

366 OIT, doc. GB 280/wp/sdg/1, de março de 2001.

Busca-se que o salário mínimo signifique, efetivamente, condições de sobrevivência para o trabalhador.[367]

2.2.2.1.3. *Em condições de liberdade*

Trabalho decente em condições de liberdade significa promover a liberdade da associação e direito à negociação coletiva com condições ambientais favoráveis a esta negociação. Pode ser exemplificado pela Convenção n. 87 relativa à "liberdade sindical e proteção ao direito de sindicalização", de 1948, que estabelece o direito livremente exercido de trabalhadores e empregadores, sem distinção alguma, organizarem-se para fomentar e defender seus direitos respectivos.[368]

Reforça-se o diálogo social que requer participação e liberdade de associação, sendo princípios de sociedades democráticas. O diálogo social é meio de assegurar resolução de conflitos e implementação de políticas efetivas para a participação dos trabalhadores na produção de riquezas.

2.2.2.1.4. *Em condições de eqüidade*

A OIT visa a favorer a eqüidade no tratamento das questões de gênero. As taxas de atividade feminina[369] estão em progressão em relação às masculinas. A transformação estrutural das economias, as mudanças demográficas, as novas formas de conceber o tempo de trabalho tem dado uma nova definição na vida de homens e mulheres. Na Convenção n. 100 e na Recomendação n. 90, fica estabelecido o princípio da igual remuneração para homens e mulheres em trabalho de igual valor.

Ainda são lembradas a Convenção e a Recomendação n. 111 sobre "discriminação no emprego e ocupação", de 1958 e a Convenção n. 156 e a Recomendação n. 156 sobre "trabalhadores com responsabilidades familiares", de 1981, estabelecendo igualdade de tratamento de gêneros quando os trabalhadores possuam idênticas responsabilidades familiares.

2.2.2.1.5. *Em condições de seguridade*

Esta característica do trabalho decente decorre da urgência da criação de sistemas sociais e econômicos que assegurem segurança básica e emprego, enquanto capazes de adaptação em circunstâncias

[367] No sentido de que os salário mínimo no Brasil seja uma realidade de sobrevivência, visto que é garantia constitucional veja-se COUTINHO, Aldacy Rachid (orientadora) *et alii*. Direito Constitucional ao Salário Mínimo. In: *Revista da Academia Brasileira de Direito Constitucional*, v. 2, 2002, p. 221-53.

[368] OIT, doc. GB 280/wp/sdg/1, de março de 2001.

[369] Veja-se a respeito o Documento do Conselho Econômico e Social das Nações Unidas E/CN. 4/Sub. 2/2000/13, de 15/06/2000, p. 16.

variáveis em um mercado global altamente competitivo. Isso implica proteção contra vulnerabilidades no trabalho representadas por doença, velhice ou desemprego. Nesse sentido, a OIT se empenha em promover a adesão aos princípios das Convenções n. 155 sobre "Seguridade e saúde dos trabalhadores" e Convenção n. 161 sobre "Serviços de saúde no trabalho", além da Convenção de n. 102, sobre "Seguridade social".

2.2.2.1.6. Em condições de respeito à dignidade humana

Por fim, na expressão condições de respeito à dignidade humana,[370] o trabalho decente quer englobar todos os aspectos anteriores, salientando que devem ser respeitados os princípios contidos na declaração da OIT relativa aos direitos fundamentais do trabalho, cujo valor-referência é a dignidade humana.[371] A OIT defende o planejamento, em cada país, ao mesmo tempo que promove a adoção universal de padrões básicos, *core standards* de proteção ao trabalhador. As cláusulas centrais de proteção ao trabalhador justamente são resumidas pela idéia de abolição de trabalho infantil e forçado, bem como promoção da liberdade sindical e justiça na remuneração.

O trabalho decente, ao ser definido como "aquele desenvolvido em ocupação produtiva e justamente remunerada", recorda a concepção de direitos humanos como direitos subjetivos. O trabalho que se exerce em condições de liberdade e eqüidade lembra a concepção de direitos humanos como princípios. Por fim, a questão da seguridade social recorda aos Estados-Membros a urgência de proteção ao trabalhador que não mais trabalha. A OIT incentiva que se adotem medidas e garantias para sobrevivência decente em favor dos trabalhadores que já colaboraram para o bem comum com um trabalho ativo. Nesse aspecto, evidencia-se uma concepção de direitos humanos como necessidades. Portanto, todas as concepções de direitos humanos, com as quais a OIT se depara, estão refletidas na estratégia do trabalho decente.[372]

[370] Cfe. OIT, doc. GB 280/wp/sdg/1, de março de 2001 onde acentua a relação entre trabalho decente e crescimento econômico.

[371] Todos as sementes do trabalho decente já estão contempladas em discussão de 88, embora não formulados deste modo. BLANCHARD, Francis. International Labour Office. Geneva: *Human Rights a common responsibility*. International Labour Conference. 75th Session, 1988. Report of the director-general (Part I), p. 14-49.

[372] SOMAVIA, Juan. *Informe de la Comisión de Expertos CIT 2001*, Oficina Internacional del Trabajo. Ginebra,2001, p. 27-8. Conforme o informe preparado pela Comissão de peritos, para a 89ª Conferência Internacional do Trabalho de 2001, quanto às convenções de direitos humanos fundamentais, n. 29 e 105, 87 e 98, 100 e 111 e 138 e 182, (esta última acrescentada em 1999), a campanha de ratificação obteve grande êxito, com mais de 245 novas ratificações, efetuadas por 104 países (são 174 os Estados membros da OIT). Em setembro de 2000, superou-se a simbólica cifra de 1000 ratificações num total possível de 1400. A convenção sobre as piores formas de trabalho infantil teve mais de 50 ratificações em 18 meses, o nível mais alto em toda a história da OIT. Passados mais de dois anos da declaração dos direitos fundamentais do trabalhador, a

Somavia[373] assim se expressa sobre a falta de trabalho decente no mundo:

> O "déficit" de trabalho decente é expresso na ausência de oportunidades de emprego suficientes, proteção social inadequada, a negação de direitos e falta de diálogo social. É uma medida da distância entre o mundo em que nós trabalhamos e as esperanças que as pessoas têm para uma vida melhor.

Trabalho decente é um metadireito. Precisa-se sair do pessimismo com relação aos direitos humanos do trabalhador para tornar o trabalho digno uma realidade.[374]

Como os povos devem honrar os compromissos decorrentes da proteção dos direitos humanos, o cumprimento destas obrigações é condição necessária para a decência das instituições políticas e de sua ordem jurídica.[375] Portanto, direitos humanos para um trabalho decente representam princípios de justiça aplicáveis a todos os povos.

Para Maupian, o trabalho decente é uma estratégia da OIT para atualizar os mandamentos da sua constituição, unificando aspectos qualitativos e quantitativos do progresso social em torno de quatro pilares: os direitos fundamentais, o emprego como fator de desenvolvimento para todos, a proteção social e o diálogo social.[376]

Com esta nova perspectiva, a OIT pretende abranger aqueles que não estão vinculados diretamente numa relação clássica de emprego, tendo-se em vista todas as dimensões do trabalho decente. O trabalho decente e os direitos fundamentais permitem o acompanhamento objetivo dos membros quanto à realização da metas previstas pela Constituição da OIT.

Assim, os indicadores de trabalho decente se resumem no alto nível de ocupação plena, no baixo nível de desemprego e subemprego e na manutenção do valor real dos salários mínimos. Ainda são indicadores sociais de trabalho decente o acesso a recurso por parte de pessoas que trabalham de forma independente, cobertura da proteção social a grupos especiais (adultos maiores, menores, portadores de

memória do diretor geral da OIT apresenta propostas de ação para a OIT no biênio 2000-2002. A escassez de oportunidades de emprego, a insuficiente proteção social, a negação de direitos trabalhistas e a falta de diálogo social compõem a linha de fratura da economia global, segundo o relatório do diretor-geral da Organização Internacional do Trabalho (OIT), o chileno Juan Somavia.

373 Juan Somavia, diretor-geral da Organização Internacional do Trabalho, em manifestação capturada em 24/11/01 http://www.ilo.org/. O Brasil tem a 9ª economia do mundo, mas em termos de Desenvolvimento Humano ocupamos a 67ª posição. O conceito de Desenvolvimento Humano da ONU leva em conta a ampliação das opções e oportunidades das pessoas e se fixa em três elementos: desfrutar de uma vida longa e saudável, adquirir conhecimentos e ter acesso a recursos necessários a um padrão de vida decente.

374 SEN, Amartya. Work and rights. *International Labour Review*. 2000, v. 139. Geneva, p. 119-28.

375 RAWLS, John. *O direito dos povos*. São Paulo: Martins Fontes, 2001, p. 105.

376 MAUPAIN, Francis. *Mondialisation de l'économie et universalité de la protection des droits des travailleurs*. (Paper da Conferência, 26 ou 27 de julho de 2000, Strasbourg).

necessidades especiais) e sistemas de aposentadoria generalizados, bem como relações equilibradas entre trabalhadores e empregadores, com condições de imparcialidade para a solução de conflitos laborais.[377]

2.2.2.2. *Significados jurídicos, econômicos e políticos da declaração da OIT*

Sintetizando, o significado da *Declaração da OIT relativa aos princípios e direitos fundamentais no trabalho* e de seus objetivos no marco do trabalho decente é evidenciada sob três ângulos. Os aspectos jurídicos, econômicos e políticos abordados nas concepções de direitos humanos servem como critérios para a análise da declaração.

2.2.2.2.1. *Aspectos jurídicos da declaração da OIT*

1. A declaração de 98, formalmente, é ato unilateral exortatório da OIT, resultante de uma decisão coletiva. Foi considerado o instrumento jurídico solene e oportuno para a fixação de princípios perenes, que dizem respeito à proteção à dignidade do trabalhador e portanto, permanecem no tempo e no espaço. Os valores de igualdade, liberdade e solidariedade como conteúdo dos direitos humanos proclamados em 98 passam a ser reforçados como ponto de partida, como o "telos" e o suporte ético para a elaboração, interpretação e aplicação das normas laborais positivadas.

2. O conteúdo dos direitos humanos dos trabalhadores que diz respeito à abolição do trabalho escravo, erradicação do trabalho infantil, não-discriminação e liberdade sindical torna os direitos humanos dos trabalhadores normas superiores às demais fontes do direito laboral tanto internacionais como internas. São normas que pertencem à ordem pública internacional (*jus cogens*) e estão além dos atos de reconhecimento, ratificação ou recepção das ordens jurídicas nacionais. Por isso Direitos humanos traduzem aspectos dinâmicos da justiça social, que atualizam a Constituição da OIT, integrando-se ao patrimônio jurídico universal dos trabalhadores.

3. Os direitos fundamentais no trabalho consagram todas as concepções de direitos humanos, destacando a concepção de princípios. A OIT realinha-se ao direito internacional dos direitos humanos, o qual é mais denso no plano dos princípios.[378] O Direito Internacional do Trabalho torna-se menos neutro, menos formal e menos voluntarista.[379] Salienta-se que os direitos humanos dos trabalhadores proclamados pela OIT, estão previstos tanto na Declaração de Direitos Humanos da ONU, de 48 e nos Pactos de 66, com natureza jurídica de princípios universais. Dessa forma, pertencem a todas as gerações de direitos humanos, que se complementam na noção de direitos de solidariedade.

4. A Declaração é uma fonte "sui generis" de Direito Internacional do Trabalho de que gera obrigações "erga omnes" para todos os estados membros com relação a um núcleo básico de

[377] OIT, doc. GB 280/wp/sdg/1, de março de 2001.

[378] No Brasil, por exemplo, as relações internacionais regem-se por: Art. 4° A República Federativa do Brasil rege-se nas suas relações internacionais pelos seguintes princípios: I – independência nacional; II – prevalência dos direitos humanos; III – autodeterminação dos povos; IV – não-intervenção; V – igualdade entre os Estados; VI – defesa da paz; VII – solução pacífica dos conflitos; VIII – repúdio ao terrorismo e ao racismo; IX – cooperação entre os povos para o progresso da humanidade; X – concessão de asilo político. Parágrafo único. A República Federativa do Brasil buscará a integração econômica, política, social e cultural dos povos da América Latina, visando à formação de uma comunidade latino-americana de nações.

[379] CARRILLO SALCEDO, Juan Antonio. *Soberania de los Estados Y Derechos Humanos em el Derecho Internacional Contemporâneo.* Madrid: Tecnos, 1995, p. 101.

direitos, de caráter cogente. A OIT dispensa a rigidez dos instrumentos codificadores, na medida em que, do ponto de vista normativo, os direitos humanos se expressam como princípios. Por outro lado, recusa o modelo relativista e flexibilizador, porque formam o cerne do Direito Internacional do Trabalho e, portanto, não são disponíveis.

5. Normas de direitos humanos dos trabalhadores reafirmam sua importância quando ratificadas como convenções. Desta forma, são direitos fundamentais que integram o bloco de constitucionalidade dos países membros. Em função do próprio mandato constitucional da OIT, que obriga os Estados a cumprirem de boa-fé os princípios contidos na Constituição, as convenções que constam na declaração de 98, mas não foram ratificadas por alguns Estados membros, não são indiferentes a estes. Isto porque o conjunto de direitos humanos no trabalho forma um substrato de regras de valor consuetudinário, que se traduzem em costumes, fontes de Direito Internacional do Trabalho das quais emanam obrigações jurídicas.

2.2.2.2.2. *Aspectos econômicos da declaração da OIT*

A Declaração de 98, quanto aos aspectos econômicos:

1. Fixa limites à ambição do capital à medida que estabelece um núcleo indeclinável de direitos ao trabalhador;

2. Resgata os aspectos éticos da economia e o respeito ao valor do trabalho;

3. Exige o respeito ao nível de desenvolvimento e condições econômicas de cada país;

4. Evita que o discurso dos direitos humanos seja utilizado para fins protecionistas dos países ricos, ao constar expressamente no seu texto que os direitos fundamentais não devem ser instrumentalizados para fins comerciais;

5. Permite uma harmonização importante dos princípios da legislação internacional laboral para fins de promover progresso econômico através das políticas de integração dos Estados nas comunidades regionais e na competitividade internacional.

2.2.2.2.3. *Aspectos políticos da declaração da OIT*

A *declaração de 98,* no tocante aos aspectos políticos:

1. É instrumento de consenso: fruto do diálogo social e modo de implementar o trabalho decente no mundo. Por isso, como fonte de cogência difusa gera expectativas de que os princípios enunciados serão cumpridos de boa-fé pela comunidade internacional. É resposta da OIT à tentativa internacional de serem impostas ao trabalho tanto regulamentações normativas mais rígidas – cláusulas sociais, como instrumentos que não vinculam tais como os códigos de conduta.

2. Reforça a soberania dos Estados porque exige que estes protejam os direitos humanos dos trabalhadores, sem ameaças externas e com o respeito a certas especificidades da cultura local. Na expressão de que cada Estado deve proteger os direitos humanos "atendendo a suas condições específicas" reflete-se a superação da dicotomia entre o particularismo e o universalismo nos direitos humanos. Afirma-se que os Estados membros colaboram com os objetivos de justiça social da OIT "na medida de suas possibilidades", como dispõe o texto da própria declaração .

3. Obriga a todos os Estados ao monitoramento da questão social dos direitos humanos no trabalho, tendo-se em vista que são exigidos relatórios anuais quanto às normas adotadas pela OIT como direitos humanos e não somente quanto às normas ratificadas. Nesse sentido corrige-se e atenua-se o princípio do consentimento dos estados como base das obrigações convencionais.

4. Solicita a participação dos Estados, dos sindicatos, ONGs e associações na promoção dos direitos humanos no trabalho à luz princípio da subsidiariedade que pressupõe a colaboração de todos os seres humanos na defesa do trabalho decente.

5. Proclama valores de justiça social, o que permite ao Estado a promoção da coesão social para a satisfação das necessidades básicas dos trabalhadores, assegurando o equilíbrio entre as esferas de justiça comutativa e distributiva, na realização de políticas públicas de proteção ao trabalho.

Portanto, se a pessoa humana é vista como centro do desenvolvimento, prioridade do novo milênio, conforme Cúpula do Desenvolvimento Humano de Copenhague/1995, é compreensível que a OIT se realinhe normativamente para realizar investimentos que contribuam para a qualidade de vida dos trabalhadores no mundo, sob inspirações de normas universais para o trabalho. Embora podendo ser criticada por esta ação, a fixação de um mínimo denominador comum de civilidade para o mundo do trabalho representa uma resposta possível da OIT aos desafios da globalização.

3. Os limites do direito internacional do trabalho

O problema da Organização Internacional do Trabalho, como instituição, é a questão de verificar se sua prática está respondendo às suas exigências de promoção de sua finalidade essencial: a proteção ao trabalhador.

O desenho institucional da OIT a torna paradigmática, o que não impede que seu desempenho venha sendo questionado quanto aos bens externos de sua prática e quanto aos bens internos da mesma, ou seja, se tem assumido os riscos com coragem e sinceridade, no sentido de privilegiar os valores principais, no plano internacional.

Os países-membros, especialmente países subdesenvolvidos, hoje se alinham mais a programas de ajustes do FMI e condicionamentos impostos pelo Banco Mundial que à influência da OIT.[380] Através da OIT, os sindicatos pressionam seus governos na defesa da classe trabalhadora, mas os primeiros estão muito mais preocupados com as ações das organizações internacionais de financiamento.[381]

Além disso, os agentes do tripartismo sinalizam para uma crise relacional. O sindicalismo internacional, tanto na posição Norte-Sul, como na posição Leste-Oeste,[382] sofre pelo desemprego estrutural, através do qual, sequer as promessas de negociações transnacionais[383]

380 A Memória do Diretor-geral da OIT por ocasião da 77ª Conferência Internacional do Trabalho, refere: "Atualmente, está se discutindo a participação da OIT nas atividades do Banco Mundial, particularmente nas missões por países, o melhoramento das relações de trabalho com o pessoal do FMI encarregado de analisar os efeitos sociais do reajuste e da intensificação da cooperação entre a OIT, a UNICEF e o FMI, no tocante a elaboração de estatísticas e indicadores fundamentais". Alguns, dizem que há uma inclinação no plano político internacional, no sentido de considerar-se secundariamente a OIT. FERNÁNDEZ PARDO, Carlos Alberto. *Régimen Internacional del trabajo.* La OIT en la política mundial. Buenos Aires: Ad-hoc, 2001, p. 388.

381 ROOZENDAAL, Gerarda. *Social challenges to trade:* Trade Unions and debate on international labour. (Academisch Proefschrift) Amsterdam: Universiteit van Amsterdam: 2001. A tese defendida expõe que a ausência de acordo nos sindicatos sobre o tema de inclusão de cláusulas sociais no comércio possui relação com a dicotomia norte/sul e com os interesses fragmentados dos trabalhadores.

382 Entre 85 e 95, na América, apenas o Chile ampliou a taxa de sindicalização, conforme Relatório da Repartição Internacional do Trabalho de 97/98, p. 253 e 254.

383 NORRIS, Roberto. *Contratos Coletivos Supranacionais de Trabalho e a Inernacionalização das relações laborais no MERCOSUL.* São Paulo: LTr, 1998. No mesmo sentido: SCHUTTE, Giorgio

reanimam com impulso novo os sindicatos. As empresas transnacionais, neste contexto, passam a exercer as prerrogativas de um quarto agente, somado ao tripartismo.[384]

A *Declaração de 98* tenta responder a estas pertubações internas da OIT, reiterando os valores de bem-estar e a justiça social, acentuando a universalidade da condição humana, do trabalhador. Na apresentação da Declaração, sustenta-se que o progresso social deve andar lado a lado com o progresso econômico.[385]

A idéia de justiça social não pode ser empobrecida pela ênfase ao desenvolvimento econômico. Assim, forma-se um novo compromisso entre os atores a respeito do mínimo, que são os diretos básicos do trabalhador na realização de um trabalho decente.

Para a atuação dos direitos fundamentais do trabalhador, sublinham-se limites intrínsecos da instituição, cuja constituição permite o voluntarismo dos Estados, e também limites extrínsecos, que dizem respeito ao grau de evolução da regulamentação de cada Estado.

Além das críticas internas à organização da OIT, existem diversas barreiras do Direito Internacional do Trabalho que impedem a implementação dos ideais de direitos humanos sociais em busca de um trabalho decente.

Compreende-se, portanto, que, entre os limites extrínsecos para a atuação da OIT na implementação dos direitos humanos no trabalho, estão os fatores econômicos, jurídicos e políticos.

3.1. LIMITES POLÍTICOS DO DIREITO INTERNACIONAL DO TRABALHO

O conceito de direitos humanos foi tratado de modo marginal pelo pensamento político do século XIX e do século XX. Os direitos fundamentais positivados nas Constituições dos Estados dissociaram-se da problemática dos direitos humanos. Hannah Arendt[386] demonstrou que os direitos humanos só são efetivados quando respaldados pela organização política do Estado-Nação. A exposição do século XX ao totalitarismo comprova que os direitos do homem se tornaram inexeqüíveis para aqueles que não estão vinculados a um Estado nacional.

Romano; PORTELLA DE CASTRO, Maria Sílvia; JACOBSEN, Kjeld Aaagaard. *O sindicalismo na Europa, Mercosul e Nafta*. São Paulo: LTr, 2000.

384 FERNÁNDEZ PARDO, Carlos Alberto. *Régimen Internacional del trabajo*. La OIT en la política mundial. Buenos Aires: Ad-Hoc, 2001.

385 MAUPAIN, Francis. *L'OIT, La justice sociale et la mondialisation*. London: Martinus Nijhoff Publishers, 2000, p. 387-96.

386 ARENDT, Hannah. *Origens do Totalitarismo: anti-semitismo, imperialismo, totalitarismo*. São Paulo: Cia. das Letras, 1990, p. 300-36.

Embora os direitos sociais tenham nascido quase que simultaneamente no plano internacional e no plano nacional, não se pode pensar em proteção ao trabalhador, sem lembrar que o desenvolvimento do Estado Social é fator básico para que se compreenda a evolução do Direito Internacional do Trabalho.

As declarações de direitos humanos, contemplando direitos sociais, em textos constitucionais ou em Declarações de Direitos Humanos, são reconhecimentos que emergem em diferentes ordens, mas que se concretizam nos Estados nacionais.

Examinam-se, aqui, os limites representados à efetivação dos direitos dos trabalhadores, enunciados pela OIT, a partir da crise do Estado-Nação, da globalização econômica e das políticas neoliberais.

3.1.1. Crise do Estado-Nação

A dignidade do homem trabalhador, embora declarada universalmente, é concretizada localmente. Assim, paulatinamente, os direitos sociais foram reconhecidos pelo Estado, em grande parte em conseqüência da pressão da classe trabalhadora, a partir de suas lutas, desde o advento da Revolução Industrial na Inglaterra. Estes direitos começaram a ser inseridos na ordem constitucional das nações, a começar pela Constituição do México (1917) e de Weimar (1919), na Alemanha.

Surge o Estado Social de Direito, cujo significado é descrito por Manuel Garcia-Pelayo[387] como o Estado sujeito à lei legitimamente estabelecida, voltado à realização dos direitos sociais previstos na Constituição.

O Estado Social pretende corrigir o liberalismo clássico, acrescentando-lhe a fórmula do bem-estar social, gerada pelo *welfare state*. A partir da noção de igualdade material, o Estado Social pretende imprimir uma ordem que contemple o bem dos trabalhadores, na qual o direito possui caráter promocional. Para promover a igualdade, o Estado Social adquire novas funções, entre as quais a de agente econômico, gerente do processo econômico e redistribuidor de renda nacional.

Com o acréscimo de funções, o Estado Social passou de um abstencionismo na vida econômica para uma crescente e atuante participação nesta esfera, através de uma intervenção reguladora. A passagem do Estado Liberal para o Estado Social revelou alterações qualitativas e quantitativas. O Estado mais intervencionista assumiu novos contornos políticos. A Alemanha de Bismarck,[388] com apoio na Constituição de 1873, articulou intervenções, criando um sistema de

387 GARCIA-PELAYO, Manuel. *Las Transformaciones del Estado Contemporáneo*. Madrid: 2ª ed. Alianza Universidad, 1993, p. 64-70.

388 BOBBIO, Norberto et al. *Dicionário de Política*. 5ª ed. Brasília: UNB, 2000, p. 401-9.

previdência social que viria a se concretizar entre 1883 e 1889, com os primeiros programas de seguro obrigatório contra a doença, a velhice e a invalidez. Enquanto isso, a legislação fabril inglesa difundia-se no exterior. Nasce, em fins do século XIX, o Estado interventivo, cada vez mais envolvido no financiamento e administração de programas de seguro social.

Embora ideologicamente, o Estado Social, em suas primeiras manifestações, contrastasse com avanço do socialismo, procurando criar a dependência do trabalhador em relação ao Estado, estas ações modificaram irreversivelmente a aparência do Estado contemporâneo. Os direitos sociais, especialmente os trabalhistas, expandiram-se nas legislações nacionais, constitucionalizaram-se e internacionalizaram-se. O exercício dos direitos civis, de forma coletiva, via sindical, foi uma expressiva alteração na política do século XIX. Os direitos civis coletivos, utilizados como forma de barganha dos empregados junto a seus empregadores, também afirmavam direitos básicos. Assim:

> os direitos sociais em sua forma moderna, implicam uma invasão do contrato pelo status, na subordinação do preço de mercado à justiça social, na substituição da barganha livre por uma declaração de direitos.[389]

Do ponto de vista da teoria da justiça, os Estados Nacionais começaram a tratar da questão social como matéria de justiça social. Relacionaram-se os direitos trabalhistas à justiça distributiva.

Para assegurar a todos uma existência socialmente justa, é preciso enfrentar a tese de que o problema de justiça distributiva e social pertence ao direito, e não somente à política ou à economia. Hobbes, com a noção de pacto político, em que há a idéia de troca de proteção por obediência, num plano de comutação, é apontado por José Reinaldo de Lima Lopes[390] como um dos pensadores responsáveis pelo predomínio da noção de justiça comutativa, em restrição à justiça distributiva, no imaginário dos juristas. O conceito de distribuição só pode ser vinculado ao valor do bem comum, no qual se insere o trabalho. A transformação da natureza operada pelo trabalho se dá em benefício de toda a coletividade: toda a sociedade se beneficia de sua presença, como todos sofrem com sua ausência ou escassez.

Na acepção de Hannah Arendt, um dos propósitos dos direitos sociais, no enfoque da teoria dos direitos fundamentais, está em apontar ao Estado e ao cidadão a possibilidade de justiça social, no

[389] MARSHALL, Theodor H. *Cidadania, classe social e status*. Rio de Janeiro: Zahar Editores, 1967, p. 103.

[390] LOPES, José Reinaldo de Lima. Direito subjetivo e direitos sociais: o dilema do Judiciário no Estado Social de Direito. In: *Direitos Humanos, Direitos Sociais e Justiça*. José Eduardo Faria (org) São Paulo: Malheiros, 1994, p. 113-43. Utiliza-se as idéias do autor para o tema da justiça comutativa e distributiva que foram reafirmadas em palestra relativa aos Direitos do Consumidor na PUC/RS em data de 27/10/01.

qual o trabalho representa o equilíbrio entre o desenvolvimento e a riqueza, entre o espaço público e o privado, entre justiça comutativa e distributiva, entre o reino da liberdade e da necessidade.[391]

Dessa forma, o conceito de justiça social baliza qualquer debate sobre o direito social, tanto no plano dos Estados como no plano internacional. Segundo o humanismo social cristão, uma concepção de justiça social[392] é expressa, nas palavras do Papa Pio XI, da seguinte forma:

> Há a justiça social que impõe, também, deveres a que nem patrões nem operários se podem furtar. E é precisamente próprio da justiça social exigir dos indivíduos quanto é necessário ao bem comum. Mas, assim como no organismo vivo não se provê ao todo, se não se dá a cada parte e a cada membro tudo quanto necessitam para exercerem as suas funções; assim também se não pode prover ao organismo social e ao bem de toda a sociedade, se não se dá a cada parte e a cada membro, isto é, aos homens dotados da dignidade de pessoa, tudo quanto necessitam para desempenharem as suas funções sociais.[393]

Nesse ponto, o papel do Estado para com os direitos sociais, quanto ao conteúdo da justiça social, sofreu historicamente transformações.

No Estado Liberal, fundado em uma antropologia individualista, o trabalho se revela como parte da justiça comutativa. O modelo de dignidade do trabalhador que se pretende é o do homem livre.

No Estado Social, da troca entre desiguais, o trabalho aparece como tema de justiça distributiva. O modelo de dignidade do trabalhador leva em consideração que a igualdade deve ser promovida.

Por fim, no Estado Democrático de Direito, o trabalho se apresenta dimensionado pela justiça social, em um modelo que compreende tanto a justiça comutativa como a justiça distributiva, porque, ora pertence ao mundo das trocas entre iguais, que se verifica na iniciativa privada, ora é bem a ser distribuído por políticas públicas de promoção dos direitos do trabalhador. Aqui o modelo de dignidade do trabalhador é o do homem livre e igual, que trabalha com solidariedade, e consciente de que o bem trabalho não lhe é posse nem propriedade, mas faz parte do bem comum.

Juntamente com a evolução do Estado, viu-se uma evolução histórica dos direitos humanos dos trabalhadores, que passaram da proclamação dos direitos liberdade do Estado liberal, à proteção, com os direitos sociais do Estado de Providência e, hoje, são direitos de promoção, de solidariedade, no Estado Democrático de Direito. No

391 ARENDT, Hannah. *A condição humana*, 7ª ed. Rio de Janeiro: Forense Universitária, 1995, p. 83.

392 FERRAZ JUNIOR, Tércio Sampaio. *Constituição de 1988: legitimidade, vigência, eficácia.* São Paulo: Atlas, 1989. Segundo Tércio Sampaio Ferraz Jr; o conceito de justiça social "na nossa tradição constitucional, deita raízes na Doutrina Social da Igreja".

393 Pio XI, Divini Redemptoris, 17 de março de 1937, n. 51. In: DE SANCTIS, Frei Antônio OFM (org). *Encíclicas e Documentos Sociais.* São Paulo: LTr, 1991, p. 129.

emblema da Revolução Francesa, estaríamos vivendo o período da "fraternidade", da cooperação, no qual os direitos humanos do trabalhador exigem maior explicitação teórica e realização prática.

Porém, o problema político fundamental em termos de direitos humanos do trabalhador é que os direitos proclamados em âmbito internacional serão aplicados pelos Estados nacionais locais.[394] Diante disso, deve ser pensada qual proteção se espera dos atuais Estados nacionais, animados por políticas neoliberais.

O Estado Social atual atravessa uma crise sem precedentes. Essa fórmula está diante de um mundo globalizado, que corresponde a uma nova fase de expansão do capital, no qual as questões de soberania devem ser repensadas, para que o próprio Estado sobreviva, considerando-se a esfera internacional, a nacional e a regional. Os direitos sociais inseridos na ordem constitucional das nações fazem surgir o Estado Social de Direito, mas as promessas de justiça social ficaram comprometidas pela crise do Estado. Pierre Rosanvalon[395] explica esta crise do Estado Social em três dimensões: a financeira, que gerou o chamado desemprego estrutural; a ideológica, decorrente do embate entre a democratização do acesso às demandas sociais e a burocratização no atendimento destas demandas; e a filosófica, a partir da desagregação da ética solidária. O Estado Democrático de Direito, como sucessor do Estado Social, é chamado a redefinir seu papel regulador. Especial destaque, nesta nova fase, possui o problema do trabalho humano que, no decorrer da transformação do Estado, sofreu alterações no modo de produção, em função da assimilação de novas tecnologias e das novas exigências do mercado em fase transnacional.[396] Os Estados com soberania formal, materialmente, descobrem-se limitados em sua autonomia decisória, em razão da economia globalizada.

Uma nova soberania diz respeito a um conjunto de mecanismos de governabilidade internacional nos quais os .

> Estados-nação não devem mais ser vistos como poderes 'governantes', capazes de impor resultados em todas as dimensões da política dentro de um determinado território, por meio de sua própria autoridade, mas como locais, a partir dos quais, formas de governabilidade podem ser propostas, legitimadas e monitoradas.[397]

Embora a crise do Estado Social seja a dimensão mais visível da crise do Estado-Nação,[398] parece oportuno analisar esta última por

---

394 BOBBIO, Norberto. *A era dos direitos*. Rio de Janeiro: Campus, 1992, p. 24.

395 ROSANVALLON, Pierre. *A crise do Estado-providência*. Brasília: UNB, 1997, p. 13-33.

396 GIDDENS, Anthony. *A terceira via*. São Paulo: Record, 2000, p. 109-128.

397 THOMPSON, Grahame; HIRST. Paul. *Globalização em questão*. 2ª ed. Petrópolis: Vozes, 1998, p. 294.

398 O termo nação aparece no discurso político da Europa durante a Revolução Francesa, como fundamento natural do poder político. A idéia de nação evoluiu a partir da noção de comunidade política. BOBBIO, Norberto et al. *Dicionário de Política*. 5ª ed. Brasília: UNB, 2000, p. 795-8.

meio de um reconhecimento na crise de seus elementos constitutivos: povo, território e soberania.

Há uma crise na concepção de povo, como uma unidade de língua, unidade religiosa e unidade de cultura. Com a realidade do multiculturalismo e das migrações, especialmente nos países centrais, a homogeneidade, como pressuposto de povo, desaparece. Trata-se de um desafio demográfico e cultural, quando, por exemplo, se apresentam os dados reveladores de que 50% dos nascimentos em Bruxelas ocorrem na comunidade de imigrantes árabes.[399]

A globalização relativiza a noção de território. A globalização é um processo que desconhece fronteiras territoriais. Obviamente, entes territoriais, como o Estado, tendem a perder espaço nas novas configurações de poder. Além disso, no século XX, revela-se o caráter artificial com que foram criados os Estados e a arbitrariedade de suas fronteiras, submetidos a uma unidade forçada, negando-se diferenças e identidades comuns. As etnias colocam em ação conflitos étnicos dentro dos territórios, como é o caso da ex-Iugoslávia, o que se converte em perigo para o próprio povo e ameaça aos demais Estados.

E, por fim, detém-se com maior atenção no conceito de soberania, tão problemático como a própria idéia de Estado e suas funções. Soberania é a autoridade, o poder atribuído ao Estado. A soberania é expressa em três formas de exercício do poder: limitado por uma lei justa, absoluto, quando instrumentaliza leis, e, por fim, arbitrário, quando é determinado pela lei do mais forte. Conforme Heller,[400] "o poder do Estado soberano, significa que este é, dentro do seu território, poder supremo, exclusivo, irresistível e substantivo". O poder do Estado, segundo o ponto de vista do direito, é o poder político supremo e, portanto, o mais forte dentro de seu território. A noção de soberania comporta limites internos, como se denota pela divisão de poderes, e, externos, para fins de convivência pacífica com outros Estados.[401] Internacionalmente, a soberania dos países mais fortes absolutiza-se[402] cada vez mais, ao passo que a soberania dos Estados mais fracos se retrai. Um exemplo da soberania descontrolada dos Estados, no plano internacional, são as guerras e as conquistas coloniais demonstradas historicamente.

Outro aspecto do problema é que o conceito de soberania, formulado no século XVI, como atributo das entidades estatais-nacionais, foi elaborado sem a influência da esfera privada. A esfera privada era irrelevante politicamente, e a soberania era conceito restrito à esfera

399 HUNGTINTON, Samuel. *O choque de civilizações*. Rio de Janeiro: Objetiva, 1997, p. 250.

400 HELLER, Hermann. *Teoría del Estado*. México: Fondo de Cultura Económica, 2002, p. 212-3.

401 BOBBIO, Norberto. *Estado, Governo, Sociedade*. 2ª ed. Rio de Janeiro: Paz e Terra, 1986, p. 81.

402 FERRAJOLI, Luigi. *Derechos y garantias*. Madrid: Editorial Trotta, 2001, p. 138-52.

pública. Com a mundialização da economia, a esfera privada adquire relevância do ponto de vista político, com um poder transnacional que ultrapassa o poder do Estado-Nação. Nasce o que Capella[403] chama de "soberano privado supra-estatal difuso", com poderes de fato, que se revelam nos estados nacionais "permeáveis". Trata-se do poder difuso dos grandes conglomerados econômicos. O novo papel dos Estados nacionais é o de instrumentalizar as políticas do "soberano difuso". O Estado, que antes velava pelo cumprimento dos deveres impostos à esfera privada, cuida, nesta nova fase, para que empreendedores não sejam perturbados no interior dos estados nacionais. A soberania do poder econômico internacional surge à margem dos princípios e instituições democráticas e atua em todos os campos de poder nacional, minando o sistema democrático representativo das democracias populares. Elabora suas próprias leis, numa nova *lex mercatoria*, à margem dos Estados nacionais. Há, pois, um processo de redefinição da soberania do Estado-Nação.[404]

As tendências de enfraquecimento do Estado-Nação são indiciadas pelas influências dos setores vinculados ao sistema capitalista transnacional no Estado para que este melhore as condições de competitividade através da abertura comercial, da desregulamentação dos mercados, da adoção de programas de desestatização e a "flexibilização" da legislação trabalhista, com a implementação de projetos internacionais.

Os Estados-Nação são espécies de agências políticas em um sistema de poder complexo, dos níveis mundiais aos locais, todavia mantêm uma centralidade, devido à sua relação com o território e a população. Neste ponto da história, encontra-se o Estado contemporâneo com sua soberania comprometida e sujeito à intervenção externa, mais do que nunca, pela atuação da economia globalizada. Observa-se, pois, uma tensão entre o Estado-Nação e o que é designado por globalização, no marco dos direitos humanos.

Diante do crescente consenso de que o indivíduo deve ter direitos protegidos na esfera internacional, o modo como um Estado trata seus nacionais não é apenas uma questão doméstica. Nesse sentido, o movimento internacional de Direitos Humanos pode contribuir para a democratização do cenário internacional, mas pode haver interferência das instâncias de poder econômico, para promover os próprios interesses em detrimento dos direitos do cidadão e da soberania dos Estados nacionais.[405]

---

403 CAPELLA, Juán Ramón. *Fruta Prohibida*. Madrid: Editorial Trotta, 2001, p. 258-67.

404 FARIA, José Eduardo. *O direito na economia globalizada*. São Paulo: Malheiros, 1999, p. 25.

405 PIOVESAN, Flávia. Direitos Humanos e Globalização. In: SUNDFELD, Carlos Ari; VIEIRA, Oscar Vilhena. (coord) *Direito Global*. São Paulo: Max Limonad, 1999, p. 195-208.

A relação entre Estado, sociedade civil e direitos humanos é dicotomizada e fragmentada. A primeira geração de direitos humanos, dos direitos civis e políticos foi concebida como uma luta da sociedade civil contra o Estado, considerado como o principal violador potencial dos direitos humanos. A segunda geração de direitos econômicos, sociais e culturais pressupõe que o Estado seja o principal garante dos direitos humanos. A participação do Estado como garante nos direitos humanos neutraliza a política e o direito quando faz desaparecer o associar-se para lutar, tornando fracas as forças associativas, como é o sindicato.[406]

3.1.2. Globalização neoliberal

As noções de globalização são as mais diversas possíveis. Embora Beck[407] relate e resuma aproximadamente dez teorias de globalização que incluem, na maioria dos casos, elementos de uma sociedade mundial, nos seus diversos efeitos, sublinhando-se o aspecto econômico das concepções, para Giddens,[408] a globalização trata da transformação das noções de espaço e tempo.

O termo "globalização", utilizado em sentido unívoco, expressa um discurso hegemônico, a versão dos vencedores, que não contempla a face dos vencidos, no pensamento de Jameson.[409] Isto justifica o fato de este autor não utilizar o vocábulo "globalização", conquanto traduz a falsa impressão de história única, mas a substitui por "globalizações". O designado, normalmente, por globalização, revela uma universalização de determinados padrões culturais locais, que alcançam uma predominância com relação a outros padrões locais. Desta forma, a compreensão da globalização passa pela percepção do significado de localização. O processo de globalização combina situações diferenciadas, de globalismo e localismo, somente avaliáveis por relações de poder temporal e espacial. Para Souza Santos,[410] ao lado do localismo globalizado, tido como o processo pelo qual determinado fenômeno local é universalizado com sucesso, deve-se considerar o globalismo localizado, definido como o impacto específico de práticas e imperativos globais nas condições locais, as quais são, por essa via, desestruturadas e reestruturadas de modo a responder aos imperativos

406 BARCELLONA, Pietro. *Le passioni negate:* globalismo e diritti umani. Troina: Città Aperta, 2001, p. 131.

407 BECK, Ulrich. *O que é globalização?* São Paulo: Paz e Terra, 1999, p. 59-120.

408 GIDDENS, Anthony. *Para Além da Esquerda e da Direita*. São Paulo: UNESP, 1996, p. 13.

409 JAMESON, Frederic. Globalization and political strategy In: *New left review*, 2000, n. 4: Oxford, Alden Press, p. 49-68.

410 SOUSA SANTOS, Boaventura (org.). *A globalização e as ciências sociais*. São Paulo: Cortez, 2002, p. 63-71.

transnacionais.[411] Exemplifica-se o globalismo localizado pelas áreas de livre comércio, ou zonas francas, e pela movimentação transfronteiriça de trabalhadores. Ilustra-se, por outro lado, o localismo globalizado pelo uso da língua inglesa como língua universal.[412]

Em que pesem as várias teorias que definem o termo "globalização", a versão econômica da globalização é relevante para a compreensão crítica do papel dos Estados na política do neoliberalismo.[413]

Após a Segunda Guerra Mundial, a integração da economia internacional mundializada aumentou, sendo identificadas duas fases: durante e após Bretton Woods. No período de Bretton Woods, até o início dos anos 70, as taxas de câmbio eram reguladas e havia controle sobre o movimento do capital. John Maynard Keynes e Harry White elaboraram os pormenores das arquiteturas de Bretton Woods, com a criação do Banco Mundial e o Fundo Monetário Internacional. O primeiro, para proporcionar recursos para o investimento em desenvolvimento econômico, e, o segundo, para corrigir os desequilíbrios internos das economias dos países desenvolvidos e subdesenvolvidos. O sistema Bretton Woods forçava a valorização produtiva do capital e o compromisso da política keynesiana com o pleno emprego. A OIT, neste período, adotava a Declaração de Filadélfia, com a aspiração comum e intenções cooperativas ao sistema de Bretton Woods, ao pretender melhorar a capacidade produtiva do mundo, com atenção especial aos países menos desenvolvidos. Em outras palavras, pretendia-se uma integração da política econômica e social, sendo que a participação da OIT fixava-se precisamente no âmbito social, do trabalho.[414]

O segundo período inicia-se por volta dos anos 70, quando se assiste ao desmantelamento do sistema Bretton Woods. Trocam-se os "anos dourados" da primeira fase do capitalismo industrial pelos "anos pesados", quando se verifica uma nítida deterioração dos índices

[411] O autor indica como resistência as duas formas de globalização o *cosmopolitismo e patrimônio comum da humanidade*. O último implica a idéia de sustentabilidade da vida humana na Terra, enquanto, por cosmopolitismo se compreende as atividades da sociedade civil que através de diálogos organizados mundialmente para a defesa de interesses percebidos como comuns, e de usarem em seu benefício as possibilidades de interação transnacional criadas pelo sistema mundial, como são por exemplo, os movimentos de massa, ONGs e associações que contestam a globalização hegemônica, realizados em Montreal, Gênova, Praga, Porto Alegre. SOUSA SANTOS, Boaventura (org). *A globalização e as ciências sociais*. São Paulo: Cortez, 2002, p. 71-2.

[412] Nos aspectos do trabalho, as noções de espaço e tempo e a globalização e suas diversas nuances implicam nos fenômenos da "deslocalização" do trabalho, trabalho à domicílio, terceirização, sistemas de produção "just in case" ou "just in time", trabalho temporário e trabalho parcial.

[413] COUTINHO, Jacinto Nelson de Miranda. Direito e Neoliberalismo no Brasil hoje. *Síntese trabalhista*, n. 100, v. 63, p. 142-50, out, 1997.

[414] OIT: La OIT y Bretton Woods: Una visón comum? Perspectivas. *Revista Internacional del Trabajo*, n. 113, 1994, p. 789-805.

macroeconômicos no mundo inteiro, tais como taxa de crescimento, produtividade, investimentos, além de uma crescente desigualdade social, com a criação de imensos oligopólios mundiais. É a chamada fase financeira da divisão internacional do trabalho.[415] Nesse segundo momento, atacam-se os direitos sociais, direta ou indiretamente, por fatores múltiplos: desregulamentação monetária, o fim da guerra fria, a reorganização dos sistemas de produção com as crises do petróleo de 1973 e 1979, a passagem do sistema de produção fordista para o sistema toyotista, e, um enfoque dos problemas sobre o prisma internacional. O fim da guerra fria deslocou o conflito Leste-Oeste, entre capitalismo e comunismo, para o conflito Norte-Sul, entre países desenvolvidos e países em desenvolvimento.

Pelo histórico do capitalismo pós-guerra, a globalização contemporânea pode ser descrita como uma enganosa expansão do "livre comércio" visto que o comércio, de fato, é definido pelas grandes empresas.[416] Mais, a justificação do livre comércio vem acompanhada de uma política que é usualmente definida por neoliberalismo. Assim, a globalização é simultaneamente fenômeno político e econômico, e seu significado ideológico opera-se por um discurso e prática das potências mundiais. Globalização é um fenômeno de reconstrução da ordem imperial mundial[417] e, ainda que alguns países resistam à gradual, mas firme imposição da agenda neoliberal, esta orientação econômica predomina nas diretrizes do jogo político.

Em sua origem nos países centrais, o neoliberalismo representa uma defesa do capital frente aos avanços dos direitos sociais conquistados pelas lutas sindicais. Essa reação contra o avanço da luta de classes, expressado por significativas vitórias jurídicas, é uma reação política, alçada aos planos teórico e filosófico desde o célebre encontro de Mont Pelèrin (Suíça), com a participação de Hayek, mentor do neoliberalismo, Milton Friedman e Karl Popper.[418] O neoliberalismo é uma nova concepção radical do capitalismo, que tende a absolutizar o mercado,[419]

---

415 A primeira fase da divisão internacional do trabalho corresponde à dicotomia entre os produtos manufaturados do centro e os produtos primários da periferia, com a Inglaterra como país capitalista hegemônico, isso até o século XX. POCHMANN, Marcio. *O emprego na globalização*. São Paulo: Boitempo Editorial, 2001, p. 138-9.

416 http://www.forumsocialmundial.org.br/portugues/biblioteca/textos/NoamChomsky.

417 FIORI, José Luís. *Os moedeiros falsos*. Petrópolis: Vozes, 1998, p. 242-51.

418 ANDERSON, Perry. Balanço do neoliberalismo. In: *Pós-neoliberalismo: as políticas Sociais e o Estado Democrático*. São Paulo: Paz e Terra, 1995. p 9-20.

419 GARCIA-PELAYO, Manuel. *Las Transformaciones del Estado Contemporáneo*. Madrid : 2ª ed. Alianza Universidad, 1993, p. 71-3. Pelayo usa o termo neocapitalismo como sinônimo de neoliberalismo. Sinale-se que este termo neocapitalismo foi usado pela primeira vez em 1932 pelos economistas norte-americanos A. A. Berle e G. C. Means, na obra "The modern corporation and private property" explicam os autores o neocapitalismo como a evolução do sistema capitalista para um novo tipo de estrutura social, onde predominam os cartéis, oligopólios, sindicatos patronais, e de trabalhadores, etc. O governo torna-se, neste contexto, mero aliado dos cartéis.

que assim se torna meio, método e fim de todo o comportamento humano racional. É a ideologia totalitária e absolutista do mercado, do ponto de vista econômico e, do ponto de vista político, é representado pelo consenso da democracia liberal, pelo Estado fraco, pelo primado de um judiciário seguro, "consensos" decorrentes de um consenso maior, o Consenso de Washington.

O receituário do Consenso de Washington, envolve diretrizes estabelecidas em uma reunião ocorrida em novembro de 1989, entre representantes do Fundo Monetário Internacional (FMI), Banco Mundial (BM) e Banco Interamericano de Desenvolvimento (BID), com especialistas em América Latina.

Nessa reunião, indicaram-se medidas que deveriam ser adotadas pelos países da América Latina para que estes pudessem ingressar na "modernidade" e, conseqüentemente, receber financiamento externo e auxílio para equilibrar suas economias. Os cortes recomendados incidiam sobre os gastos sociais, como educação, saúde, previdência. Seguia-se a venda do patrimônio público e empresas estatais à iniciativa privada com o fim, em tese, de diminuir o tamanho da estrutura administrativa oficial e, assim, equilibrar o déficit fiscal dos Estados latino-americanos. Estes mandamentos foram adotados e hoje já abandonados por muitos países centrais, em razão de se revelarem limitantes e contraproducentes. Nos países periféricos, a adoção destas indicações representou benefícios apenas para as classes dominantes. Para a maioria da população, implicou retrocesso jurídico e político, com o agravamento dos problemas sociais, que passam a ser ainda menos priorizados pelos Estados latino-americanos. A mobilidade do capital, desta forma, agrediu as políticas keynesianas e sua ênfase no pleno emprego.[420]

O neoliberalismo hoje existente não é senão o Estado do capital internacional que, por meio da derrota dos interesses sociais locais, impôs rupturas ou limitações aos pactos corporativos do pós-guerra. Souza Santos[421] entende que uma nova divisão internacional do trabalho, fundada no capital financeiro, é intrinsecamente relacionada com a noção política de liberalização, proposta pelo neoliberalismo. Portanto, o neoliberalismo[422] é um conceito complexo, que traduz um processo heterogêneo: do ponto de vista econômico, corresponde à fase de internacionalização do capital financeiro, ou seja, a mundialização[423] ou globalização do capital, e, no aspecto político, significa uma série de concessões do poder político ao poder do capital. O neolibera-

[420] GRAY, John. *Falso amanhecer: equívocos do capitalismo global*. Rio de Janeiro: Ed. Record, 1999, p. 298.

[421] SOUSA SANTOS, Boaventura (org). *A globalização e as ciências sociais*. São Paulo: Cortez, 2002, p. 19.

[422] Idem, Ibidem, p. 29.

[423] CHESNAIS, François. *A mundialização do capital*. São Paulo: Xamã Editora, 1996.

lismo influencia o comportamento de empresas e governos, favorecendo resultados econômicos de curto prazo e o combate à inflação, em detrimento do progresso econômico-social e das políticas de longo prazo dos estados nacionais.

Nesse cenário, há os que propõem uma avaliação trágica do capitalismo[424] e suas conseqüências sociais[425] e, por outro lado, os que sustentam uma reestruturação dos Estados e que uma suficiente proteção social é possível, mesmo com os problemas e disparidades gerados pela globalização e pelas políticas neoliberais. Castells[426] espelha a última tendência ao desenhar os Estados nacionais como nós da rede global, que, mesmo com pouca soberania econômica, não perderam a capacidade de intervenção. Para o autor, a capacidade de intervenção dos Estados nacionais depende da reconstrução democrática local, sublinhando-se os princípios da subsidiariedade, da flexibilidade administrativa e da participação cidadã.[427]

Observando-se os itens da pauta neoliberal que se colocaram como alternativa à crise global do capitalismo, o neoliberalismo sucede o Estado Social (*welfare state*) sem solucionar diversos impasses, como o crescente aumento da distância entre pobres e ricos. Aumenta-se a exclusão social com as medidas de desmonte lento e gradual do Estado Social em todos os países no qual foi implantado. Nesse ponto, as questões ligadas ao trabalho sofrem as conseqüências da mobilidade dos investimentos e da internacionalização do capital, requerendo um projeto de crescimento econômico sustentável. O Estado social, como produto histórico, foi duramente construído e mantido em seus fundamentos. Entretanto, no atual estágio o Estado social sofre os ataques da ideologia neoliberal, que fragmenta e precariza o mundo do trabalho.

A proteção do trabalhador resta um empecilho para as políticas neoliberais que impõem pautas de flexibilização e a desregulamentação do Direito do Trabalho. Simplesmente, a desregulamentação do Direito do Trabalho implica uma forma mais radical de flexibilização das normas trabalhistas, na medida em que o Estado retiraria toda a proteção normativa conferida ao trabalhador, inclusive quanto a garantias mínimas, permitindo que a autonomia privada, individual ou coletiva, regulasse as condições de trabalho e os direitos e obrigações advindos da relação de emprego. A flexibilização, em tese, anda na

424 BEINSTEIN, Jorge. *Capitalismo senil: a grande crise da economia global*. Rio de Janeiro: Record, 2001, p. 270-4.

425 FARIA, José Eduardo (org). *Direito e Globalização Econômica*. São Paulo: Malheiros, 1996, p. 127-60.

426 CASTELLS, Manuel. *O poder da identidade*. 3ª ed. São Paulo: Paz e Terra, 2001, p. 409-10.

427 CASTELLS, Manuel. Para o Estado-rede: globalização econômica e instituições políticas na era da informação. In: BRESSER PEREIRA, Luis Carlos; WILHEIM, Jorge; SOLA, Lourdes (org), *Sociedade e Estado em transformação*. São Paulo: UNESP, 1998, p. 151.

mesma direção da desregulamentação, mas numa via aparentemente menos agressiva ao trabalho.[428] A flexibilização pressupõe a intervenção estatal, ainda que para assegurar garantias mínimas ao trabalhador, direitos indisponíveis, porém relaciona-se a uma seleção de hipóteses em que necessidades de natureza econômica, tecnológica, política ou social justificariam a postergação dos direitos dos trabalhadores a fim de compatibilizar os interesses dos trabalhadores com os interesses dos empregadores, alterando-se, ou adaptando-se a relação entre o capital e o trabalho.

Para as correntes pró-flexibilização, existem moderações na qualidade e quantidade de flexibilização aceitável.

A flexibilização, para os que a admitem, deve comportar limites que respeitem a dignidade humana,[429] com uma concreta proteção aos bens que dizem respeito à personalidade do trabalhador, como vida e saúde, sobre os quais não se pode dispor. Alguns aceitam apenas a flexibilização nas negociações coletivas, outros, através do contrato individual do trabalho, sendo que esta é uma matéria sobre a qual os juristas e políticos não conseguem acordo, tanto na esfera interna, como na esfera internacional.

No debate sobre o papel regulatório do Estado sobre as questões relativas ao trabalho, é que se encontra um dos principais limites da aplicação do Direito Internacional do Trabalho, que deve ser compatibilizado com as tendências de proteção ao trabalho internas de um determinado país.

No campo político, portanto, a efetivação de uma maior proteção dos direitos do homem está ligada ao desenvolvimento global da civilização humana, à noção da democracia e do respeito às instâncias soberanas.

Na área do trabalho, a intervenção dos Estados nas relações laboriais se faz imprescindível. Algumas normas de proteção social do trabalhador, evidentemente, já alcançaram uma convergência no plano internacional como, por exemplo, a questão do trabalho escravo. Porém, para os Estados nacionais são razoáveis as preocupações quanto à imposição de padrões sobre os quais não haja consenso, por serem afeitos às questões domésticas, como é o caso dos salários.[430] E a

---

428 No Brasil, a Constituição Federal de 88 prevê a possibilidade de flexibilizações no âmbito do trabalho, de acordo com o art. 7º, inciso VI (irredutibilidade de salários,salvo o disposto em convenção ou acordo coletivo); inciso XIII (duração do trabalho normal não superior a oito horas diárias e quarenta e quatro semanais, facultada a compensação de horários e a redução da jornada, mediante acordo ou convenção coletiva de trabalho); inciso XIV (jornada de seis horas para o trabalho realizado em turnos ininterruptos de revezamento, salvo negociação coletiva). No plano da legislação infraconstitucional, aponta-se, para ilustrar a flexibilização já realizada a Lei n. 9. 601/98 (que flexibiliza a compensação horária), a possibilidade de trabalho a tempo parcial, entre outros.

429 MANNRICH, Nelson. *A Modernização do Contrato de Trabalho.* São Paulo: LTr, 1998, p. 72.

430 RODRIK, Dani. *Has globalization gone too far?* Washington: Institute For International Economics, 1995, p. 48.

OIT foi, e é, responsável por este patamar mínimo, este piso de direito mínimo sobre o qual revela-se um consenso transnacional.[431] O importante é que este consenso não seja apenas simbólico.[432]

É preciso lembrar que, em termos de proteção do trabalhador, estão em questão dois tipos de regulação: as normas internacionais devem ser, logicamente mais flexíveis que a legislação trabalhista de um determinado país, para se adaptarem às políticas de trabalho local de cada Estado signatário. Esta característica está presente desde o momento da elaboração das normas, processo lento, com a participação de todos os países-membros no momento da conferência internacional do trabalho, que funciona como uma grande assembléia legislativa no interior da OIT. Por óbvio, o ambiente de autonomia, que pressupõe a igualdade dos contraentes, prevalece. Participam, em sistema tripartite de negociação, representantes dos Estados, de empregados e empregadores. O processo normativo da OIT revela respeito à soberania de cada Estado-Membro, tanto na discussão e elaboração da norma, quanto na adoção da norma pelo signatário. Como foi pensado recentemente, se padrões trabalhistas ou "cláusulas sociais" fossem elaborados pela OMC, para serem aplicados no comércio internacional, o processo de normatização trabalhista não contemplaria a participação de todos os sujeitos (Estados, empregados e empregadores) interessados, o que geraria um "deficit" democrático desde o momento de confecção da norma que, num momento ulterior, poderia originar sanções ao país descumpridor.

Ao contrário, a legislação estatal, como é a hipótese da regulamentação brasileira,[433] é imbuída de um caráter regulador mais intenso, detalhado, heterônomo e imperativo, embora contemple possibilidades de negociação coletiva entre empregados e empregadores, e individual, para certos conteúdos. Na legislação nacional, é importante que haja um núcleo duro de matérias laborais de proteção ao trabalhador para que o trabalho, ou mais precisamente, a ganância do capital, não torne o trabalhador uma mera peça da engrenagem produtiva.

Isso significa que são distintos os planos de criação da norma e da vinculação dos Estados no plano internacional, o que deixa margem à discricionariedade do próprio Estado, quanto à conveniência da adoção, no plano interno, da norma internacional.

---

431 SARDEGNA, Miguel Angel. Considerações sobre a Teoria do "Direito do Trabalho Mínimo". Instituto dos Magistrados do Brasil. *Revista In verbis*, n. 20, ano 4, Brasília, 2000. Encarte.

432 DÄUBLER, Wolfgang. *Direito do Trabalho e Sociedade na Alemanha*. São Paulo: LTr, 1997, p. 301-6.

433 Recorda-se que a tradição brasileira é afeita à cultura romano-germânica que é predisposta à elaboração de leis, tendo, portanto, como característica, uma rigidez maior para a alteração das mesmas. Por outro lado, os países da família anglo-saxônica estão predispostos a fixarem a proteção do trabalhador, na sua maioria, através da negociação coletiva.

Apesar das distinções que foram feitas quanto à produção normativa nos planos interno e internacional, apresentam-se, na atualidade, movimentos opostos de tornar mais rígidos ou mais flexíveis os padrões de proteção ao trabalhador, tanto no plano interno, como no plano internacional.

Existe uma tendência a tornar as normas trabalhistas internacionais mais rígidas, incentivando seu caráter sancionatório, como revela o debate sobre as cláusulas sociais, por um lado; por outro lado, segundo tendência seguida pela OIT na Declaração de 1998, opta-se por normas trabalhistas mais flexíveis.

No plano do Direito interno, fala-se em crises do Direito do Trabalho nacional. Pretende-se, em alguns setores, manter as conquistas amparadas legalmente, enquanto noutros, reforça-se a possibilidade de negociar todo o conteúdo da relação de emprego,[434] revelando-se a tendência de amplo caráter flexibilizador.

Nesse sentido, uma leitura à luz dos fatos internacionais, é que a OIT, ao tratar os direitos humanos como princípios, estaria cedendo à pressão de flexibilização, fruto da globalização econômica, que exige apenas padrões mínimos de aplicação gradual. Parece que a OIT seguiu esta linha ao focar apenas alguns direitos-princípios como fundamentais.

Especificamente, no que tange às normas consideradas como direitos básicos no trabalho, pela OIT, é politicamente fundamental que os Estados nacionais cumpram os direitos mínimos. Não se trata de imposições de organizações internacionais que se aliam ao poder hegemônico capitalista, mas, especialmente, porque são direitos que já estão, muitas vezes, positivados na legislação interna, e são políticas que precisam sair da enunciação para o plano da concretização.

3.1.3. O Brasil e os limites políticos do direito internacional do trabalho: o caso da liberdade sindical

A efetivação dos direitos humanos dos trabalhadores no interior dos Estados é, sem dúvida, o principal limite político para a implementação das normas internacionais do trabalho, originadas na OIT. Utiliza-se, neste ponto, a situação do Brasil, como paradigma para ilustrar estes limites políticos da atuação da OIT. Analisam-se quais diretrizes políticas seriam indispensáveis para que o Brasil incrementasse a promoção dos direitos humanos dos trabalhadores, nos moldes descritos pela OIT.

[434] No Brasil, o exemplo é o discutido Projeto de Lei n. 5483/2001 que visa dar a seguinte redação ao artigo 618 da CLT: *As condições de trabalho ajustadas mediante convenção ou acordo coletivo prevalecem sobre o disposto em lei, desde que não contrariem a Constituição Federal e as normas de segurança e higiene do trabalho.*

Primeiramente, é importante destacar que o Brasil destaca constitucionalmente a prevalência dos direitos humanos.[435]

O Brasil cumpre a proteção trabalhista, do ponto de vista legislativo, no plano regional, ao participar do MERCOSUL, e, no plano multilateral, ao ser signatário de sete das convenções principais eleitas pela OIT como sendo *core labour*. Além disso, destaca-se por contemplar um extenso rol de direitos sociais, previstos na Constituição Federal.

A proteção ao trabalho está presente na Constituição Federal de 1988, manifestando-se como princípio fundamental, direito social em sentido estrito, fundamento da ordem econômica e base da ordem social, como se depreende da análise do texto constitucional. O trabalho revela-se, na Constituição Federal, como:

a) princípio fundamental do Estado Democrático de Direito, na expressão valores sociais do trabalho e da livre iniciativa, no art. 1º, inciso IV;

b) direito social e, portanto, direito fundamental, nos arts. 6º e 7º;

c) fundamento da Ordem Econômica na expressão valorização do trabalho humano e da livre iniciativa, conforme o art. 170;

d) base da Ordem Social na expressão "primado do trabalho", no art. 193.

Assim, o modelo constitucional brasileiro, longe de ser neutro em relação aos problemas das relações entre capital e trabalho, opta por ser um Estado interventor nesta esfera, o que é totalmente relevante para um Estado que é qualificado como Democrático de Direito.

No Brasil, todos os direitos fundamentais do trabalhador, proclamados pela OIT, em 1998, já estão contidos na Constituição brasileira: liberdade como ausência de trabalho forçado nos dispositivos do art. 5°, liberdade sindical no art. 8° (embora com certas limitações), proteção à infância na limitação ao trabalho anterior aos 16 anos de idade, e art. 227, direito à igualdade formulado genericamente no art. 5°, e, especificamente, no art. 7°, incisos XXX, XXXI e XXXII.

A questão sindical no Brasil merece uma maior atenção, do ponto de vista político. Os resultados completos da "Pesquisa Sindical 2001", lançados pelo IBGE,[436] revelam que, de 1991 a 2001, o número de sindicatos de trabalhadores no País cresceu 49%, enquanto o número

[435] No Brasil, por exemplo, as relações internacionais regem-se por: Art. 4° A República Federativa do Brasil rege-se nas suas relações internacionais pelos seguintes princípios. I – independência nacional; II – prevalência dos direitos humanos; III – autodeterminação dos povos; IV – não-intervenção; V – igualdade entre os Estados; VI – defesa da paz; VII – solução pacífica dos conflitos; VIII – repúdio ao terrorismo e ao racismo; IX – cooperação entre os povos para o progresso da humanidade; X – concessão de asilo político. Parágrafo único. A República Federativa do Brasil buscará a integração econômica, política, social e cultural dos povos da América Latina, visando à formação de uma comunidade latino-americana de nações. É importante frisar, que embora declare a importância do Direito Internacional, o Brasil não adotou a Convenção de Viena sobre Direito dos Tratados.

[436] Dados de 19. 02. 2003, capturados no site http://www.ibge.gov.br.

de associados apresentou um aumento de 22%, o que levou à redução do tamanho médio dos sindicatos (de 2.104 para 1.720 associados). Em dez anos, a negociação direta entre os trabalhadores e empregadores se fortaleceu. A participação das convenções e acordos coletivos cresceu significativamente, passando de 58%, em 1991, para 81%, em 2001. Por outro lado, a participação dos dissídios coletivos, no período, caiu de 33% para 12% do total de negociações. A pesquisa, realizada em convênio com o CODEFAT/Ministério do Trabalho e Emprego (MTE), revela ainda o crescimento da participação das mulheres nas diretorias sindicais, os cursos de qualificação de mão-de-obra voltados para os trabalhadores, a representação dos sindicatos nos locais de trabalho e o número de sindicatos ligados às centrais sindicais, dentre outras informações. O número de sindicatos continua crescendo, mas em ritmo menos acelerado. Entre 1991 e 2001, o número total de sindicatos teve taxa de crescimento médio anual de 3,3%, enquanto entre 1987 e 1991, a taxa anual foi de 4,2%. Entre 1990 e 2001, a taxa de sindicalização de trabalhadores, em geral, pouco variou: em relação à população economicamente ativa, ela caiu de 25%, em 1990, para 23%, em 2001.

Em termos políticos, a crítica que deve ser feita ao Brasil é que não foram adotados os princípios da liberdade sindical plena contidos na Convenção n. 87, da OIT, porque esta Convenção não foi ratificada, e, portanto, não possui "status" de norma interna. É problemática a assunção pelo Brasil dos princípios da liberdade sindical ampla formulados na Convenção n. 87, via Declaração de 1998, visto que o princípio da unicidade sindical, enunciado no art. 8º, da Constituição Federal, indica a ausência de pluralidade sindical, o que é, portanto, uma restrição à liberdade sindical.[437]

Com a Declaração de Princípios Fundamentais, de 1998, o Brasil passa a ter, no mínimo, uma posição desagradável, que sinaliza o inevitável debate sobre o teor do art. 8º da Constituição, em confronto com a Convenção n. 87 da OIT. A superação da incongruência entre estas normas de direito interno e internacional, continua, ao mesmo tempo, um limite para a aplicação dos direitos humanos no trabalho, fixados pela OIT, no Brasil, e, um desafio para o futuro.

Em síntese, o Brasil precisa aprimorar as relações de trabalho, questão que merece extremo cuidado e amplos debates entre trabalhadores e empregadores. Os sindicatos devem ser incentivados a atuarem mais eficazmente na elaboração de normas coletivas, com o fortalecimento dos próprios sindicatos e da liberdade sindical. A qualificação da mão-de-obra exige um redimensionamento na educação profissional, prioridade absoluta diante da crescente competitividade que

---

[437] SUSSEKIND, Arnaldo. Influencia de las normas de la OIT en el Brasil. *Revista Internacional del Trabajo*, v. 103, n. 3, 1984, p. 341-57.

requer formação eficaz e eficiente,[438] com a revisão, ampliação e melhor monitoramento dos programas governamentais existentes.[439]

Para finalizar, a partir dos problemas políticos do Brasil para implementação dos direitos humanos do trabalho enunciados pela OIT, pode-se concluir que os limites de atuação da OIT existem, mas não são insuperáveis. Existe o consenso de que a decisão do Estado é fator preponderante para a garantia dos direitos humanos dos trabalhadores, especialmente no sentido de que o trabalho escravo e o trabalho infantil sejam erradicados, com a maior urgência, e que, a tutela da liberdade e a promoção da igualdade, que decorrem dos próprios comandos constitucionais, sejam efetivadas. Os direitos humanos proclamados globalmente pela OIT estão de acordo com o que é declarado localmente, no caso do Brasil.

O conteúdo dos direitos humanos como sendo o "direito a ter direitos",[440] no caso do trabalhador, depende tanto de um Estado interventor na área social, como de uma organização internacional, como a OIT, que seja politicamente influente no encorajamento das boas práticas e dissuasão daquelas que atentam contra a dignidade do trabalhador.

3.2. LIMITES ECONÔMICOS DO DIREITO INTERNACIONAL DO TRABALHO

O mercado,[441] com suas leis de oferta e procura, tem norteado decisões políticas que elegem uma menor intervenção do Estado nacional. Os Estados nacionais aceitam regulações supranacionais, das quais não podem fugir, num período de globalização econômica. Nesse contexto, o enfoque da Economia Política adquire relevância para tratar os temas conexos com a relação de trabalho. Neste sentido, todo o direito internacional, num panorama de fim de guerra fria, passa de direito de coexistência para direito de cooperação econômica, baseada em regras internacional para a promoção de interesses das nações.[442]

438 POCHMANN, Marcio. *O emprego na globalização*. São Paulo: Boitempo, 2001, p. 138-9.

439 *Programa de Geração de Emprego e Renda* (PROGER); o *Programa Nacional de Qualificação do Trabalhador* (PLANFOR); o *Programa de Expansão do Emprego e Melhoria da Qualidade de Vida do Trabalhador* (PROEMPREGO); além do *Serviço Nacional de Aprendizagem Industrial* (SENAI) e o *Serviço Nacional de Aprendizagem Comercial* (SENAC).

440 ARENDT, Hannah. *Origens do Totalitarismo: anti-semitismo, imperialismo, totalitarismo*. São Paulo: Cia. das Letras, 1990, p. 300.

441 Mercado é um meio de produção e distribuição de bens, organização decisiva do capitalismo. HEILBRONER, Robert. *El capitalismo del siglo XXI*. Barcelona: Ediciones Península, p. 23.

442 LAFER, Celso. *A OMC e a regulamentação do comércio internacional: uma visão brasileira*. Porto Alegre: Livraria do Advogado Editora, 1998, p. 19.

Isso também ocorre com o Direito Internacional Econômico e Direito Internacional do Trabalho.

Mas o modo de tematizar as relações entre economia e direito internacional do trabalho pode variar de um extremo, em que se consideram os direitos humanos como ferramentas a serem usadas para finalidades econômicas, de um lado, e, de outro, a visão de que sem os direitos humanos, especificamente, os direitos humanos dos trabalhadores, a economia perde suas bases éticas.

No primeiro sentido, coloca-se a teoria de Steve Charnovitz.[443] Ele compreende que o direito do comércio internacional deve-se tornar mais semelhante aos direitos humanos, no sentido de garantir os indivíduos.

Entende que o modelo hoje existente trata os Estados como entidades de comércio, mas deveria facultar aos indivíduos a possibilidade de demandar direitos comerciais, em organizações internacionais. Por outro lado, direitos humanos, por influência do direito comercial internacional, aprofundariam o sistema de aplicação de normas, evoluindo para a fixação de penalidades para hipóteses do descumprimento destas. Esta posição de Charnovitz é amplamente controvertida.

Na visão de Amartya Sen,[444] não seriam os direitos do comércio que seriam alçados à posição de direitos humanos, mas estes é que determinariam o conteúdo daqueles. Em outros termos, o relacionamento entre Direito Internacional Econômico e Direito Internacional do Trabalho seria de coordenação daquele por este, na medida em que é necessário redescobrir as bases éticas da economia. Nestes termos, o direito não seria simples instrumento da economia, mas deveria ser permeado por uma moralidade social de reciprocidade, moralidade esta que se expressa da forma mais nítida no direito do trabalho.

Desta forma, no plano deste capítulo, segue-se um exame relativo aos elementos definidores da economia capitalista. Verifica-se como a recente evolução dos seguintes fatores, a saber, produção de bens, valor da força de trabalho e busca desenfreada de lucros, teve como efeitos o aviltamento do trabalho como valor, o que acabou por limitar o papel das normas de Direito Internacional do Trabalho.

3.2.1. O Capitalismo, valor-trabalho e as alterações estruturais da economia

Define-se capitalismo[445] como um modo particular de produção, uma ordem social em movimento. O capitalismo é caracterizado por

[443] CHARNOVITZ, Steve. The global market as friend or foe of human rights. New York: *Brooklyn Journal of International Law*, abril., 1999.

[444] SEN, Amartya. *Sobre ética e economia*. São Paulo: Companhia das Letras, 1999, p. 104-5.

[445] O termo *capitalismo* foi introduzido na língua inglesa no século XIX, na obra de Arnold Toynbee sobre a Revolução Industrial. A palavra não existia no tempo de Adam Smith e Marx

conjuntos de esquemas institucionais e comportamentais definidos por: produção de bens, orientada pelo mercado; propriedade privada dos meios de produção e um grande segmento da população assalariada; comportamento individualista, aquisitivo, maximizador, da maioria dos indivíduos dentro do sistema econômico.[446]

A partir desses elementos, formula-se a tese de que, numa economia globalizada, o capitalismo sem limites, que gera miséria de muitos e riqueza de poucos, está em crise. Na passagem do liberalismo para o neoliberalismo, o primeiro elemento do capitalismo, produção de bens, passa para segundo plano, já que o capital originalmente utilizado como meio para aumentar a produção passa a ser considerado um fim em si mesmo, apoiado pela total financeirização da economia.O segundo indicativo de crise é que a produção, paradoxalmente, pode dispensar grande contingente de trabalho humano. Ou seja, a crítica formulada contra o capitalismo porque explorava o trabalho deve incluir a hipótese de que o trabalho não esteja sendo considerado, nem sequer, como fator produtivo.

Um terceiro aspecto que se evidencia da crise do capitalismo é a ausência de limites para a ambição do capital. Esta ambição é autodestrutiva e gera tanta pobreza e exclusão pelo subsenvolvimento econômico, que põe em risco o próprio capitalismo, como sistema econômico.

Analisam-se cada um destes aspectos do capitalismo, demonstrando-se o desequilíbrio do sistema produtivo e seus efeitos para o mundo do trabalho.

3.2.1.1. Do liberalismo ao neoliberalismo: a crise da produção de bens

Adam Smith[447] (1723-1790), como o primeiro pensador a ressaltar a importância dos mercados livres, entendia que os cidadãos, ao buscarem seu bem-estar sem restrições, determinariam o funcionamento eficiente da economia. As idéias de Smith exerceram influência na vida econômica ocidental, forjando políticas liberais. O mercado é livre, autônomo e independente de qualquer atuação estatal específica. Trata-se do regime político e econômico baseado na Revolução Francesa, de 1789, inspirado nos princípios liberais e individualistas, e que,

somente a utilizou em correspondências. HEILBRONER, Robert. *El capitalismo del siglo XXI.* Barcelona: Ediciones Península, 1999, p. 43.

446 HUNT, E. K. *História do Pensamento econômico: uma perspectiva crítica.* 7ª ed. Rio de Janeiro: Ed. Campus, 1981, p. 25-9.

447 Smith, através do livro "A Riqueza das Nações", expunha a origem da riqueza e da prosperidade, refutando a idéia dos fisiocratas, que admitiam ser a terra a única fonte de riquezas da economia. Acrescentou que as relações econômicas seriam seguidas pela chamada "mão invisível do mercado", ou seja, pelas leis basilares da oferta e da procura, impulsos naturais que deveriam ser explorados pelos Estados.

mais tarde, serão reafirmados pela Revolução Industrial, na segunda metade do séc. XVIII.

Em termos gerais, o liberalismo econômico caracteriza-se pela intervenção mínima do Estado na economia. Seus pilares são a propriedade privada e a economia de mercado. Adam Smith, portanto, sistematizou o pensamento liberal e influenciou, decisivamente, governos do século XIX.

Os homens são concebidos livres e autônomos em suas relações, podendo contratar sem limitações estatais, segundo a máxima da autonomia da vontade.[448] A liberdade de trabalho resulta do fato de que ninguém pode ser obrigado a trabalhar para outrem.[449] Universaliza-se a titularidade dos direitos civis e presume-se o homem, por força de seu status individual, como o participante da concorrência econômica, em condições de proteger-se a si mesmo. Pretende-se que haja distância e neutralidade do Estado em relação aos indivíduos.[450] Ancorada na liberdade formal,[451] a economia deu origem a um processo de institucionalização da exploração humana e o crescimento das desigualdades sociais. As estruturas das empresas passam de organizações nucleares e familiares para instituições societárias de grandes proporções, que originam uma economia monopolista. Aos poucos, a capacidade de contratação do indivíduo esbarraria diante do poderio econômico de uma burguesia em crescimento.

O Estado Liberal revelou-se, na realidade, promotor da desigualdade social, e a "mão invísivel" do mercado não se tornou o paraíso da concorrência perfeita, na medida em que as grandes empresas estabeleciam os preços e as condições das relações econômicas.

A grande depressão, na década de 30, mostra os limites do liberalismo[452] e a necessidade de um Estado interventor. Sob a influência de John Maynard Keynes, o Estado Moderno passou, de ordenador a regulador.[453] O Estado intervencionista, porém, cresceu desmesura-

---

[448] A Lei *Le Chapelier*, de 14 e 17 de junho de 1791, na França, proibiu, sob pena de multa e prisão que houvesse reunião dos operários para fixar o valor dos serviços. TRINDADE, JOSÉ Damião de Lima. *História Social dos Direitos Humanos*. São Paulo: Peirópolis, 2002, p. 59.

[449] Trata-se da idéia de Locke do individualismo proprietário: "Cada homem tem uma propriedade em sua própria pessoa. A esta ninguém tem direito senão ele mesmo. O trabalho do seu corpo e a obra das suas mãos, pode dizer-se, são propriamente dele." LOCKE, John. *Segundo tratado sobre o governo civil*. São Paulo: abril 1973, p. 27. Coleção Os Pensadores.

[450] ROTH, André Nöel. O direito em crise: fim do Estado Moderno. In: FARIA, José Eduardo. (org) *Direito e globalização econômica: implicações e perspectivas*. São Paulo: Malheiros, 1988, p. 16-19.

[451] MARSHALL, Theodor H. *Cidadania, Classe Social e Status*. Rio de Janeiro: Zahar, 1967, p. 75-80.

[452] KENWOOD, A. G. and LOUGHEED, A. L. *The growth of the internacional economy*. 1820-2000. 4ª ed. London: Rouledge, 1999, p. 335-40.

[453] ROTH, André Nöel. O direito em crise: fim do Estado Moderno. In: FARIA, José Eduardo. (org) *Direito e globalização econômica: implicações e perspectivas*. São Paulo: Malheiros, 1988, p. 16-19.

damente e não conseguiu cumprir suas promessas, o que incentivou o ressurgimento do liberalismo.

Fundam-se, portanto, a partir da década de 1980, as bases de um Estado neoliberal, enfatizando a economia de mercado, que se torna mais problemática com a realidade da globalização e da financeirização da economia.

Pontos de similitude entre o liberalismo do capitalismo clássico e o atual que são bem descritos por Furtado,[454] principalmente pelo escapismo das empresas quanto à ação reguladora do Estado e pelo modo de capitalismo baseado nas exportações e nos investimentos no estrangeiro. Nesse final de século XX e início do século XXI, como sublinha Fiori,[455] o liberalismo possui algumas conotações distintas do original. Primeiramente, o atual liberalismo pretende ter uma cientificidade que, de fato, inexiste.

Fala-se em "teoria dos jogos", eficiência, expectativas racionais, que justificam o discurso neoliberal, desde os anos 70-80, na Inglaterra. Uma segunda diferença é a abertura e desregulamentação generalizada dos mercados. A derrota comunista e os novos liberais do Leste europeu autorizam uma universalização hegemônica do pensamento neoliberal, aparece como uma terceira diferença importante entre o neoliberalismo atual e o liberalismo dos séculos anteriores. A quarta diferença diz respeito ao que o liberalismo hoje vem propagado como "novo modelo de desenvolvimento" para os países de industrialização tardia.

O Estado neoliberal é atacado pelo chamado parasitismo financeiro, que impede a própria sobrevivência do capitalismo atual, no qual as preocupações econômicas, saíram exarcebadamente dos limites da produção de bens.[456] Nisto há uma crescente fragilização da economia mundial, preços altos, queda das taxas de crescimento econômico, endividamento dos países ricos e subdesenvolvidos, bem como o desemprego em massa.

Com o neoliberalismo, cai por terra o mito do trabalhador livre, que podia, autonomamente, vender sua força de trabalho no mercado, para o comprador que fizesse a melhor oferta. O contexto de financeirização da economia e crescimento do desemprego estrutural coloca o trabalhador em uma situação de absoluta marginalidade econômica, na medida em que a sua "mercadoria", a força de trabalho, torna-se dispensável no novo estágio do capitalismo.

---

454 FURTADO, Celso. *O capitalismo global*. São Paulo: Editora Paz e Tera, 2000, p. 29.

455 FIORI, José Luís. *Moedeiros Falsos*. 4ª ed. Petrópolis: Vozes, 1998, p. 213-215.

456 BEINSTEIN, Jorge. *Capitalismo senil: a grande crise da economia global*. Rio de Janeiro: Record, 2001, p. 132-43.

3.2.1.2. *A crise do valor-trabalho: a exclusão dos trabalhadores*

Outro elemento definidor do capitalismo que está em crise é a existência de uma numerosa classe trabalhadora.[457] Reflete-se na crise do valor-trabalho e as teorias a respeito do valor do trabalho humano.

No capitalismo, o valor dos produtos do trabalho humano são dados por duas razões distintas: valor de uso e de troca.[458] Quando uma mercadoria é avaliada por seu uso, na satisfação das necessidades, diz-se que tem valor de uso. Na medida em que os produtos têm valor, porque podem ser trocados por moeda, diz-se que eles têm valor de troca. Na produção de mercadorias, a atividade produtiva de um trabalhador não tem qualquer ligação direta com seu consumo, que é mediado pela troca e pelo mercado. As relações sociais de consumo também são mediadas pelo mercado, levando o indivíduo a interagir somente com a instituição social impessoal do mercado, o que reduz a interação do indivíduo com mercadorias, das quais depende para a satisfação de suas necessidades.

Adam Smith[459] afirmou que o pré-requisito para qualquer mercadoria ter valor era que ela fosse o produto do trabalho humano.

A teoria do valor-trabalho estabelece que o valor de troca de uma mercadoria é determinado pela quantidade de trabalho contido nesta mercadoria, mais a alocação relativa, em diferentes ocasiões, da mão-de-obra indireta (o trabalho que produziu os meios usados na produção da mercadoria) e da mão-de-obra direta (o trabalho que usa os meios para a produção da mercadoria) requerida para a produção.

O ponto de partida da teoria do valor-trabalho é que o processo de produção pode ser reduzido a uma série de esforços humanos. O trabalho, porém, é o primeiro preço, o dinheiro da compra inicial de todas as coisas. Toda a riqueza do mundo dependia do trabalho.

David Ricardo reconhecia o fato de que a contribuição das máquinas para a produção decorria do trabalho passado. Porém, via toda a história anterior, simplesmente, como o desenvolvimento das instituições do capitalismo, não reconhecendo que a característica do capital era refletir uma determinada relação social. Para David Ricardo, o trabalho é a única fonte de valor e tem direito a uma recompensa integral por seus esforços.[460]

---

457 Locke já identificava o valor econômico do trabalho: "O trabalho é que provoca a diferença de valor em tudo quanto existe. (...) Se avaliarmos exatamente tudo quanto nos chega às mãos para nosso uso e calcularmos as diversas despesas correspondentes, tanto o que se deve tão-só a natureza quanto o que se atribui ao trabalho, verificaremos que em muitos deles, noventa e nove centésimos têm-se de levar à conta do trabalho." LOCKE, John. *Segundo tratado sobre o governo civil.* São Paulo: abril, 1973, p. 40. Coleção Os Pensadores.

458 AVELÃS NUNES, A. J. *Economia Política.* Introdução à História da Ciência Económica e do pensamento econômico. Coimbra: Alamedina, 1999, p. 177-89.

459 HUNT, E. K. *História do Pensamento econômico: uma perspectiva crítica.* 7ª ed. Rio de Janeiro: Ed. Campus, 1981, p. 69-70.

460 MACKENZIE, Norman. *Breve história do Socialismo.* Rio de Janeiro: Zahar, 1967, p. 31.

O valor-trabalho, em Marx, é uma necessidade. Por isso colocou esta teoria no centro de sua análise econômica. Marx[461] considera a inserção do trabalho num espaço no qual a economia é concebida como forma de reprodução das condições materiais da vida humana. Ou seja, o modo de produção abrange tanto o estado das forças produtivas e as formas de apropriação do meio de produção, quanto as relações sociais entre os homens, que surgem da mediação do processo de produção.[462]

Esta concepção de Marx, do trabalho-valor, desapareceu com a concepção econômica financeira do mercado.[463] A teoria do valor trabalho de Marx vincula-se à razão reprodutiva da vida, enquanto na versão econômica do mercado, o trabalho relaciona-se apenas à razão instrumental, de Max Weber. Ou seja, na modernidade, o trabalho não é mais uma necessidade imposta pela natureza, mas a lógica da necessidade foi invertida. Se na época pré-moderna o trabalho tinha um valor de subsistência, porque gerava bens, que possuíam valor de uso, na época moderna se privilegia o valor de troca dos bens, que se transformam, assim, apenas em mercadorias. A mercadoria pré-moderna pertence à fase de uma economia não-monetária, na qual a sociedade, como um todo, não era nenhum sistema produtor de mercadorias, e o trabalho, que produzia mercadorias, permanecia dentro do horizonte social do valor de uso: era uma produção destinada à troca de produtos concretos. A mercadoria extinguia-se no valor de uso, apesar de passar pelas abstrações do processo de troca no mercado.[464] Na fase moderna, sublinha-se o valor de troca, tanto dos bens produzidos, como do trabalho. O processo de produção deixou de "extinguir-se no valor de uso", apresentando-se como automovimento do dinheiro, como transformação de certa quantidade de trabalho morto e abstrato em outra quantidade maior de trabalho também morto e abstrato (mais-valia) e, com isso, transforma-se naquela atividade que traz em si sua própria finalidade. O trabalho vivo aparece apenas como expressão do trabalho morto, e não como forma socialmente mediada por concretos valores de uso.

Assim, o capital estabelece uma lógica própria, com a imediata adequação às novas situações que se sucedem. Nas crises cíclicas que atingem o capital, este mostra seu poder de sobrevivência e adaptação, inclusive dispensando o trabalho. Há um avanço inexorável do capital

461 DOBB, Maurice. *Teorias do valor e distribuição desde Adam Smith*. Lisboa: Editora Presença, 1973, p. 188-94.

462 DOBB, Maurice. *A evolução do capitalismo*. 7ª ed. Rio de Janeiro: Editora Guanabara, 1987, p. 17-8.

463 FIUZA DE MELLO, Alex. *Marx e a globalização*. São Paulo: Boitempo, 1999. Nesse ponto, Marx teve uma brilhante antecipação do capitalismo globalizado de hoje.

464 KURZ, Robert. *O colapso da modernização: da derrocada do socialismo de caserna à crise da economia mundial*. 2ª ed. São Paulo: Paz e Terra, 1993, p. 26-30.

em expansão sobre o globo terrestre, que, com velocidade, atinge todas as bolsas de valores do mundo, num espírito de acumulação desmedida, em franca restrição ao trabalho, como força produtiva.

A crise nas relações de produção surge das transformações sociais[465] causadas pela crise do sistema econômico mundial, das décadas de 70 e 80.

As grandes empresas reagiram à estagnação da produção de bens e à alta inflação de preços e inovam em novas formas de coordenação da produção. Na nova era da informação, mudam os sistemas organizacionais até então vigentes. Empreendimentos econômicos modificam o sistema de produção homogêneo. Propicia-se a emergência de estruturas produtivas flexíveis, diferenciadas e integradas. Introduzem-se novos padrões de eficiência, que provocam o deslocamento da produção de matérias-primas estratégicas para os novos processos de escalas mundiais de produção. Sistemas de coordenação em escala global propiciam a flexibilização geográfica da produção industrial e da prestação de serviços. Chama-se este novo paradigma, que tem como base o emprego direto da ciência na expansão de máquinas autodirigidas, "modelo de produção pós-fordista."

Segundo Faria,[466] tal revolução gera, ao mesmo tempo, organizações avançadas, intensivas em tecnologia, que exigem trabalhadores de alta qualificação, ao lado de empregados sem maiores qualificações, que fazem as tarefas mais simples.

Diante de um Estado fraco e do trabalho desvalorizado, a economia de mercado neoliberal abala as conquistas das massas trabalhadoras a favor das empresas que controlam as novas tecnologias, evidenciando a crise nas relações de produção.

Com uma crescente possibilidade de contratação e remuneração nos países periféricos, as estruturas produtivas flexíveis provocaram a heterogeneização das relações salariais nesses países, aumentaram o desemprego dos trabalhadores menos qualificados, propiciando a "desradicalização" das demandas operárias, apresentadas pelo sindicalismo tradicional baseado em trabalhos de estilo fordista-taylorista. A revolução tecnológica informacional altera as estruturas sociais e modifica o processo de trabalho por meio do qual as sociedades produzem, distribuem, consomem, comunicam e exercem o poder. Os conteúdos e a direção dessa mudança são tão complexas que fazem com que o trabalhador não compreenda o processo histórico e, por conseguinte, diminua sua capacidade política de atuar sobre ele, rememorando o conceito de alienação, de Marx.

---

465 FARIA, José Eduardo. *O direito na economia globalizada*. São Paulo: Malheiros, 1999, p. 61-91.

466 Ibidem, p. 77.

Desestrutura-se o trabalho, principalmente, pelo desemprego em massa.

É árduo, para os Estados nacionais, o resguardo dos valores sociais do ordenamento jurídico, sob pena de total aniquilamento do trabalho.[467] Isso porque o sistema econômico capitalista pressupõe a existência de mercado consumidor interno, e, portanto, requer a inclusão do potencial de consumo dos trabalhadores empregados.[468] Ademais, não é impossível que a financeirização da economia não venha excluir do processo produtivo, num futuro, não distante, os próprios consumidores. Como nos ensina Ricardo Antunes,[469] é "uma abstração imaginar consumo sem assalariados", ou seja, o capitalismo seria suicida se dispensasse o trabalho como fator produtivo.

2.2.1.3. O neoprotecionismo e o trabalho como vantagem comparativa

O comportamento individualista, aquisitivo, maximizador que é constitutivo do capitalismo, levado aos extremos, em uma economia neoliberal, é traduzido pelo protecionismo de mercado dos países ricos.

O capitalismo global pressupõe dois movimentos: o que prega o mercado livre para os países em via de desenvolvimento e, por outro lado, o protecionismo do mercado dos países desenvolvidos, com um Estado forte, que protege suas indústrias, seu comércio e sua agricultura.

O protecionismo dos mercados ricos tenta se fundamentar na teoria econômica das vantagens comparativas, que encontra, entretanto, oposição pelas teorias econômicas do desenvolvimento.

Este debate entre vantagens comparativas e desenvolvimento ressurge, na prática, com uma espécie de neoprotecionismo dos mercados dos países ricos, que se tem encoberto pelo discurso do "*dumping* social".

A teoria sobre a riqueza das nações, de Adam Smith, foi complementada pela obra de David Ricardo, que, adotando os princípios de Smith quanto ao Estado, que não deveria intervir nas relações privadas, formulou teses sobre a liberdade do comércio entre as nações, e foi

---

[467] Nesse sentido, veja-se GHERSI quando trata da crise do Estado de bem-estar. In: GHERSI, Carlos Alberto. *La posmodernidad jurídica* (una discusión abierta). Buenos Aires: COWA Ediciones Profesionales, 1999, p. 21.

[468] Pietro Barcelona assinala que a inserção social do sujeito se dá pela possibilidade de acessar os bens do mercado. Assim há, no direito moderno, a passagem de proprietário, como titular de poder, para o proprietário consumidor. Pode-se deduzir, de suas reflexões, que a alienação pelo trabalho, segundo uma vertente marxista, é superada pela alienação pelo consumo. BARCELONA, Pietro. *El individualismo propietario*. Madrid: Editorial Trotta, 1996, p. 113.

[469] ANTUNES, Ricardo. *Os sentidos do trabalho*, São Paulo: Boitempo Editorial, 2ª ed., 2000, p. 120. Ademais, sinala o autor, as sociedades de terceiro mundo estão longe da possibilidade do chamado "Ócio Criativo" explicado por Domenico de Masi.

um ferrenho crítico das medidas protecionistas. Ricardo entendia que a riqueza do país não seria conseguida pela prática de medidas que protegessem a atividade econômica, mas o progresso das nações seria conseguido pela especialização naquilo que elas melhor produzissem. Trata-se da teoria das vantagens comparativas, aliada à tese de uma divisão internacional do trabalho. Pela teoria das vantagens comparativas, a produção de bens de um determinado país é maximizada pela melhor distribuição do trabalho, produzindo, cada país, aqueles bens, aos quais, por sua situação, seu clima, e por outras vantagens naturais ou artificiais, é mais adaptado. Estes bens podem ser trocados por mercadorias de outros países, com o que o país adquire uma elevação na taxa de lucros. A formulação clássica da teoria das vantagens comparativas, de David Ricardo, define os princípios que regem a divisão internacional do trabalho, dentro de uma ampla liberdade de comércio para os países. A teoria das vantagens comparativas é formulada de modo que se considere como vantagem "natural" ou "adquirida" de certos países, na produção de algumas mercadorias, que se traduzem em menores custos e menores preços para os consumidores.[470]

O problema é identificar como vantagens comparativas os custos do trabalho. Um país com menor custo de trabalho, nestes termos, teria maior "vantagem comparativa" sobre os demais. A afirmação não é de todo verdadeira. Numa economia baseada em produção de larga escala, com altas tecnologias e informação, não serão apenas os custos do trabalho que decidem o sucesso, ou não, de um empreendimento. Existem outras vantagens comparativas, tais como a abundância dos recursos naturais, a localização geográfica, a organização da sociedade e suas raízes históricas.

Aliás, é, justamente, no ponto de vista histórico, que se situa a propensão a que certas economias se desenvolvam mais do que outras. De um ponto de vista geral, durante as fases do capitalismo, foram divididas as tarefas econômicas de determinados países, no contexto mundial. Trata-se de identificar as fases da divisão internacional do trabalho.

A primeira fase da divisão internacional do trabalho corresponde à dicotomia entre os produtos manufaturados do centro e os produtos primários da periferia, com a Inglaterra como país capitalista hegemônico, isso até o século XX.[471] Em que pese a aparente igualdade entre os países, a especialização dos exportadores era ditada pelo centro industrializado. Os últimos acumulavam capital, enquanto os primeiros

[470] SINGER, Paul. *Aprender economia*. São Paulo: Ed. Contexto, 2000, p. 122-3.

[471] KENWOOD, A. G. and LOUGHEED, A. L. *The growth of the internacional economy*. 1820-2000. 4. ed. London: Rouledge, 1999, p. 335-40.

ficavam sempre mais dependentes em economias de subsistência. A periferia se define a partir do centro (atualmente Estados Unidos, União Européia e Japão), situando-se, geralmente, no sul e na longitude oriental (América Latina, África e Ásia).[472]

A segunda divisão internacional do trabalho traz os Estados Unidos como nação hegemônica, embora num cenário de guerra fria. Alguns países periféricos, com apoio de uma ordem econômica favorável ao padrão de produção americano, avançaram na implantação de sistemas industriais. A partir dos anos 70, os Estados Unidos perdem a condição hegemônica pelo surgimento de outras nações, com a mesma capacidade regulatória. Surge uma nova fase tecnológica, em que os investimentos produtivos são contidos em favor do capital especulativo.

A especialização internacional do trabalho, de acordo com as vantagens comparativas, produziu dependência e exploração. Os países que se especializaram na produção primária ficaram dependentes dos países industrializados. Houve apenas o crescimento de diferenças e relações de desigualdade entre os países, ao contrário do que pretendia a teoria das vantagens comparativas.

Marx explica esta dinâmica entre a divisão do trabalho e desenvolvimento:

> As relações entre umas nações e outras dependem do estado de desenvolvimento em que se encontra cada uma delas no que concerne às forças produtivas, à divisão do trabalho e ao intercâmbio interno. Tal princípio é em geral reconhecido. Entretanto, não apenas a relação de uma nação com outras, mas também toda a estrutura interna desta mesma nação, depende do grau de desenvolvimento de sua produção e de seu intercâmbio interno e externo. O quanto as forças produtivas de uma nação estão desenvolvidas é mostrado da maneira mais clara pelo grau de desenvolvimento, atingido pela divisão do trabalho. Na medida em que não se trata de simples extensão quantitativa de forças produtivas já conhecidas, cada nova força produtiva tem como conseqüência um novo desenvolvimento da divisão do trabalho.[473]

Em síntese, qualquer enfoque que se dê a respeito de desenvolvimento econômico, devem ser levados em conta fatores históricos da divisão internacional do trabalho e sua relação com o desenvolvimento dos países ditos ainda em via de desenvolvimento.

A este respeito, segundo Singer,[474] sinteticamente, existem três tipos de teorias econômicas que explicam o desenvolvimento: as teorias de fundo marginalista, de fundo marxista e de dependência.

As teorias de fundo marginalista desenvolvem a tese de que os países subdesenvolvidos estão mergulhados no ciclo vicioso da pobreza porque lhes falta capital, e a necessidade de capital estrangeiro é

---

472 BEINSTEIN, Jorge. *Capitalismo senil: a grande crise da economia global.* Rio de Janeiro: Record, 2001, p. 43.

473 MARX, Karl; ENGELS, Friedrich. *A ideologia alemã (Feurbach).* 6 ed. São Paulo: Editora Hucitec, 1987, p. 28-9.

474 SINGER, Paul. *Aprender economia.* São Paulo: Ed. Contexto, 2000, p. 159-70.

fundamental para sair deste ciclo. Acusam-se os países subdesenvolvidos de se conduzirem irracionalmente, do ponto de vista político, e possuírem uma população com altas taxas de natalidade.

A saída apontada por estas teorias é no sentido de que os países periféricos deveriam continuar se especializando na produção primária, sem a pretensão da industrialização. O Estado deveria intervir pouco na economia e deveria ser desenvolvido um espírito empresarial. Estas políticas aplicadas na Argentina e no Chile revelaram-se totalmente desastrosas, com o empobrecimento da população. A crítica que se faz a este tipo de teoria é que se funda num desconhecimento das causas estruturais que geraram a industrialização de uns países, não de outros.

As teorias de fundo marxista, ao contrário, tendem a atribuir o subdesenvolvimento à exploração dos países desenvolvidos, desde a época colonial. Para estas, a indústria nacional deve ser promovida e deve ser reorganizada a agricultura, modernizando seu processo de produção a fim de dar suporte ao processo de acumulação necessário à industrialização. As teorias de fundo marxista sustentam a transformação das relações entre centro e periferia, bem como a participação do Estado na condução do desenvolvimento. A terceira tese é teoria de origem latino-americana, e tenta explicar que, com a industrialização dos países periféricos, a dependência mudou de forma. Por exemplo, o Brasil passou a ser um país exportador, mas, ainda depende da tecnologia estrangeira. Ou seja, os países que estão na vanguarda tecnológica continuam a influenciar o padrão de desenvolvimento dos demais. Esta teoria demonstra a necessidade de ruptura com relação a novas formas de dependência tecnológica.

No sentido de superar o subdesenvolvimento, as teses que Furtado[475] identifica, e que seguem, em parte, os modelos acima descritos, são a coletivização dos meios de produção (de inclinação marxista), prioridade nas satisfações de necessidades básicas (conta-se com apoio financeiro externo e por isso vincula-se às teorias marginalistas) e ganho de autonomia externa (que busca superar a Situação de dependência). Aduz ainda que algumas condições devem ser cumpridas pelo país de economia periférica, que pretenda superar o subdesenvolvimento, como:

> Um grau de autonomia de decisões que limite a saída para o exterior do potencial de investimento; estruturas de poder que assegurem um nível relativamente alto de investimento no fator humano, abrindo caminho à homogeneização social; certo grau de descentralização de decisões empresariais requerido para a adoção de um sistema de incentivos capaz de assegurar o uso do potencial produtivo; estruturas sociais que abram espaço à criatividade num amplo horizonte cultural e gerem forças preventivas e corretivas nos processos de excessiva concentração do poder.

---

[475] FURTADO, Celso. *O capitalismo global*. São Paulo: Editora Paz e Terra, 2000, p. 47-54.

Em síntese, a saída do subdesenvolvimento e da dependência dos países pobres somente se daria com forte vontade política e amplo consenso social no interior destes países, e o fortalecimento da democracia. No ponto de vista das relações internacionais, a situação de injustiça e desigualdade entre norte-sul, somente seria superada pela limitação da ganância dos países ricos,[476] com suas práticas protecionistas disfarçadas de teorias econômicas.

Do ponto de vista laboral, surgem ondas de neoprotecionismo dos países ricos. Neoprotecionismo[477] define-se por uma nova forma de protecionismo comercial em que alguns países aplicam represálias aos países que supostamente adotavam o "*dumping* social" para promover as importações. Trata-se de usos de medidas de restrições comerciais, sob o argumento de "comércio justo", com um discurso de finalidade dupla: aumentar a eficiência do mercado e assegurar o bem-estar dos produtores, trabalhadores e consumidores.

O sentido técnico para o termo "*dumping* social", atribuído nos debates, no interior da OMC, diz respeito às disparidades do custo de mão-de-obra no comércio internacional.[478] O "*dumping* social"[479] designa um contexto onde as condições dos trabalhadores são niveladas num patamar mínimo de proteção social, que traria, como conseqüência, um menor preço final para os produtos, já que o custo-trabalho é minimizado como fator de produção.

O "*dumping* social" é reprimido, no âmbito do Direito Internacional, tanto na legislação interior aos blocos econômicos, quanto na legislação da OMC – Organização Mundial do Comércio –,[480] que se preocupa em restringir estas práticas iníquas, em nível mundial. Assim, tendo-se em vista a necessidade de adaptação das empresas, no tocante à exploração de vantagens comparativas, é necessário examinar se o trabalho mais mal pago é, de fato, vantagem comparativa para os países em desenvolvimento.

476 Especula-se, por exemplo, uma taxação sobre a movimentação financeira, a chamada Taxa Tobin, mas nada existe de concreto até o presente momento.

477 ZARCONE, Fabrizio. *La economia política del neoprotecionismo.* (Tesis doctoral). Barcelona: Universidad de Barcelona, 1999.

478 LAFER, Celso. Dumping social. In: *Direito e Comércio Internacional: tendências e perspectivas.* São Paulo: LTr, 1994, p. 161-4.

479 LINS, Hoyêdo Nunes. Integração econômica e impactos territoriais. In: *Ensaios FEE* – Fundação de Economia e Estatística: Trabalho, Emprego e Desemprego. 1997. Porto Alegre, ano 18, n. 1, p. 236-71.

480 Sinale-se que o Brasil para se adequar as medidas antidumping preconizadas pela OMC inclusive editou norma, a saber: Medidas "Antidumping" – Procedimentos Administrativos – Decreto n. 1.602, de 23 de agosto de 1995 (DOU 24. 08. 1995) tendo em vista o disposto no Acordo Relativo à Implementação do Artigo VI do Acordo Geral sobre Tarifas Aduaneiras e Comércio – GATT/1994, aprovado pelo Decreto Legislativo n. 30, de 15 de dezembro de 1994, e promulgado pelo Decreto n. 1.355, de 30 de dezembro de 1994, e na Lei n. 9. 019, de 30 de março de 1995, na parte que dispõe sobre a aplicação dos direitos previstos no Acordo Antidumping.

A OMC reconhece que, no comércio internacional, interesses distintos movem os países desenvolvidos e países ditos "em desenvolvimento". Prevê, inclusive, tratamento diferenciado a ambos os grupos, consubstanciado na Decisão sobre Medidas em Favor dos Países menos Desenvolvidos, adotada pelos Ministros na Conferência de Marrakech, em 1994. Por essas medidas, busca-se implementar tratamento especial, via ações positivas, em favor dos países menos desenvolvidos, a fim de expandir oportunidades de comércio desses países.[481] A idéia básica defendida é na impossibilidade de comparação entre as atividades das empresas nacionais dos países em desenvolvimento, com as empresas transnacionais, pela desigualdade evidente entre estas.

Com o alegado "*dumping* social" fecha-se o mercado dos países desenvolvidos, distorcem-se os preços e impede-se o desenvolvimento dos países subdesenvolvidos, condenando-os à dependência da "ajuda" de países desenvolvidos ou de organizações internacionais. Os países desenvolvidos, por sua vez, não admitem o "*dumping* social" e que este se transforme em vantagens comparativas para os países em desenvolvimento. Uma empresa, num país desenvolvido, nesses termos, pode ver na proteção social dispensada aos seus trabalhadores pelo seu Estado, como uma desvantagem redibitória frente a outros concorrentes, cujos trabalhadores são menos protegidos socialmente.[482] Ao contrário, uma empresa, num país em desenvolvimento, com seus trabalhadores em condições adversas em relação a seus competidores internacionais, caracteriza-se como competidora desleal.

As relações exteriores e políticas internas dos países desenvolvidos indiciam que nem sempre há consistência entre o declarado interesse social pelo desenvolvimento de países atrasados e as práticas comerciais destes países mais ricos.

O trabalho tratado como vantagem comparativa não leva em consideração as diferenças do grau de desenvolvimento de cada país. Embora exista uma tendência de maior participação dos países subdesenvolvidos em foros de discussão econômica multilaterais, impondo ou vetando certas questões, na prática, exportam para pagar as suas importações.[483]

A melhora nas condições de trabalho, segundo uma linha econômica utilitarista, ressalta que o cumprimento dos direitos fundamentais do trabalhador não deveria decorrer de condicionalidades em

---

481 THORSTENSEN, Vera. OMC – *As regras do comércio internacional e a rodada do milênio.* São Paulo: Ed. Aduaneiras, 1999, p. 235.

482 DESGARDINS, Bruno; LEMAIRE, Jean-Paul. *O novo ambiente internacional: desenvolvimento internacional da empresa.* Lisboa: Instituto Piaget, 1997, p. 287-347.

483 RICUPERO, Rubens. The world Trading System: Seattle and Beyond. In: SCHOTT, Jeffrey (org). *The WTO after Seattle.* Washington: Institute For International Economics, 2000.

direitos humanos, mas ser o resultado da consciência de empregadores, no sentido de que é de ganho para todos uma força de trabalho mais desenvolvida, de acordo com padrões qualitativos e eficientes de produção.[484] Outro argumento do "mal menor" refere que a adoção de um mínimo de regras laborais, que harmonizasse padrões trabalhistas, em âmbito multilateral, minimizaria os riscos de algumas situações serem consideradas como deslealdade comercial, bem como poderia evitar a adoção de medidas unilaterais de protecionismo dos países ricos, embora estas pudessem surgir com nova roupagem.[485] Se, de um lado, não é justo que baixos salários sejam considerados "*dumping* social", há dúvidas se a melhoria dos padrões trabalhistas nos países em desenvolvimento geraria para estes uma melhor competitividade e, conseqüentemente, concorrência mais justa entre os Estados envolvidos em práticas comerciais.

Isso nos leva a concluir que, ainda que fatores trabalhistas pudessem ser cogitados como questão de concorrência numa exacerbada lógica comercialista, como demonstram estudos da OCDE,[486] não há clareza quanto à correlação entre condições de trabalho e competitividade. A "performance" comercial de um país não está relacionada com padrões trabalhistas. Da mesma forma, os investimentos externos não parecem estar associados ao nível de proteção trabalhista de um determinado país.[487]

Em recente pesquisa, Freeman observa que não é possível estabelecer um conjunto de dados internacionalmente aceito sobre equivalências salariais em diversos países, por idênticas ocupações, visto que as informações disponíveis não são suficientes e precisas.[488] Logo, a possibilidade de concorrência no comércio internacional não pode estar sujeita ao valor dos salários dos Estados concorrentes, ou sua situação enquanto trabalhadores. A disparidade dos valores salariais percebidos pelos trabalhadores não pode significar comércio desleal, sem que se examine a questão mais profundamente, em todos os seus aspectos. Por exemplo, o custo de vida de um trabalhador de um país

484 FRUNDT, Henry J. *Trade Conditions and Labor Rigths*: U. S. Initiatives, Dominican and Central American Responses. Florida: University Press of Florida, 1998, p. 57-75.

485 HOEKMAN, Bernard; KOSTECKI, Michel; *The Political Economy of the Word Trading System*: From GATT to WTO. 2ª ed. Oxford; New York: Oxford University Press, 2001, p. 265-7.

486 OCDE: International Trade and Core Labour Standards. Paris, 2000, p. 33. os estudos da OCDE chamam a atenção para o fato de que as variáveis não são controláveis e são grandes as diferenças de mercados entre os países para estabelecer-se uma correlação entre comércio e padrões mínimos de proteção social. GONÇALVES, Reinaldo. *O Brasil e o Comécio Internacional: transformações e perspectivas*. São Paulo: Ed. Contexto, 2000, p. 57.

487 RAYNAULD, André; VIDAL, Jean – Pierre. *Labour Standards And International Competitiveness: a comparative analysis of developing and industrialized countries*. Northampton: Edward Elgar Publishing, Inc., 1998, p. 64-5.

488 FREEMAN, Richard B.; OOSTENDORP, Remco H. Nuevo banco de datos sonre los salarios por ocupación en todo el mundo. *Revista Internacional del Trabajo*, 2001, n. 4, p. 443-68.

pode ser menor do que o de outro. A disparidade de salários, que irá, necessariamente, refletir no custo do produto, não significa, neste caso, violação de direitos trabalhistas e, muito menos, concorrência desleal.

Do ponto de vista laboral, existindo direitos econômicos e sociais positivados no interior da ONU e princípios trabalhistas fixados institucionalmente na OIT, as disparidades dos custos de mão-de-obra no cenário internacional não podem ser considerados pela OMC como "*dumping* social". Por fim, os limites econômicos do Direito Internacional do Trabalho, quanto ao aspecto de "*dumping* social", apontam para duas contradições fundamentais dentro das organizações internacionais: pressão do Banco Mundial e do Fundo Monetário Internacional para a liberalização dos mercados dos países em desenvolvimento, e, por outro lado, a OMC, com a tendência de prever penas aos países que cedem à abertura dos mercados, sob a acusação de "*dumping* social" .

A segunda contradição está na hipocrisia do discurso de duplo sentido do "*dumping* social". Os países ricos permitem a retirada das indústrias de seus territórios para que as empresas multinacionais sejam beneficiadas com o custo de mão-de-obra dos países em desenvolvimento. Após tal política liberal, pretendem que o país em desenvolvimento, hospedeiro das multinacionais de países ricos, seja acusado de "*dumping* social" em organizações multilaterais, como a OMC. Nestas duas contradições, revela-se a falácia da teoria do "*dumping* social", que gera o desagregamento da solidariedade entre os trabalhadores.[489]

O neoprotecionismo aponta, assim, para uma outra questão: a da desigualdade produzida não pelo mercado, mas pelo Estado. Mais mercado e menos intervenção estatal em alguns casos, como o dos subsídios agrícolas, poderiam produzir mais igualdade em nível mundial. A nova fase do capitalismo mundial conhece, assim, dois mecanismos de produção da desigualdade: o mercado completamente desregulado, defendido pelos neoliberais, e o mercado intencionalmente distorcido, defendido pelos neoprotecionistas.

Em síntese, um dos mais graves problemas econômicos do Direito Internacional do Trabalho é a utilização do discurso retórico dos direitos humanos para fins protecionistas dos mercados dos países ricos. Por outro lado, o próprio capitalismo e as políticas neoliberais que o apóiam, nesta fase, são um impedimento claro para a melhoria das condições de trabalho e do respeito aos direitos humanos do trabalhador.

---

489 HANSSON, Gote. *Harmonization and International Trade*. New York and London: Routledge, 1990, p. 99-100.

3.2.2. O caso do trabalho infantil no Brasil como exemplo de limite econômico à atuação da OIT

O Brasil possui, constitucionalmente, uma ordem econômica que valoriza o trabalho. O art. 170 da Constituição Federal prevê: "A ordem econômica, fundada na valorização do trabalho humano e na livre iniciativa, tem por fim assegurar a todos existência digna, conforme os ditames da justiça social(...)"

Eros Grau[490] enfatiza o caráter dual da Constituição Federal, neste título, mencionando que, quanto aos princípios positivados na ordem econômica na Constituição de 1988, estes consagram valores entre si potencialmente divergentes, como por exemplo:

a) a propriedade privada (inciso XXII, do art. 5º e inciso III, do artigo 170), a livre concorrência (inciso IV, do art. 170) e *a busca do pleno emprego* (inciso VIII, do art. 170);

b) a livre iniciativa (inciso IV, do art. 1º) e o caráter normativo e regulador da atuação do estado no exercício de suas funções de fiscalização, incentivo e planejamento (art. 174);

Esse contexto, entretanto, é aparentemente contraditório. Justifica-se uma ponderação de princípios que democraticamente visam a assegurar tanto os valores sociais do trabalho, como os valores da livre iniciativa.

A relação entre livre iniciativa e valorização do trabalho humano, explicitada no art. 1° da Constituição Federal de 88, vem redefinida no art. 170 da Constituição Federal de 88, ao tratar da Ordem Econômica. Aqui, ambos os valores são vistos na ótica produtiva, na esfera de autonomia e liberdade próprias da ordem liberal, em que se insere a economia brasileira, apesar de incentivar um estado interventivo na esfera social.

A livre iniciativa, colocada ao lado dos valores sociais do trabalho, no art. 1º, inciso IV, da Constituição Federal, deve ser defendida e apoiada como pilar do desenvolvimento econômico, ao lado dos valores sociais do trabalho, que devem ser promovidos.

Entretanto, se no art. 1º da Constituição Federal de 88 a livre iniciativa e o trabalho são tratados sob a máxima da igualdade, para o ordenamento que se quer justo, no art. 170 da Constituição Federal de 88, o valor que predomina e informa a sociedade é a liberdade. Segundo Tércio Sampaio Ferraz Jr., no art. 170 da Constituição Federal de 88, o trabalho e a livre iniciativa têm por base a liberdade.[491]

Na livre iniciativa, temos a liberdade negativa que gera para o Estado o dever de não impedir a manifestação da autonomia empreeendedora da atividade econômica que é livre no seu início, mas

490 GRAU, Eros Roberto. *A Ordem Econômica na constituição de 1988* (interpretação e crítica). 5ª ed. São Paulo: Malheiros, 2000, p. 219 -72.

491 FERRAZ JUNIOR, Tércio Sampaio. *Constituição de 1988*: legitimidade, vigência, eficácia. São Paulo: Atlas, 1989, p. 45-6.

não exclui a atividade fiscalizadora, de incentivo e planejamento do Estado. Na valorização do trabalho humano há a manifestação da liberdade positiva de participação do trabalhador em sua dignidade como agente de construção de riqueza econômica.

Se, do ponto de vista jurídico-normativo, não há reparos a fazer à Constituição brasileira na proteção do trabalho enquanto dimensão humana presente na esfera da economia, a realidade econômica configura-se, em boa parte, segundo valores opostos àqueles proclamados no texto constitucional. Essa discrepância torna-se clara quando se examina a questão do trabalho infantil no Brasil.[492]

A Constituição Federal de 1988, que foi alterada em 15.12.98, proíbe o trabalho para o menor de 16 anos:

> Art. 7º São direitos dos trabalhadores (...) além de outros (...)
>
> XXXIII – proibição de trabalho noturno, perigoso ou insalubre aos menores de dezoito e de qualquer trabalho a menores de dezesseis anos, salvo na condição de aprendiz, a partir de quartorze anos.

O Brasil possui instrumentos legais de regulamentação para tratar do ingresso paulatino no mercado do trabalho. Nesse sentido, a Constituição Federal de 1988 estabelece, em seu art. 7º e incisos XXX e XXXIII e art. 227, normas de proteção ao trabalho do menor e, também, de igual forma, a legislação infraconstitucional, uma vez que a CLT, em seus artigos 80, 402 a 439, trata de forma específica sobre duração do trabalho, admissão em emprego, CTPS, deveres dos responsáveis legais de menores e dos empregadores, aprendizagem e disposições gerais, de proteção ao trabalho do menor. Há ainda a Lei n. 8.069, de 13.7.90, que dispõe sobre o Estatuto da Criança e do Adolescente e reservou todo seu capítulo V para tratar do Direito à profissionalização e à proteção no trabalho.

No Brasil, o atendimento à criança e ao adolescente se fundamenta na doutrina da proteção integral, assegurada, como se percebe, em diversas leis. Porém, a quantidade de crianças que trabalha revela que o problema não se resolve por boas leis, e há um fator econômico decisivo para o trabalho infantil.

Algumas das características sociodemográficas mais importantes das crianças e adolescentes trabalhadores, e sua evolução na década passada, demonstram[493] que o trabalho infantil se concentra sobretudo em áreas rurais e menos nas grandes regiões metropolitanas, sendo mais presente nas regiões Nordeste e Sul do que nas demais regiões do país. Na Região Sul, quase metade da população de crianças e adoles-

[492] Nos países subdesenvolvidos, o excesso de legislação pode significar uma falta de ação prática e encobrir a falta de desejo político de alterar esta situação BEQUELE, Assefa; BOYDEN, Jo. El trabajo infantil: tendencias actuales y politicas correspondientes. *Revista Internacional del Trabajo*, 1988, v. 107, n. 3, p. 313-335.

[493] SCHWARTZMAN, Simon. *O trabalho infantil no Brasil.* Brasília: OIT, 2001.

centes cujos pais tabalham em atividade agrícola também trabalha nessa atividade, percentagem muito superior à da Região Nordeste, o que indica a presença de um fator cultural forte no trabalho do campo. As crianças e os adolescentes de 10 a 13 anos trabalham, sobretudo, em atividades agrícolas na área rural e após esta idade a atividade de serviços passa a predominar. No campo, aproximadamente 77% do trabalho infantil consiste em atividades não remuneradas, sobretudo na agricultura, mas também em outras atividades produtivas de natureza doméstica, incluindo a produção para consumo próprio. Nas zonas urbanas, o que predomina é o emprego informal, e as crianças e adolescentes que trabalham por conta própria não chegam a receber sequer um salário mínimo mensal. O trabalho tem um efeito perverso no desenvolvimento educacional da criança e do adolescente, aumentando a defasagem escolar, quando não a evasão. Aos 17 anos, 32% dos jovens já estão fora da escola, sendo que entre os que trabalham, essa percentagem chega a 40%, sendo pior a situação dos que se dedicam ao trabalho agrícola e a atividades de transportes e comunicações, que são essencialmente urbanas. Especialmente difícil é a situação das crianças que vivem na rua e que passaram a receber uma atenção crescente do poder público que aproveita da densa rede de experiências de ONGs do setor privado.[494]

As causas apontadas como geradoras do trabalho infantil no Brasil são, entre outras:

a) excessiva pobreza da população e a complementação da renda familiar, esta representando, o principal fator responsável pelo encaminhamento das crianças e adolescentes ao trabalho;

b) de natureza cultural, pois, uma elevada parcela da população aceita com normalidade o uso da mão-de-obra infanto-juvenil;

c) substituição do trabalho adulto pela mão-de-obra infanto-juvenil, que é mais barata e informal;

d) má qualidade do ensino público.

A estrutura do mercado de trabalho e a economia da família são elementos determinantes do trabalho infantil. A capacidade produtiva, tanto dos adultos como das crianças, é considerada na decisão doméstica de promover ou permitir o trabalho infantil. Uma economia precária permite que as atividades menos qualificadas sejam executadas por crianças. Se os adultos não percebem um salário suficiente, este aporte financeiro será buscado pela criança. Portanto, o trabalho infantil relaciona-se aos problemas do mercado de trabalho dos trabalhadores adultos.

Da pobreza, primeira causa do trabalho infantil, decorre que este é visto como forma de ingressos monetários necessários para a sobrevivência das famílias com escassos recursos. Isso somado a uma série de

---

494 GROOTAERT,Christiaan; KANBUR, Ravi. Perspectiva económica del trabajo infantil. *Revista Internacional del Trabajo*, 1995, v. 114, n. 2, p. 211-29.

fatores econômico-político-culturais, como a redução do investimento do Estado em políticas sociais de educação, saúde, serviços sociais, compromete a formação do capital humano, pretendida pela educação.

Ademais, a mão-de obra infantil comumente possui as características de ser ocasional, migrante (decorrente do êxodo rural) e existe tanto no setor formal como informal. O trabalho infantil é vantajoso aos empregadores pela destreza manual, acuidade visual e baixo nível de remuneração que pode ser paga às crianças. No setor formal, as crianças trabalham mais horas e em piores condições que os adultos, sendo falsa a noção de que estão se socializando, ou adquirindo capacidades e experiências, visto que trabalham em setores que dispensam qualificação. O trabalho infantil é mais comum nos setores não estruturados da agricultura, da indústria e dos serviços.

O governo brasileiro, a partir da última década, elevou a questão do trabalho infantil como pauta política, ética e de direitos humanos, com o apoio sistemático às iniciativas da sociedade e às ações de combate ao trabalho infantil. A OIT e a UNICEF contribuíram para setores estratégicos como os sindicatos de trabalhadores e de empregadores se emprenhassem na luta a favor da erradicação do trabalho infantil. O Plano Nacional de Direitos Humanos – PNDH – coloca claramente a questão do trabalho de crianças e adolescentes como violação do direito à liberdade e o inclui nas ações de erradicação do trabalho forçado. O Ministério do Trabalho que, após experimentar algumas alternativas institucionais para o tratamento da questão do trabalho infantil, a partir do ano 2000, por meio da Portaria N. 07 e da Instrução Normativa N. 01, criou os Grupos Especiais de Combate ao Trabalho Infantil e Proteção ao Trabalhador Adolescente – GECTIPAs –, constituídos no âmbito das Delegacias Regionais do Trabalho em cada unidade da federação, com ações prioritárias de fiscalização, mapeamento dos focos de trabalho infantil, estudos e pesquisas, edição e distribuição de publicações, realização de campanhas. A política de erradicação do trabalho infantil, no âmbito do governo federal, é executada através do PETI e do Bolsa Escola Federal. O Programa de Erradicação do Trabalho Infantil – PETI – articula um conjunto de nove ações que são executadas de forma intersetorial, elegendo a fiscalização do trabalho e a assistência social com ações básicas do processo de erradicação do trabalho infantil. O Bolsa Escola Federal foi criado pela Medida Provisória 2.140, de 13 de fevereiro de 2001, aprovado pelo Congresso Nacional em 27 de março e sancionado pelo presidente da República através da Lei 10.219, de 11 de abril de 2001, cujos objetivos prioritários são a universalização do ensino fundamental e o combate ao trabalho infantil. Há um aumento da participação da fiscalização do Ministério Público do Trabalho e aumenta a criação de Conselhos

Tutelares, numa cobertura de mais de 70% dos municípios brasileiros. A implantação progressiva de programas de renda mínima articulada com a política de Educação (Bolsa-Escola); a criação de equipamentos para implementação do sistema de garantia de direitos (denúncia e fiscalização); as iniciativas de governos municipais que, em suas gestões políticas e administrativas, assumem a criança e a educação como prioridade, podem ser referências de aplicabilidade em projetos de combate ao trabalho infantil doméstico. No campo das políticas públicas, o programa mais significativo está na área de Educação, denominado "Escola para Todos". Trata-se de ações regulares do processo de aprendizagem no nível do ensino fundamental, médio e superior e também ações compensatórias de ensino.

É inquestionável o esforço do governo para aumentar a oferta educacional em todos os níveis do ensino, bem como são visíveis os resultados positivos já alcançados, como, por exemplo, a cobertura de mais de 90%, em média nacional, no ensino fundamental. Porém, o perfil das crianças sem escola é a criança em situação de exploração do trabalho como o doméstico, da exploração sexual comercial, da exploração no tráfico de drogas ou nas atividades laborais vulneráveis de rua.[495]

As iniciativas na esfera social são bem-vindas, mas devem ser levados em conta, pelos governos, programas multidimensionais, nos quais haja um efetivo acompanhamento das crianças oprimidas pelo trabalho infantil. Programas de indução à família para que retirem as crianças do trabalho são incentivos financeiros em forma de transferências monetárias com a condição de que a família mantenha as crianças na escola. Porém, uma avaliação recente do programa brasileiro de "Bolsa-Escola" demonstra que aumentou a presença das crianças nas escolas, mas isto não foi tão eficiente para a erradicação do trabalho infantil. Assim, programas como o "Bolsa- Escola" não atingem em cheio o problema do trabalhador infantil no Brasil, sendo contraproducentes se não representam alternativas viáveis à economia da família da criança que trabalha.[496]

---

495 No início de 2001, o IPEC lançou um programa para a eliminação da exploração sexual de crianças e adolescentes no Brasil e no Paraguai. O Programa visa a identificar falhas nos atuais sistemas legais sobre o assunto e incorporar recomendações para a melhoria da legislação no âmbito nacional. Busca também produzir informações fidedignas relativas à exploração de crianças no comércio do sexo, inclusive possíveis redes de tráfico de crianças, que possam ser usadas na concepção e implementação de intervenções públicas nessa área. O projeto está estrategicamente instalado nas áreas limítrofes dos dois países, cobrindo Foz do Iguaçu, no Brasil, e Cidade do Leste, no Paraguai. Prevê uma ampla cooperação entre os vários setores dos governos nacionais e locais, parceiros sociais e organizações da sociedade civil. O IPEC tem pesquisado também redes de aliciamento de trabalhadores infantis, na região andina, para serviço doméstico.

496 OCDE. *Child labour and economic development.* Documento DEELSA/ELSA 200213, de 30 de outubro de 2002.

Embora existam sensíveis melhoras, o trabalho infantil ainda é uma realidade no Brasil, mas está sendo menos tolerado[497] do ponto de vista cultural, econômico, social e político. Alguns, mais radicais, defendem a tese de que para erradicar o trabalho infantil, dever-se-ia encarecê-lo, impondo pesadas sanções ao empregador que utilize mão-de-obra infantil, numa linguagem que atinja ao menos o lucro, se inócuo o discurso humanizador.[498]

No Brasil, as discussões sobre a ratificação da Convenção n. 182 foram benéficas porque trouxeram visibilidade ao problema social e econômico que é o trabalho infantil nas suas piores formas, embora algumas vozes vejam nesta Convenção um retrocesso. O retrocesso decorreria da idéia de que a pretensão de eliminação das piores formas de trabalho infantil contém uma permissão implícita para as outras formas de trabalho infantil, que não sejam "as piores". Há os que, segundo a teoria do mal menor, vêem nela um avanço social, no sentido de se fixar um mínimo de razoabilidade neste campo, e evitar que a criança fique sujeita à total degradação em trabalhos improdutivos e indignos.

Como limites econômicos para a atuação da OIT quanto à aplicação das Convenções 138 e 182, as situações acima descritas identificam claramente as dificuldades de uma economia recessiva. Com crescente desemprego e informalidade no Brasil, o resultado é a precaridade de recursos e a pobreza das famílias e da sociedade, problema evidente para a erradicação do trabalho infantil.

3.3. LIMITES JURÍDICOS DO DIREITO INTERNACIONAL DO TRABALHO

Os limites jurídicos do Direito Internacional do Trabalho relacionam-se, de um modo mais amplo, com a dificuldade de fundamentação dos direitos humanos e com o problema da normatividade, exigibilidade e eficácia das normas internacionais do trabalho.

A legitimação para que um país seja cobrado no plano internacional sobre a implementação de direitos trabalhistas mínimos nasce da ratificação das Convenções da OIT, que comportam normas que visam a difundir o respeito aos direitos humanos do trabalhador.

O primeiro limite a ser observado deriva da peculiar natureza dos direitos sociais: por exigir políticas públicas que esbarram em considerações de caráter orçamentário, o pensamento jurídico tem dificulda-

497 http://www.oit.org.pe/ipec/tid/docs/sum_exe_tid_brasil.doc.

498 CHARNOVITZ, Steve. The global market as friend or foe of human rights. New York: *Brooklyn Journal of International Law*, April, 1999.

des em determinar o que pode ser exigido, em que situação e o que conta como uma violação. Desse modo, a OIT está um passo atrás, por exemplo, de instituições que trabalham com direitos civis, direitos cuja estrutura permite identificar de um modo mais claro o que é devido a quem e quando houve uma violação como, por exemplo, o crime de tortura.

De outro lado, os limites jurídicos do direito internacional do trabalho manifestam-se quando atores, que ultrapassam os limites dos Estados, ocupam-se deste tema. São respectivamente a OMC, que parece achar sem força o trabalho normativo da OIT, e, por outro lado, as empresas transnacionais, que querem tornar o tema dos direitos humanos um debate privado. Verifica-se uma tendência de controle da realização dos direito humanos, pela OMC, que pretende, pelas "cláusulas sociais", criar um mecanismo de controle para os países que descumprem padrões mínimos. Por outro lado, as empresas transnacionais, sob o enfoque da responsabilidade empresarial, arvoram-se em defensoras dos direitos humanos e tentam impor cumprimento de certas normas, no âmbito privado, através de seus códigos de conduta.

Embora alguns defendam que a OMC e as empresas transnacionais auxiliam a OIT a promover os direitos humanos dos trabalhadores, essa tese não pode ser aceita sem restrições. Como a OMC e as empresas transnacionais elegem quais os direitos que pretendem implementar e como vão fazer isso, as normas oriundas da OIT perdem *status* normativo. Elas deixam de ser normas cogentes, que se aplicam a todos indistintamente e em todas as situações, e passam a ser normas dispositivas que a OMC e as empresas transnacionais aplicam a seu talante.

Em outros termos: ou as normas de direitos humanos dos trabalhadores pertencem ao Direito Internacional Público, e são cogentes, ou elas encontram-se no domínio do Direito Internacional Privado, no qual a OMC e as empresas transnacionais discutem os direitos humanos como *lex mercatoria*, num contexto de *soft law*.

3.3.1. As cláusulas sociais

O problema dos direitos humanos expressos nos instrumentos criados em 1966, Pacto Internacional dos Direitos Civis e Políticos, e Pacto dos Direitos Econômicos, Sociais e Culturais, compreende sistemas de monitoramento diferentes, sendo que, para os direitos sociais, tal monitoramento dá-se apenas na forma de relatórios. No caso dos primeiros, existe um processo complexo de apuração das violações. Isso leva à concepção de que os direitos sociais são menos importantes, por motivos filosóficos, econômicos e históricos. Aponta-se que é mais difícil definir violações de direitos sociais, tendo em vista a possibilidade de realização progressiva dos mesmos. Sobre a verificação da realização progressiva desses direitos, citam-se barreiras que impedem a sua efetiva fiscalização. Barreiras de ordem prática ocorrem na fiscalização do Pacto de 1966, por ausência de uma metodologia clara para avaliar se um país está cumprindo certos padrões. Às vezes, são problemas de estatística às vezes são problemas da confiabilidade dos dados dos governos. O sistema de proteção internacional de Direitos Humanos foi desligado das agências de desenvolvimento, e as agências de direitos humanos não colaboram com agências de desenvolvimento: há uma deficiência de cooperação entre as organizações internacionais. E, por fim, na discussão sobre a igualdade entre direitos sociais e civis, pesa a situação orçamentária de cada país, ao decidir o *quantum* monetário razoável para serem implementados os direitos sociais.

Para Trubek, o fim da guerra fria possibilitou um maior debate sobre os direitos sociais, e a ordem internacional está mais apta a dar um apoio mais específico e local aos direitos humanos.[499] Segundo o autor, as melhores circunstâncias para a proteção dos direitos humanos sociais ainda são os compromissos locais de governos e ONGs, somados ao apoio das agências de direitos humanos.

Nesse sentido, a OIT pretende a proteção aos trabalhadores, com a responsabilidade nacional, e, por isso, esbarra na questão jurídica da ratificação das convenções e da ausência de coação, deficiências nos mecanismos de supervisão. Ou seja, os padrões protetivos dependem da regulação nacional, ainda que gestados em um ambiente internacional. A globalização enfraqueceu a regulamentação das nações, pela grande mobilidade do capital que impede a cobrança de impostos para financiar os sistemas de proteção social. Ademais, a produção é feita em cadeias globais que cruzam as fronteiras nacionais.

Essa é a idéia de lacuna de governança: as leis nacionais não são efetivas, e a lei internacional não é adequada.[500] A solução do problema da governança não está nas organizações internacionais, porque não podem substituir as legislações nacionais. A lacuna de governança deve ser preenchida por uma nova governança global e regional, que canalize os efeitos da globalização para a melhoria de empregos e efetive uma globalização com justiça.

A OIT, nesse contexto, indica diretrizes que devem ser seguidas, mediante certos indicadores, os chamados *benchmarks*. As cartas ou declarações sociais, usuais no sistema da União Européia, são espécies de *benchmarks*, sobre as quais Estados nacionais orientam suas políticas públicas, no sentido de apontar inovações para a governabilidade e concretização dos direitos sociais. A declaração de 1998, da OIT, obtém

499 TRUBEK, David M; DEZALAY, Yves. A reestruturação global e o direito. In: FARIA, José Eduardo (org). *Direito e Globalização Econômica*. São Paulo: Malheiros, 1996, p. 29-80.

500 TRUBEK, David. *Law and New Approaches to Governance.*, v. 8, n. 1, march, 2002. Special issue.

natureza de indicador social de desenvolvimento, apesar de seus limites.

O problema da fiscalização quanto ao cumprimento das convenções ratificadas pela OIT liga-se à idéia da condicionalidade dos direitos humanos. Essa tese significa que auxílios financeiros para desenvolvimento de países do terceiro mundo são atribuídos por blocos econômicos, como a União Européia, ou por organizações internacionais, mediante o compromisso dos países que a recebem, concretizarem esforços para o desenvolvimento de suas democracias e promoverem os direitos humanos. A condicionalidade positiva implica ajuda fiscal ou financeira ao país que cumpre um padrão mínimo de direitos humanos. A condicionalidade negativa seria a retirada de alguma ajuda ou vantagem já concedida,[501] ou, ainda, em casos extremos, a aplicação de sanções econômicas.

É neste contexto, de como implementar normas internacionais de direitos humanos sociais, que surge o debate sobre as cláusulas sociais.

Como a OIT sanciona apenas moralmente os casos de descumprimento de suas normas, pretende-se que a OMC faça este papel,[502] através das cláusulas sociais. Com as cláusulas sociais previstas em acordos comerciais, haveria a limitação do voluntarismo, no cumprimento das normas da OIT, pelos países que a integram. Isto marcaria a passagem de uma *soft law*, no plano da OIT, para a *"hard law"*, com a fixação de sanções, no plano da OMC.[503]

Para a OIT, a cláusula social seria uma inserção que se deseja fazer nos tratados internacionais de comércio para assegurar o cumprimento de algumas normas sociais mínimas, no processo de produção de bens de exportação. Assume a forma de um dispositivo especial, ou mesmo um acordo secundário, que impõe restrições em aditamento a um tratado ou acordo comercial.[504]

Liemt[505] descreve cláusula social como uma cláusula cuja função é a de melhorar as condições de trabalho nos países exportadores, que não cumprem com a aplicação de padrões laborais mínimos.

501 DURÁN, Carlos Villán. El régimen jurídico de la condicionalidad de la ayuda al desarrollo en función del respeto a los derechos humanos. *La condicionalidad en las relaciones internacionales: ¿sirve para la protección de los derechos humanos?* Santafé de Bogotá: ILSA (Instituto Latinoamericano de Servicios Legales Alternativos), 1996, p. 163-189.

502 BHAGWATI, Jagdish (org). *The Uruguay round and beyond*. Heidelberg: Springer, 1998.

503 MEHMET, O.; MENDES, E.; SINDING, Robert. *Towards a fair global labour market*. London: Routledge, 1999, p. 83-5.

504 No Brasil, os sindicatos utilizam a expressão *cláusula social*, num sentido genérico, para indicar determinadas cláusulas de avanço de conquistas sociais dos trabalhadores, no bojo de convenções coletivas e acordos coletivos. A acepção utilizada é mais ampla: seriam cláusulas pactuadas por países determinados, no comércio internacional, a fim de que a sua produção se realize de acordo com um patamar mínimo de respeito ao trabalhador.

505 LIEMT, Gijsbert van. Normas laborales mínimas y comercio internacional: ¿resultaria viable una cláusula social? *Revista Internacional del Trabajo*, v. 108, n. 3, 1989, p. 301-17.

Cláusulas sociais são descritas como mecanismos incitativos e de pressão, incluindo condicionantes claras nos acordos comerciais e de cooperação, para que governos e empresas cumpram, pelo menos, as convenções fundamentais da OIT, que resguardam e promovem direitos básicos e essenciais dos trabalhadores, sob pena de sanções comerciais.[506]

No acordo comercial entre dois ou mais países, se houver a previsão de aplicação de sanções aos países exportadores de bens que, na sua fabricação, não obedecem a padrões mínimos de trabalho, configura-se a uma cláusula social negativa, representada, por exemplo, na proibição de importação de tal mercadoria. Pelo contrário, a cláusula social pode ser um condicionamento positivo, cláusula social positiva, ao beneficiar ao país que cumpra certos padrões sociais, dando-lhe um acesso mais favorável ao mercado internacional,[507] mediante certos incentivos comerciais.

Outra forma de compreensão do conteúdo da cláusula social é classificá-la como típica ou atípica.[508] Nas primeiras, requer-se um compromisso ou obrigação multilaterial dos Estados pactuantes quanto ao respeito às normas laborais mínimas ou eqüitativas, com a possibilidade de aplicar sanções comerciais ao país que não cumpra o compromisso. Um tipo de cláusula social típica está previsto no NAFTA (North American Free Trade Agreement),[509] em que os Estados do bloco se obrigam a promover a observância da legislação laboral interna de cada Estado, e aplicá-la, efetivamente. Sanções econômicas para caso de descumprimento condicionam-se à apuração das violações via mecanismo de soluções de controvérsias. Se, de fato, houver o desrespeito aos *standards* mínimos trabalhistas, os valores recolhidos como multa irão para um fundo patrimonial, que fortalecerá a aplicação da legislação trabalhista do país infrator. Se não houver o pagamento, suspendem-se os benefícios tarifários previstos no acordo de livre comércio, até o montante do valor devido para cobrar a sanção imposta.

Ao contrário do exemplo acima mencionado, se não houver, no acordo comercial, uma determinação clara da obrigação, somada à

---

506 CUSTER, Carlos. A Legislação Social Internacional, o Processo de Globalização e as Cláusulas Sociais. In: *Pesquisas.* São Paulo: Fundação Konrad Adenauer Stiftung, 1998, n. 10, p. 97-104.

507 OIT. La industria de la maquila en Centroamerica. Informe para el Seminario Subregional de Empleadores de Centroamerica e República Dominicana, Guatemala, 21/22 de abril de 1997. apud CASTELLO, Alejandro. La Clausula Social y la declaracion socio laboral del MERCOSUR, In: *Derecho Laboral – revista de doctrina, jurisprudência e informaciones sociales.* Montevideo: abril – junho, p. 344, 2000.

508 SERVAIS, Jean-Michel. La Cláusula Social en los tratados de comercio: pretensión ilusoria o instrumento de progreso social? *Revista Internacional del Trabajo*, v. 108, n. 3, 1989, p. 289.

509 ABBOTT, Frederick M. *Law and Policy of regional Integration*: The NAFTA and Western Hemispheric Integration in the Work Trade Organization System. London: Kluwer Academic Publishers, 1995, p. 1-23.

inclusão de normas programáticas, sem prévia fixação de repercussões jurídicas e comerciais para o seu descumprimento, estamos diante de uma cláusula social atípica ou imperfeita.[510] Nesta, os Estados acordantes declaram que procurarão manter normas justas de trabalho ou tendentes a melhorar a vida dos trabalhadores, mas não assumem obrigações de resultado, mas, sim, de meios. Um exemplo deste tipo de cláusulas pode ser encontrado na Convenção Internacional do Estanho de 1981,[511] em que os membros declaram que procurarão manter normas justas de trabalho para a indústria do estanho. Outro exemplo é o trazido pela Comissão das Comunidades Européias. A Comunidade Européia tentou incorporar normas mínimas de trabalho nos acordos de cooperação com antigas colônias em África, Caribe e Pacífico, mas apenas mencionou na Convenção de Lomé, em 1984, o respeito aos direitos humanos, sem estabelecer mecanismos de vigilância ou controle.[512]

A primeira constatação a ser feita sobre o tema, a partir do que acima foi exposto, é que não existe um único modelo de cláusula social. Como o conceito está em debate, não foi formulado em termos definitivos e determinado de forma clara.

A evolução do tema tem origem mais remota na política norte-americana.

Sob o argumento de ausência de estudos do fator trabalhista em termos de custos comerciais, os Estados Unidos adotaram política de concessões comerciais aos países que adotarem regimes trabalhistas justos.[513] A política americana de vinculação do comércio aos temas trabalhistas resultou na adoção de algumas leis, que vinculam expressamente padrões de trabalho com o comércio.[514]

Como exemplo destas leis americanas citam-se:

a) CBI – CARIBBEAN BASIS ECONOMIC RECOVERY ACT, de 1983. Através deste ato, os Estados Unidos concedem incentivos fiscais de isenção de tributos de importação para os produtos dos países do Caribe e América Central. Porém, os parceiros favorecidos nas trocas

---

510 PERULLI, Adalberto. *Diritto del lavoro e Globalizzazione: clausole sociali, codici di condutta e commercio internazionale.* Padova: CEDAM, 1999, p. 26.

511 Atualmente, a cláusula social pode ser encontrada na Convenção Internacional do Estanho de 81, Convenção Internacional do Cacau de 86, Convençao internacional do açúcar de 87, entre outros. BARRAL, Welber (org) *et alii.* O Brasil e a OMC. *Os interesses Brasileiros e as Futuras Negociações Multilateriais.* Cláusula Social. Rocha, Dalton Caldeira. Florianópolis: Ed. Diploma Legal, 2000, p. 505.

512 LIEMT, Gijsbert van. Normas laborales mínimas y comercio internacional: ¿resultaria viable una cláusula social? Revista Internacional del Trabajo, 1989. v. 108, n. 3, p. 301-17.

513 PASTORE, José. *A cláusula social e o comércio internacional.* Brasília: Edição CNI, 1997, p. 29 informa de 84 a 95 10 países receberam sanções comerciais dos Estados Unidos por desrespeito a lei nacional de Sistema Geral de Preferências (SGP) que contém cláusula expressa sobre o trabalho infantil.

514 AMARAL JR., Alberto do. Cláusula Social: o ressurgimento do protecionismo. *Revista da pós – graduação da Faculdade de Direito da USP.* Porto Alegre: Síntese, 1999, n. 1, p. 119-34.

comerciais devem comprovar aos Estados Unidos índices satisfatórios de padrões trabalhistas como, por exemplo, liberdade para sindicalização e negociação coletiva. Esta lei gerou polêmicas internacionais, visto que a adesão ao CBI não permitiu a discussão dos países destinatários da norma.[515]

b) OPIC - OVERSEAS PRIVATE INVESTMENT CORPORATION ACT, de 1985. A OPIC é uma agência governamental que oferece seguros aos investimentos de companhias americanas, em países em desenvolvimento. Os padrões trabalhistas dos países onde serão realizados os investimentos são analisados para efeitos de autorizações dos seguros. A OPIC só reassegura ou financia projeto se determinado país adotar normas trabalhistas reconhecidas internacionalmente. Este fator compromete a execução de projetos que seriam úteis para os países em desenvolvimento.

c) GSP - GENERALIZED SYSTEM OF PREFERENCES, de 1984. A lei objetiva conceder aos produtos provenientes de países em desenvolvimento incentivos fiscais,[516] se estes observarem padrões trabalhistas internacionalmente conhecidos para seus trabalhadores tais como: liberdade sindical, direito de associação, negociação coletiva, proibição de trabalho forçado ou obrigatório, idade mínima e condições de trabalho. Trata-se de um complexo mecanismo de negociação que obriga os governos dos países em desenvolvimento a aceitar obrigações recíprocas. Entre 1985 e 1994, 34 países foram acusados de não cumprirem as determinações do SGP. Nestes casos os Estados Unidos concederam "tempo razoável" para que o país descumpridor altere o padrão laboral. Existem, porém, casos de suspensões arbitrárias e casos de negligência em se apurar as violações.[517]

d) OTCA - OMNIBUS TRADE AND COMPETITIVENESS ACT, de 1988. Por esta lei os Estados Unidos, através do seu Congresso, passou a definir, como atos de concorrência desleal, toda a produção proveniente de países que não utilizam padrões mínimos de proteção ao trabalhador.

e) CHILD LABOUR DETERRANCE ACT, de 1995. Através desta lei americana, há a imposição da identificação de mercadorias produzidas com o trabalho infantil com a conseqüente proibição da sua importação.[518]

Desta forma, a abordagem das cláusulas sociais passa pelo unilateralismo do Child Labour Deterrance Act, bilateralismo.[519] que atinge os parceiros comerciais dos Estados Unidos através das leis de CBI, OPIC, GSP, OTCA e o regionalismo, no caso do NAFTA. A tentativa dos Estados Unidos é que o debate seja levado a um fórum multilateral: a OMC.[520]

---

515 LIEMT, Gijsbert van. Normas laborales mínimas y comercio internacional: ¿resultaria viable una cláusula social? *Revista Internacional del Trabajo*, 1989, v. 108, n. 3, 1989, p. 309.

516 LEQUESNE, Caroline. *Reforming Word Trade:* The Social and Environmental Priorities. Oxford: Oxfam Publications, 1996, p. 62-4.

517 LIEMT, Gijsbert van. Normas laborales mínimas y comercio internacional: ¿resultaria viable una cláusula social? *Revista Internacional del Trabajo*, 1989, v. 108, n. 3, p. 310. Segundo o autor, o governo Reagan foi acusado de penalizar governos de esquerda e beneficiar governos de direita, segundo a utilização de cláusulas sociais.

518 ZARCONE, Fabrizio. *La economia política del neoprotecionismo.* (Tesis doctoral). Barcelona: Universidad de Barcelona, 1999, p. 20-22.

519 LIEMT, Gijsbert van. Normas laborales mínimas y comercio internacional: ¿resultaria viable una cláusula social? *Revista Internacional del Trabajo*, 1989, v. 108. n. 3. Exemplifica o autor que a Cooperativa Suiça Migros em 1983 celebrou acordo com a empresa Del Monte, das Filipinas, no sentido de que o fornecedor garantia para os seus trabalhadores que as condições de produção eram acima da média tanto no plano social como no plano econômico. Este é outro exemplo de cláusula social bilateral.

520 TSOGAS, George. "Labour standards in international trade agreement: an assessment of the arguments" In: *International Journal of human resource management*, v. 10, n. 2, abril 1999, p. 351-75.

A postura americana de legislar unilateralmente sobre temas que envolvem interesses trabalhistas e comerciais de seus parceiros foi duramente criticada como sendo atitude de alto teor protecionista.[521]

É o que se denomina a "cláusula social americana", sem nenhum controle internacional, e sem considerar a opinião das próprias organizações sindicais dos trabalhadores afetados pelas sanções.[522]

O modelo de sancionar o país que não cumpre um padrão mínimo de proteção trabalhista pelos Estados Unidos foi introduzido, justamente por este país, nas discussões da OIT da e OMC.

As organizações internacionais como a OIT, Organização Internacional do Trabalho, e a OMC, Organização Mundial do Comércio, a partir destas experiências, sustentaram, no plano internacional, o debate sobre a relação entre direitos humanos do trabalhador e comércio internacional.

Fontes de controvérsia, o assunto parece adormecido no plano político, desde 1996, mas não perdeu importância, no âmbito dos direitos humanos.[523] Particularmente, foi na Conferência Ministerial da OMC em Cingapura (1996) que houve um consenso de que o foro adequado para a questão era a OIT.[524]

A partir de 1991, muitas considerações de sindicatos representativos de países desenvolvidos aprovaram a idéia de relacionar comércio com direitos trabalhistas, enquanto governos e sindicatos dos países em desenvolvimento se opuseram ao condicionamento dos mercados e empréstimos internacionais aos padrões sociais. Os Estados Unidos e alguns países europeus iniciaram campanhas em prol da vinculação entre comércio e direitos trabalhistas.[525]

A inclusão de cláusulas sociais no comércio internacional foi inicialmente sugerida na Organização Mundial do Comércio,[526] por

521 Neste sentido, artigo do ex-ministro das relações exteriores do Brasil, embaixador Luiz Felipe Lampreia, em novembro de 1996, intitulado: A "cláusula social" no comércio internacional http://www.mre.gov.br/sei/clausula.htm

522 A exemplo dos Estados Unidos, a Venezuela editou a Lei Antidumping em 1992, que autoriza o governo a impor direitos compensatórios se verificar que as importações procedentes de determinado país estivessem baseadas em condições de "dumping social" e se existisse prejuízo na produção nacional por conta das exportações. CASTELLO, Alejandro. La Clausula Social y la declaracion socio laboral del MERCOSUR, In: *Derecho Laboral* – revista de doctrina, jurisprudência e informaciones sociales. Montevideo: FCU, abril – junho 2000, p. 348.

523 LANGILLE, Brian. Eight ways to think about international labour standards. In: *Journal of world trade.* v 31, n. 4, p. 27-53, 1997.

524 THORSTENSEN, Vera. OMC – *As regras do comércio internacional e a rodada do milênio.* São Paulo: Ed. Aduaneiras, 1999, p. 324.

525 LEARY, Virgínia. Worker's rights and International trade. In: *Fair trade and harmonization* BHAGWATI, J.; HUDEC, R. (ed). Cambridge: MIT Press, 1997, p. 190 -3.

526 JACKSON, John H; DAVEY, Willian J; SYKES JR. , Alan O. *Legal Problens of International Economic Relations.* 3ª ed. Saint Paul, Minn. : West Publishing CO, 1995, p. 998 – 9. Sobre o significado das rodadas e da nova fase da OMC veja-se GONCALVES, Reinaldo; PRADO, Luiz Carlos Delorme. GATT,OMC e a Economia Política do Sistema Mundial de Comércio. *Contexto Internacional*, Rio de Janeiro, v. 18, n. 1, p. 45-63, jan-jun, 1996.

vários países industrializados, durante a rodada de Tóquio (73/79) e na Rodada do Uruguai por Estados Unidos, França e membros da Comunidade Européia. Em 1979, a CIOSL (Confederação Internacional das Organizações Sindicais Livres) apoiou a iniciativa. Não conseguiram alcançar tal objetivo, mas o assunto voltou a ser proposto, então na OIT, por interesses dos países em desenvolvimento.

Na fase final, preparatória da Conferência Ministerial da OMC, em Seattle, em novembro de 1999, a última proposta apresentada a respeito, pelos Estados Unidos, preconizava o estabelecimento de um grupo de trabalho no âmbito da OMC sobre comércio e questões trabalhistas. Em contrapartida, a União Européia propunha, à época, o estabelecimento de um foro permanente OMC-OIT sobre comércio, globalização e questões trabalhistas, que contaria com participação de representantes da sociedade civil, ONGs, empregadores, empregados e seus sindicatos. Explicitamente, nesse período, optou-se pela desvinculação da possibilidade de sanções comerciais pelo descumprimento de padrões trabalhistas.

O problema de toda a discussão das cláusulas sociais é que os interesses em jogo são totalmente contrastantes,[527] e o tema é assombrado pela tese do protecionismo dos mercados dos países ricos.[528]

Existem, em síntese, várias posições a respeito, resumidas em dois grupos, conforme leciona Thorstensen:[529]

> Os que, com base na Teoria Econômica, invocam a não introdução no comércio internacional de temas não relacionados ao comércio porque isso afetaria a liberalização e assim a promoção da riqueza. Os principais atores dessa posição são os governos dos países em desenvolvimento, economistas que defendem o livre comércio e as empresas dos países desenvolvidos. (...) De outro lado, os defensores da sua inclusão ('os a favor') argumentam que as exportações de bens produzidos em más condições de trabalho é uma forma de competição desleal de comércio. (...) Os atores dessa posição são o governo dos EUA, alguns governos de membros da CE, organizações trabalhistas e ativistas de Direitos humanos.

Os que são favoráveis às sanções pelo descumprimento de padrões trabalhistas mínimos invocam a tese de que, ao contrário de deslegitimar a competência da OIT, se superaria o voluntarismo dos Estados-Membros na aplicação das normas internacionais do trabalho, obrigando os países da comunidade internacional, que aderem ao sistema multilateral da OMC, a tomarem mais a sério o respeito aos

---

527 CHARNY, David. Regulatory competition and the global coordination of labor standards In: *Journal of international economic law*, Oxford: Oxford University Press, vol 4, n. 2, 2000, p. 282-301. Veja-se também JAMESON, Frederic. Globalization and political strategy In: *New Left Review*, Oxford: Alden Press, n. 4, 2000, p. 49-68.

528 LIEMT, Gijsbert van. "Production conditions and international trade: protection or protectionism? "in" CUYVERS, L. (org). *The international social issue:* social dumping and social competition in the global economy. Antwerp: Intersentia, 1998. Veja-se também RODRIK, Dani. *Has globalization gone too far?* Washington: Institute for International Economics, 1995.

529 THORSTENSEN, Vera. O Papel da Organização Mundial do Comércio na Nova Ordem Econômica Internacional. *Debates*, São Paulo, n. 15, p. 33-70, 1998.

seus nacionais trabalhadores.[530] Há ainda os que vêem, na cláusula social, uma possibilidade de desenvolver o potencial de solidariedade contido nos direitos humanos dos trabalhadores, relacionando-se os direitos de primeira geração de liberdade no comércio, com os direitos de segunda geração, representados pela proteção social mínima, a partir do comércio.[531]

Outros argumentos mencionam a possibilidade de ser alterada a constituição da OIT para que esta organização esteja mesmo apta para apurar as violações e aplicar as sanções[532] ou melhore seu sistema de monitoramento.[533]

Em oposição a este argumento, alguns teóricos[534] compreendem que a constituição da OIT já a autoriza implicitamente a elaborar convenções com previsão de sanções comerciais. Esta possibilidade foi inclusive discutida à época da elaboração da Convenção sobre o Trabalho forçado, n. 105, de 1956, não se chegando, entretanto, a um acordo quanto à implementação desta possibilidade. A primeira Constituição da OIT previa que a Comissão de Investigação deveria propor sanções de ordem econômica por competição desleal, mas esta disposição foi extinta em 1946, e o art. 33 da Constituição foi modificado a fim de que o Conselho de Administração pudesse recomendar à Conferência medidas que estime conveniente para obter o cumprimento das recomendações da Comissão de Investigação.[535]

O ideário que dá suporte à vinculação de temas trabalhistas, no interior da OMC, é reconhecer que o salário do trabalhador faz parte do preço do produto, sendo que o Direito do Trabalho deve ser reconceituado como parte do direito de propriedade ou do direito de investimento.[536] O trabalhador teria propriedade sobre o produto do seu

530 MAUPAIN, Francis. *L'OIT, la justice sociale et la mondialisation*. Académie de droit international de la Haye: Recueil des cours, tome 278. The Hague: Martinus Nijhof Publishers, 2000, p. 223-235.

531 ELWELL, Christine. Human rights, Labour Standards and the new WTO: Opportunities for a linkage – a Canadian perspective. Quebéc: International Centre for Human Rights and Democratic development, 1995, apud MATTIOLI, Maria Cristina. *Cláusula social nos acordos de comércio internacional: necessidade de inserção*. Tese apresentada na Pontifícia Universidade Católica de São Paulo, março de 2002, p. 70.

532 TAYLOR, C. O'Neal. Linkage and rule-making: Observations on Trade and Investments and trade and labour. *Journal of International Economic Law*, v. 19, p. 639-78, 1998.

533 COONEY, Sean. Testing Times for The ILO: Institutional Reform For The New International Political Economy. *Comparative Labor Law & Policy Journal*, Spring, 1999, n. 20, p. 365-75.

534 CHARNOVITZ, Steve. Book Review: Trade, Employment and Labour Standards: The OECD Study and Recent Developments in the Trade and Labor Standards Debate. *Temple International and Comparative Law Journal*, Spring, v. 11, n. 1, Philadelphia: 1999, p. 131-63.

535 CHARNOVITZ, Steve. La influencia de las norasm internacionales del trabajo en el sistema del comercio mundial: resumen histórico. *Revista Internacional del Trabajo*, 1988. v. 107, n. 1, p. 69-93.

536 TAYLOR, C. O'Neal. Linkage and rule-making: observations on trade and investment and trade and labor. *Journal of International Economic Law*, 1998, v. 19, p. 639-78.

esforço, ou seja, o salário. A crítica que se faz a tal concepção é que teorias acontratualistas sobre a natureza jurídica da relação entre empregados e empregadores foram rejeitadas nos primórdios do Direito do Trabalho, por não reconhecerem a dignidade devida ao trabalhador. Para dar conta da totalidade e complexidade do fenômeno social do trabalho assalariado, elaborou-se toda a concepção teórica dos direitos sociais nos países atingidos em maior ou menor escala pela Revolução Industrial. A antropologia motora da tese que vincula o trabalho ao direito de investimento é a do homem que é um fabricante de coisas que se relaciona devidamente com os outros homens, trocando produtos.[537] O que permanece do trabalho é a propriedade, e o mundo divide-se entre proprietários. Nesse contexto, o direito passa a ser considerado um bem que se produz e, portanto, objeto de uso. Logo, um sistema de normas e direitos subjetivos constituídos independentemente das situações reais são meros instrumentos de atuação do homem sobre outro homem. Nesse contexto, o direito do trabalho, tanto no plano interno, como no plano internacional, seria descartável.[538]

Leary[539] afirma que fortes emoções de ambos os lados, dos contra e dos a favor à cláusula social, têm impedido uma solução política razoável sobre padrões trabalhistas mínimos. A ausência de definição sobre as cláusulas sociais revela a necessidade de um estudo mais abrangente a respeito do ambiente laboral dos países pobres. Deste modo, soa inadequado o enfoque unilateral trazido à tona pelos Estados Unidos, enquanto a aproximação melhor seria a abordagem e definição do tema do *labor standards*, em um fórum multilateral, segundo Leary. Isto porque na questão da reciprocidade, que é sublinhada como princípio de Direito Internacional, se um Estado não se compromete na ratificação de relevantes convenções da OIT, estaria impossibilitado de invocar, em um forum multilateral, a violação de padrões trabalhistas.

Entretanto, mesmo considerando-se a cláusula social em uma abordagem multilateral, há o risco de protecionismo dos países mais poderosos economicamente.[540] A análise dos países ricos no sentido de

537 FERRAZ JR, Tércio Sampaio. A trivialização dos direitos humanos. *Novos estudos Cebrap*. São Paulo: Cebrap, n. 28, p. 107-8, outubro, 1990.

538 FISS, Owen. *La autonomía del derecho*. http://www.yale.edu/lawweb/lawfac/fiss/sfiss.pdf. Neste artigo Fiss ataca a tese central deste argumento desenvolvido por Richard Posner no livro "*An Economic Analysis of Law*", que tenta redefinir todo o direito em termos econômicos, inclusive o Direito do Trabalho como direito ao investimento. No entender de Fiss, Posner ao tentar demostrar que todas e cada uma das regras de direito devem servir ao mercado, reduzindo tudo a termos de eficiência, fracassou por desvincular o direito da idéia de justiça.

539 LEARY, Virgínia. Worker's rights and International trade. In: Bhagwati, J.; Hudec, R.. *Fair trade and harmonization*. Cambridge: MIT Press, 1997, p. 177-230.

540 A posição do Brasil traduzida por Celso Amorim é no sentido de que o tratamento dos padrões trabalhistas "não poderia ter outros objetivos que não protecionistas".

que o sucesso de exportações dos países em desenvolvimento afetam os mercados de trabalhos dos países ricos é, normalmente, vista pelo países em desenvolvimento, como protecionismo disfarçado. Os países exportadores, mais fracos, acusam os países importadores de privar os países em desenvolvimento das suas vantagens comparativas, consistentes na possibilidade de produção com baixo custo de mão-de-obra. Dessa forma, os países em desenvolvimento não aceitam a interferência em suas questões domésticas e se ressentem de serem demandados por reciprocidade em obrigações sociais, em trocas de concessões comerciais, com certa dose de razão.

Quanto aos sindicatos, estes, na maioria dos casos, entendem as cláusulas sociais como mecanismos de pressão contra os governos, em favor dos trabalhadores. Neste sentido, a "Confederação Mundial do Trabalho" (CMT), a "Confederação Internacional das Organizações Sindicais Livres" (CIOSL) e a "Confederação Européia de Sindicatos" (CES) assinaram documento[541] que foi levado a todas as instâncias internacionais, onde são explicitados elementos, procedimentos e propostas sobre cláusulas sociais, reconhecendo a necessidade de cláusulas sociais nos convênios comerciais e na cooperação internacional. Para os sindicatos, parâmetros de aplicação justa das cláusulas sociais, se esta fosse, de fato, incluída no comércio internacional, implicaria saber quem determina os padrões de referência e com base em quais fundamentos. Uma "cláusula social" que fosse aplicada de maneira não-arbitrária e bilateral deveria impulsionar e fazer progredir a legislação social internacional, impedir o *dumping* e a regressão social, preservando as "vantagens comparativas" dos países envolvidos.

O conteúdo das cláusulas sociais tem sido apontado, na prática, pelas Convenções da OIT que tratam de liberdade de associação sindical e direito de negociação coletiva, eliminação do trabalho forçado, erradicação do trabalho infantil, igualdade de remuneração e não-discriminação na contratação. Este conteúdo mínimo das cláusulas sociais ganhou mais ênfase com a Declaração sobre Princípios e Direitos Fundamentais no Trabalho, de 1998, que fixou de certa forma o *"core labour"*. Entretanto, no texto da declaração consta expressamente que o objetivo da fixação do patamar mínimo de direitos humanos dos trabalhadores não deve ter cunho comercial.

Os instrumentos de proteção aos direitos humanos transcenderam o nível estatal da proteção à pessoa humana. A proteção à pessoa humana, nas normas que fixam direitos humanos, prevê obrigações objetivas exigíveis de todos os Estados e oponíveis *erga omnes* para

[541] CUSTER, Carlos. A Legislação Social Internacional, o Processo de Globalização e as Cláusulas Sociais. In *Pesquisas* – Fundação Konrad Adenauer Stiftung, n. 10, 1998, p. 97/104.

todos os Estados, no respeito à dignidade humana. Supera-se, portanto, a noção estrita da reciprocidade nas relações internacionais.[542]

Desta forma, a OIT tenta retirar o debate do comércio em que se fala de reciprocidade e leva o debate para a esfera dos direitos humanos, que exige outra chave de leitura do problema das normas protetivas dos trabalhadores.

3.3.1.1. *Direitos humanos fundamentais dos trabalhadores e os efeitos da regulação interna das cláusulas sociais no comércio internacional*

No plano internacional, os padrões trabalhistas vistos como cláusulas sociais atuam como critérios para cumprimento de outra norma, ou seja, possuem um caráter instrumental para determinados fins comerciais, tornando-se medida de condicionalidade em direitos humanos, meio de troca de vantagens comerciais. No plano de regulação interna dos Estados, a natureza jurídica dos padrões trabalhistas corresponde a espécies de taxas sobre o trabalho, exigidas dentro de um mercado interno. Essas taxas serão revertidas em prol deste mercado, com efeitos sobre o mercado externo desse mesmo país.[543] Desse modo, o impacto econômico das cláusulas sociais num sistema de regulação competitiva não se limita ao aumento do custo do trabalho e da sua taxação, mas está inserido num contexto fiscal imperfeito, porque cada Estado, ao se auto-regular, incidirá, de uma forma ou outra, na estabilidade econômica de seus parceiros comerciais.

Mensurar os efeitos da taxação do trabalho interno no mercado internacional é tarefa difícil. O próprio mercado pode gerar a redução do custo do trabalho ou não. Deve ser considerada a mobilidade do capital, a qual, juntamente com outros fatores políticos, causa verdadeiras distorções no mecanismo regulatório das cláusulas sociais que, em tese, visaria à melhor harmonização do fator trabalho. Tendo-se em vista as dificuldades da forma de regulação interna com exigências de uma possível cláusula social no plano internacional, Charny[544] identifica várias distorções do mercado. O primeiro exemplo de distorções é o do Estado que importa serviços, mas igualmente produz no mercado doméstico o mesmo serviço. Quanto a este serviço, o nível das tarifas comerciais até pode ser fixada por acordos comerciais, porém, o Estado

[542] CANÇADO TRINDADE, Antônio Augusto. *Direitos Humanos e Meio-ambiente:* paralelo dos sistemas de proteção internacional. Porto Alegre: Sérgio Fabris Editor, 1993, p. 45.

[543] CHARNY, David. "Regulatory competition and the global coordination of labor standards" In: *Journal of international economic law*, 2000, v. 4, n. 2. Oxford: Oxford University Press, p. 282-301.

[544] Idem.

importador é livre para estabelecer os padrões trabalhistas para sua indústria local. Nesse caso, os padrões trabalhistas aumentariam o custo do trabalho além de suas fronteiras, se o país é economicamente forte e impõe ao mercado um maior preço ao produto. Dessa forma, o país exportador, diante dos custos altos do mercado comprador é obrigado a vender menor quantidade de seus produtos, por mais altos preços. Ao promover níveis trabalhistas melhores, o país importador poderá, ao contrário, rebaixar os padrões locais de trabalho no país exportador, porque este, ao diminuir salários, procura uma forma para manter sua competitividade no mercado. O mesmo efeito ocorre no país exportador; existirá baixa de salários, se, ofertando determinado subsídio, por exemplo, o país importador rebaixar o valor dos produtos. Esse argumento afasta a idéia de que há uma melhoria geral dos padrões trabalhistas, e o benefício reverterá a todos os participantes das trocas comerciais atuantes no livre mercado globalizado.

Um outro exemplo de distorções é observável em certas políticas locais para diminuir o desemprego involuntário, que estabelecem benefícios fiscais a certos setores, quando não são usados subsídios diretos para tal fim.

Charny[545] identifica modificações no modelo de cláusulas sociais como taxas no interior de um país, distinguindo uma tipologia de cláusulas sociais, contemplando três espécies de *"labour standards"*. Relaciona-os conforme os custos gerados por cada um deles e quais são seus efeitos distributivos, num contexto de competição em que cada Estado determina quais são os ganhos e vantagens, na escolha de seus padrões que atrairão o capital móvel internacional.

Num primeiro modelo, chamado modelo estático de cláusulas sociais, os trabalhadores podem receber compensações – benefícios, que substituem os baixos salários –, sendo apenas um mecanismo de justiça distributiva que pouco importa ao comércio externo, já que são mecanismos de ajuste existentes para evitar o desemprego num ideário do estado social. Tal fato não significa o chamado *dumping social*, visto que se trata de manter a competividade e o próprio emprego.

Já no modelo dinâmico de cláusula social, determina que os baixos salários decorrem escolhas políticas de múltiplo equilíbrio: ou o empregador mantém baixos salários com trabalhadores fazendo uso de tecnologias obsoletas, ou desenvolve uma tecnologia sofisticada com menos trabalhadores, com maiores habilidades. A escolha de qualquer das opções impõe uma alteração dos padrões laborais que, ao significarem apenas realocação de mão-de-obra, não trazem grandes significa-

545 CHARNY, David. "Regulatory competition and the global coordination of labor standards" In: *Journal of international economic law*, 2000, v. 4, n. 2. Oxford: Oxford University Press, p. 282-301.

dos para o mercado externo. Nesse grupo de cláusulas sociais, que embora o trabalhador ganhe, tal ganho não importa diretamente para o mercado. No mesmo sentido estão as normas protetivas laborais que garantem medidas antidiscriminatórias, como a igualdade de remuneração por motivos de gênero, por exemplo: importam para o trabalhador e não importam à competição do comércio internacional.

Num terceiro modelo, as cláusulas sociais aparecem como seguro social e visam a segurar os trabalhadores dos riscos econômicos. São feitos, por exemplo, através de fundos de seguros. São vantagens salariais indiretas que podem levar à mobilidade de investimentos se não forem generalizados entre os países envolvidos no comércio internacional.

Por causa das situações específicas de cada região, decisões regulatórias descentralizadas e setoriais são necessárias. A regulação da competitividade pode ameaçar certas estratégias ou programas de desenvolvimento priorizados por determinados Estados. A competição internacional pode tornar difícil opções de países subdesenvolvidos para melhorias salariais como metas de reduzir as disparidades de gênero. Para economias em estágios diferentes, instituições de trabalho devem ser diferentes. Uma pequena parte do descumprimento de normas internacionais do trabalho pode estar associada à competição e não está claro que estes problemas de violação de direitos humanos estejam vinculados à competitividade. O problema relaciona-se, geralmente, à pobreza e situações não-democráticas.

A partir deste estudo geral, de Charny,[546] evidencia-se que a fixação de cláusulas sociais em comércio internacional não neutraliza as diferenças produtivas entre os países, que necessitam fixar as próprias normas trabalhistas, suas cláusulas sociais, na regulação do mercado interno.

Esta constatação também é válida para "padrões" de direitos humanos associados, pela OIT, a fatores de competitividade, conforme estudo preconizado pela OCDE, em 2000.[547]

A utilização de cláusula social no comércio internacional para superação do trabalho infantil revela-se de pouca eficácia. Retirar as crianças do trabalho, apenas do setor de exportação, pode acarretar apenas em um decréscimo da renda familiar, sem uma compensação para a família. Os salários dos adultos não aumentariam, necessariamente, com a retirada da criança do trabalho. Crianças retiradas apenas dos setores de exportação, para que se evitem sanções comerciais, são

546 CHARNY, David. "Regulatory competition and the global coordination of labor standards" In: *Journal of international economic law*, 2000, v. 4, n. 2. Oxford: Oxford University Press, p. 282-301.

547 OCDE: *International Trade and Core Labour Standards*. Paris: 2000, p. 39-42.

reaproveitadas no mercado doméstico. A partir do estudo da OCDE, sugere-se que a proibição do trabalho infantil, abaixo de certa idade, é mais benéfica para a criança, do que a aplicação de multas ou taxas pela utilização de mão-de-obra infantil. A multa de um país ou empresa por utilizar mão-de-obra infantil pode ser ainda mais negativa para a criança que trabalha. O empregador pode diminuir o valor que paga à criança, tendo em vista o cálculo das multas. Portanto, o total banimento do trabalho infantil é um instrumento político mais efetivo. Alguns estudos demonstram que, nos países de alta produtividade, com a utilização de trabalho infantil, uma melhor distribuição de salários poderia reduzir ou eliminar o trabalho infantil, mas, em países de baixa produtividade, uma melhor distribuição de salários poderia aumentar o trabalho infantil. A idéia de selos para produtos de exportação que não utilizam trabalho infantil possuem efeitos irrelevantes no mercado: apenas 5% das crianças que trabalham o fazem no setor de exportações.[548] Dessa forma, os consumidores dos países desenvolvidos que exigem nível de proteção mais elevados nos países pobres, devem estar prontos a pagar por isso.[549]

Em síntese, a idéia de cláusulas sociais para sancionar comercialmente a prática do trabalho infantil não traria imediatamente vantagens para a criança que trabalha. Isto porque o país pode mudar as leis, mas não as práticas que, muitas vezes, estão associadas a fatores culturais. Assim, o que se deve sublinhar é a formação de capital humano, retirando-se a criança do trabalho e proporcionando a sua família meios de mantê-la na escola.

Por outro lado, existem *standards* trabalhistas que não dependem dos níveis de salário de um Estado. As questões de discriminação podem ou não refletir nas exportaçoes, mantendo um impacto ambíguo na competitividade internacional.[550] Também a liberdade sindical não tem uma influência direta na competitividade do comércio entre os países, uma vez que só atinge ao setor de exportações formais. Sanções comerciais a países que não possuem a liberdade sindical teriam, por exemplo, o efeito perverso de deslocar a mão-de-obra do setor formal para o setor informal, aumentando a disparidade entre os trabalhadores destes setores, o que deteriora as relações de trabalho no interior do país exportador.

548 OCDE: *International Trade and Core Labour Standards*. Paris: 2000, p. 39-42.

549 FREEMAN, Richard B. A hard-headed look at labour standards. In: *International labour standards and economic interdependence:* Essays in commemoration of the 75th anniversary if the International Labour Organization and the 50th anniversary of Declaration of Fhiladelphia. International Labour Organization (insternational Institute for labour Studies). Geneva, 1994, p. 79-91.

550 OCDE: *International Trade and Core Labour Standards*. Paris: 2000 p. 41.

Por fim, os estudos da OCDE apontam que existe um mercado consumidor que estabelece padrões trabalhistas e que se move de forma mais dinâmica que as próprias regulamentações estatais.

Os países podem escolher os próprios padrões: se escolherem maus padrões, não podem ser afastados padrões melhores, advindos de outra esfera de regulamentação: a esfera internacional ou as próprias normas previstas, por exemplo, no interior das empresas transnacionais, por meio de códigos de conduta.[551]

A discussão sobre inclusão de padrões trabalhistas em negociações comerciais, visto que podem não ter uma influência direta sobre a competitividade internacional, representa, portanto, uma ameaça à soberania e às possibilidades políticas de regulação do mercado interno e políticas de trabalho.

Se a promoção dos direitos mínimos do trabalhador não tem impacto claro no mercado financeiro internacional, resta duvidosa a boa intenção dos países ricos de levarem adiante o debate da cláusula social. Descabem os argumentos de que a cláusula social seria instrumento de implementação do trabalho decente no mundo.

Outras discussões se encaminham no interior da OIT e da OMC no âmbito internacional e, provavelmente, se seguirão nos próximos anos.[552]

A 88ª Conferência da OIT, encerrada na primeira quinzena do mês de junho de 2000,[553] reexaminou um novo informe baseado na Declaração da OIT relativa aos princípios e direitos fundamentais no trabalho, evitando discussão geral sobre cláusulas sociais, durante a conferência da OIT.

O que se colocou de forma mais contundente e adversa à concretização do tipo de cláusulas sociais, propostas pelos americanos, foram as conclusões da V Conferência de Ministros do Trabalhos de Países Não Alinhados e outros países em desenvolvimento, realizada em Nova Delhi, em janeiro de 1995, onde se afirmou que os esforços em estabelecer vínculos entre o comércio internacional e a aplicação de

[551] FREEMAN, Richard B. A hard-headed look at labour standards. In *Internationa labour standards and economic interdependence:* Essays in commemoration of the 75th anniversary if the International Labour Organization and the 50th anniversary of Declaration of Philadelphia. Interntional Labour Organization (insternational Institute for labour Studies). Geneva, 1994, p. 79-91.

[552] PASTORE, José. *A cláusula social e o comércio internacional.* Brasília: Edição CNI, 1997, p. 66 aponta o futuro das cláusulas sociais no sentido da discussão de normas mínimas de emprego, salários, investimentos, exportação e importação. Mattioli entende, por exemplo, na conclusão de sua tese, que a OMC instituição com mais poder na esfera internacional, a ela se direcionarão os debates futuros sobre cláusulas sociais, tendo a OIT um papel de colaboração. In MATTIOLI, Maria Cristina. *Cláusula social nos acordos de comércio internacional: necessidade de inserção.* Tese apresentada na Pontifícia Universidade Católica de São Paulo, março de 2002.

[553] Notícias extraídas das páginas da OIT: http://www.ilo.org.

normas através da imposição de uma cláusula social geram inquietações e temores de protecionismo.[554] Nesse encontro, afirmou-se que:

> A cláusula é totalmente inaceitável, desvaloriza a soberania das nações, carece de toda lógica econômica, não é o instrumento político correto para melhorar as normas trabalhistas, é um instrumento carente de ética; tem potencial de causar desemprego e sofrimento entre as pessoas cuja condição se quer melhorar, não pode ter aplicação universal, já que o emprego em muitas atividades econômicas fica fora do alcance do comércio internacional.

Em síntese, como se mencionou, o debate relativo às cláusulas sociais, enquanto cláusulas comerciais, está adormecido, mas é sempre constante a ameaça que o assunto volte à baila na OMC.

Permanece, por ora, vitoriosa a teoria de que o tema não deva ser levado estritamente pela OMC. Os motivos variam. Para uns, não se cumpririam as exigências compatíveis com a justiça social[555] e para outros, a agenda da OMC estaria ocupada demais para dar espaço às matérias trabalhistas e ambientais.[556] De qualquer sorte, a promoção dos direitos humanos mínimos no trabalho não está relacionada diretamente aos efeitos do comércio internacional. São fracas as evidências entre normas mínimas e: proteção ao trabalhador e ao emprego; proteção ao trabalhador e ao salário; proteção ao trabalhador e aos investimentos; proteção ao trabalhador e às exportações e importações.[557]

Direitos humanos dos trabalhadores é debate que foi redirecionado pela ação da OIT, com a Declaração sobre Princípios e Direitos Fundamentais no Trabalho, de 1998, somado à idéia de trabalho decente, em 1999, justamente como uma resposta indireta à questão das cláusulas sociais. Com isso, pretendeu a OIT afastar os Direitos Humanos dos Trabalhadores das condicionalidades comerciais, reafirmando seu mandato de proteção aos trabalhadores. Entretanto, dúvidas surgem quando se discute se a harmonização de um patamar mínimo de direitos trabalhistas não seria um primeiro passo para a implementação das cláusulas sociais, com enfoques humanitários, e, portanto, oponíveis *erga omnes*.

3.3.2. Códigos de conduta das empresas transnacionais

No ambiente econômico globalizado, a assunção de um papel tutelar dos direitos humanos pelas grandes companhias[558] indica uma

[554] KHOR, Martin. *Globalization and the south*. Penang: Third world network, 2000, p. 39-41.

[555] NYERERE, Julius K. Are universal social standards possible? In: *Development In Practice*. Oxford: Oxfam, 1999, v. 9, n. 5, novembro, p. 583 – 587.

[556] ROLLO, Jim; WINTERS, Alan L. Subsidiarity and Governance Challenges for the WTO: environmental and labour standards. In: *The World Economy Journal*. Oxford: Book Review Editor, v. 23, n. 4, p. 561-575, april, 2000.

[557] PASTORE, José. *A cláusula social e o comércio internacional*. Brasília: Edição CNI, 1997, p. 48-61.

[558] Utilizaremos neste tópico indistintamente as denominações empresas transnacionais e multinacionais, cuja distinção não é relevante para ao tema dos códigos de conduta.

transferência da responsabilidade social do Estado para a iniciativa privada. Isso se deve a dois fatores. De um lado, observa-se a perda da influência de governos e de organizações de trabalhadores locais no mercado globalizado. De outro, tem-se a pressão exercida pela opinião pública, as associações de consumidores, as organizações não-governamentais, os sindicatos sobre as grandes empresas multinacionais, exigindo maior responsabilidade quanto ao impacto social e ambiental de operações de empreendimentos transnacionais ou multinacionais de grande porte. A pressão crescente para que as companhias sejam responsáveis em aspectos não-financeiros tem sido chamado de "linha básica tripla" (*triple bottom line*), referindo-se ao desempenho econômico, ambiental e social das grandes empresas. Os governos estudam mecanismos de ação para monitorar os avanços nesta tríplice área de atuação das grandes empresas.[559] A responsabilidade das empresas transnacionais[560] para proteção de direitos humanos dos trabalhadores tem se manifestado concretamente na adoção de códigos de conduta. A preocupação com a conduta das empresas multinacionais fez emergir documentos como o Código de Conduta das Nações Unidas para as empresas multinacionais, Guia da OCDE para empresas multinacionais e Declaração Tripartita de Princípios a respeito das Empresas Transnacionais e Política Social, da OIT, de 1977.

Códigos de conduta privados com conteúdos sociais, etiquetas sociais e o chamado ISO social são as soluções encontradas no espaço privado para inclusão nas relações privadas do debate das cláusulas sociais relativas a direitos humanos básicos dos trabalhadores, pelos próprios atores do mercado, num contexto de responsabilidade social. Representam, de certa forma, espécies de mecanismos de autopromoção e estratégias de *marketing*, inventadas pelas empresas, de modo geral, pelas transnacionais, que se proclamam seguidoras de normas protetivas dos trabalhadores, mediante o cumprimento de certos padrões laborais mínimos, ainda que de modo unilateral e voluntário. A evidente privatização do tema das cláusulas sociais é resposta à indefinição e reticência ao tratamento do tema na esfera das organizações internacionais.

Inicia-se com uma abordagem geral dessas formas de atuação privada, etiquetas sociais e ISO social, para uma posterior compreensão conteúdo e significado dos códigos de conduta.

Ao lado do ISO social, em alguns setores, fala-se em selos distintivos de boas práticas. Selos são usados para atrair os consumidores para

559 RATNER, Steven R. Corporations and humam rights: a theory of legal responsability. *Yale Law Journal*, p. 452-518. December, 2001.

560 BAKER, Mark B. Tightening the Toothless Vise: Codes Of Conduct In The American Multinational Enterprise. *Wisconsin International Law Journal:* Madison, n. 20, p. 89–141, Winter, 2001.

produtos que foram produzidos observando *standards* mínimos de respeito às condições de trabalho dos trabalhadores envolvidos na produção. Estes selos foram encontrados em tapetes no Paquistão e na Índia, para garantir que não foi utilizada mão-de-obra infantil e em flores da Colômbia e do Equador, no sentido de revelar que a plantação obedeceu a regulamentos de segurança. Muitas iniciativas de selos, ou etiquetas sociais, têm partido de ONGs, em casos citados, da Alemanha.[561] A OIT, em 1997, promove, ao lado da iniciativa privada, o programa de "etiqueta social". O diretor-geral da OIT, Michel Hansenne, propôs a "etiqueta social" para os produtos dos países do terceiro mundo que observam as normas laborais básicas, com a criação de um mecanismo internacional de supervisão, com a adesão voluntária do país ao sistema, a fim de não violar a carta da OIT e as normas da OMC. O projeto teria força na medida em que os grupos de consumidores e das empresas de produção e distribuição boicotassem os artigos que não tivessem as etiquetas.[562] Pretendia-se permitir e promover a adoção de códigos de conduta para produtores, e de etiquetas que garantissem as condições de fabricação dos artigos de consumo.

O reforço positivo pensado pela OIT consistiria de, ao invés de punir o país descumpridor das normas laborais mínimas, premiar os que as cumprem, ao modo dos programas de qualidade total. Nos programas de qualidade total,[563] há uma coerção estrutural para que se atinjam metas de maximização da produtividade, cujo resultado, ainda que não-jurídico, mas econômico, é uma sanção premial no âmbito privado. Sob influência da concepção de premiar empresas nas quais são cumpridos os padrões mínimos trabalhistas, no plano privado, fala-se em ISO social. Como muitas companhias buscam certificação de qualidade dos produtos (ISO 9000) e certificação de *performance* íntegra no respeito aos padrões ambientais (ISO 14 000), surge a certificação de responsabilidade social, a SA8000 *social accontability* ou RS 800.[564] A precípua função deste novo ISO, lançado em outubro de 1997, é a declaração de que a empresa que o possui cumpre os padrões trabalhistas básicos, fixados pela OIT, quando relaciona os direitos fundamentais do trabalhador. Os selos ou etiquetas sociais e o ISO social se relacionam estritamente aos códigos de conduta, porque representam uma avaliação externa das condutas que a empresa visa a implementar pelos códigos. Ou seja, selos sociais e ISO social podem ser utilizados como mecanismos de monitoramento dos códigos de conduta. Exprimem, portanto, um padrão de excelência e da efetividade do código de

561 LIEMT, Gijsbert Van. Idem, Ibidem, p. 101.

562 Retirado da Internet http://www.revistadelsur.org.uy em julho de 1997.

563 VIGORITA, Luciano (org.) et al. *Qualità totale e diritto del lavoro*. Milano: Giuffrè, 1997.

564 http://www.citinv.it/associazioni/CNMS.

conduta. Outro modo de situar estes mecanismos é explicar que, ao lado dos códigos de conduta, atuam no sentido de revelar a seriedade e responsabilidade do empreendimento.

Por fim, por decisão unilateral de empresas, ou por acordo entre várias empresas, surgem os chamados códigos de conduta.

Por códigos de conduta[565] compreende-se um documento empresarial que traduz uma política da empresa referente a condições de trabalho e princípios éticos de atuação da empresa. O documento possui publicidade, e tais condições de trabalho podem ser impostas aos fornecedores, intermediários e mesmo consumidores. Os códigos de conduta são endereçados a empresas vinculadas comercialmente mediante circulares, ou cartas sendo unilaterias ou negociados.

Dentro de métodos atuais de organização de produção, todos os degraus hierárquicos de subcontratação devem seguir padrões éticos de eqüidade no tratamento da questão social.

Códigos de conduta privado, neste contexto, são declarações de empresas que tornam expressos os compromissos desta a respeito com a fabricação de certo produto, nos parâmetros de responsabilidade social, ou seja, com ações economicamente produtivas, que respeitem o meio ambiente e os aspectos sociais (trabalhistas) na quais se inserem. Também são documentos que disciplinam condições de produção dos fornecedores e subcontratantes de determinada empresa multinacional. São instrumentos de gestão das grandes empresas e um modo de a empresa apresentar-se aos consumidores, aos Estados nacionais e aos consumidores como entes responsáveis capazes de realizar escolhas éticas, e não somente vantajosas do ponto de vista econômico.

A teoria da responsabilidade das empresas quanto à proteção dos trabalhadores reflete um movimento de ampliação dos sujeitos responsáveis perante o direito internacional.[566] É um movimento que cresce na medida em que a fragilização do Estado-Nação se acentua. A tomada de consciência do poder das grandes transnacionais leva ao reconhecimento de sua responsabilidade pelo respeito aos direitos humanos, ainda que de uma forma secundária, em relação aos Estados.[567]

---

565 BABACE, Héctor. Cláusulas Sociales. In: *Derecho Laboral* – revista de doctrina, jurisprudência e informaciones sociales. Montevideo: abril-junho 2000, p. 291-333.

566 Recente julgamento, em setembro de 2002, contra companhias de petróleo americanas UNOCAL Corporation e TOTAL S. A as responsabilizando subsidiariamente com o governo de Myanmar, por uso de trabalhos forçados, assassinatos e torturas, durante a construção de infraestrutura petrolífera naquele país. Sinale-se que a decisão baseou-se na lei americana que prevê a responsabilidade internacional de companhias estrangeiras, o ATCA – Alien Tort Claims Act. No caso, embora as torturas não tenham sido praticadas pelas empresas e sim pelo governo de Myanmar, a responsabilidade destas decorreu do fato de saberem do uso de tortura, sendo, portanto, consideradas coniventes. http://www.ilo.org/public/english/standards/relm/gb/docs/gb273/myanmar.htm.

567 HONG, Jane C. Enforcement of Corporate Codes of Conduct: Finding A Private Right of Action for International Laborers Against MNCs For Labor Rights Violations. *Wisconsin International Law Journal*. Madison: n. 19, p. 41-63. Fall, 2000.

Na sociedade globalizada, a adoção de normas internacionais do trabalho tornou-se interessante para as empresas porque há um evidente aspecto publicitário para a opinião pública, que pode associar a imagem da empresa à idéia de prosperidade ao atuar de forma responsável juntamente com a sociedade. Na verdade, as empresas transnacionais buscam a competição no mercado e os resultados políticos de se proclamarem defensoras das normas internacionais do trabalho são importantes. Além do motivo ideológico para que as empresas se preocupem com normas internacionais do trabalho, a motivação fática e jurídica está em estabelecer as bases da responsabilidade que irão assumir quanto a certas exigências do mundo do trabalho.

Ou seja, as empresas preocupam-se em seguir as próprias regras, através dos códigos de conduta, para evitar que certas relações trabalhistas sejam regulamentadas de forma mais dura pelo mercado ou pelas leis governamentais dos países que as hospedam. O cumprimento de normas laborais pela empresa, com a devida propaganda desta atitude, significa, em muitos casos, limitar gastos com indenizações futuras. Somado ao argumento anterior, as promessas constantes dos códigos de conduta tornaram-se uma parte importante da questão maior da responsabilidade das empresas transnacionais, em fase de globalização da economia, visto que respondem por um terço do comércio do mundo. Os códigos de conduta podem ser igualmente consistentes no auxílio da promoção de padrões internacionais válidos de comportamentos responsáveis,[568] promoverem acordos salariais com sindicatos transnacionais, com maior poder de barganha, terminar algumas das piores formas de exploração e abuso e contribuir na construção de um sistema de justiça social internacional nas relações industriais. Em princípio, se as iniciativas de códigos de conduta promoverem o comportamento saudável das grandes companhias, no mesmo espírito das leis locais, complementando esforços públicos de

568 Para promover um quadro europeu para a responsabilidade social das empresas, a União Européia criou um livro verde que se destina a lançar um amplo debate sobre o modo como a União Européia poderá promover a responsabilidade social das empresas no plano tanto europeu como internacional, nomeadamente, sobre a melhor forma de explorar as experiências existentes, fomentar o desenvolvimento de práticas inovadoras, melhorar a transparência e reforçar a fiabilidade da avaliação e da validação das diversas iniciativas promovidas na Europa. http://europa.eu.int/comm/employment_social/soc-dial/csr/greenpaper_press.htm. É interessante que se analise que também a Comunidade Européia pretende, através de parecer do Comitê Econômico e Social – CES 1174/2000 FR – CF/fv/dm/fv, datado de 19 de Outubro de 2000, promover a "Simplificação da Legislação do Mercado Único", documento que, aliás, menciona a elaboração de códigos de conduta. No sentido da adoção de códigos de conduta, também a OIT os tem adotado, como por exemplo o recente Código de Práticas sobre a AIDS (Na ILO code of practice on HIV/AIDS and the word of work – International Labour Office: Geneva: June, 2001) entre outros. Isso sinaliza o movimento de publicização dos códigos de conduta, que estão sendo adotados na esfera internacional.

regulação e políticas que estejam faltando para desenvolver a sociedade local, colaboram e trazem novo espírito de cooperação, necessário para a proteção dos direitos humanos.

Nesse contexto, já nos anos 70, existiam códigos de conduta mais destinados e esmiuçar aspectos produtivos de certos bens. Em 1990,[569] companhias se aprimoraram no *marketing* e começaram a fabricar bens de marca produzidos internacionalmente. Para dar suporte às práticas significativas para a empresa e para que estas práticas fossem aplicadas aos seus subcontratantes, começaram a formular e adotar códigos de conduta, que, diferentemente dos primeiros, agora se destinam não somente ao interior do sistema produtivo, como ao exterior da empresa, atingindo consumidores e fornecedores. Os códigos de conduta das empresas transnacionais se voltam para os trabalhadores e contemplam, normalmente, direitos já consagrados pela OIT no plano internacional.[570]

Os códigos formulados a partir dos anos 90 apresentam características[571] comuns. Primeiramente, servem para ser adotados por companhias individuais que produzem regras independentes, ignorando os padrões estabelecidos (nacionais e internacionais), a fim de criarem as próprias normas. Isso significa um movimento de mão dupla, com a privatização das normas internacionais do trabalho ou a publicização de condutas privadas, na medida em que as empresas impõem uma alteração dos modos de produção local, que, indiretamente, podem induzir alterações legislativas no âmbito local. Embora não discutam a soberania de governos, os códigos de conduta são elaborados à margem dos Estados e sem a participação dos governos locais. Ao contrário de serem levadas em conta as práticas baseadas na lei nacional, os novos códigos não pretendem considerar as condições de trabalho do local da produção, mas impõem um padrão universal.[572]

Consideram-se os destinatários dos códigos os trabalhadores em sentido amplo, independentemente de serem ou não estes os emprega-

---

569 MURRAY, Jill. Corporate Codes of Conduct and Labour Standards. ln: KILOF, Robert. Ed. *Mastering challenge of globalization:* Towards a trade union agenda. Geneva: ILO, 1997, p. 47-115. www.codesofconduct.org.

570 Voluntary codes of conduct – written expressions of commitment to a given standard of business conduct – have continued to grow in number. For example, in the US, most Fortune 500 companies have adopted codes of conduct or internal guidelines, dealing with a variety of matters, including core labour standards. In the UK, over 60% of the top 500 companies have similar codes; a decade ago the figure was only 18%. The social partners from the textiles and clothing, footwear and commerce sectors in the EU have negotiated codes of conduct based on core labour standards. www.oecd.org/T

571 JUSTICE, Dwight W. *The new codes of conduct and the social partners.* http://www.icftu.org. Acesso em agosto/2002.

572 MURRAY, Jill. Corporate Codes of Conduct and Labour Standards. ln: KILOF, Robert. Ed. *Mastering challenge of globalization*: Towards a trade union agenda. Geneva: ILO, 1997, p. 47-115. www.codesofconduct.org.

dos da companhia que adota o código. Os códigos de conduta se dirigem às práticas dos fornecedores da companhia e subcontratantes. Ao serem nominados de iniciativas voluntárias privadas, requerem um compromisso positivo por uma companhia subcontratante antes que sejam aplicados, ou seja, o fornecedor deve concordar com o código que lhe é imposto. Isto está em contraste com instrumentos das Diretrizes de OCDE (Organização para Cooperação e Desenvolvimento Econômico) que se aplicam a todos os empreendimentos multinacionais.

Segundo Justice,[573] os sindicatos pressionaram as empresas transnacionais, no sentido de adotarem códigos de conduta. Estas pressões, aliadas à adicional necessidade de algumas empresas promoverem uma imagem mais positiva, deram origem à elaboração dos códigos de conduta. Algumas companhias que adotam os códigos de conduta estão respondendo à opinião pública, para apagar a publicidade gerada por relatórios de condições de funcionamento perigosas, horas de trabalho desumanas, fome, brutalidade e o uso difundido de crianças trabalhadoras envolvidas na produção de vestimentas, calçados, brinquedos e outros trabalhos intensivos, como também na produção de muitos produtos agrícolas.[574] Verifica-se que a origem dos códigos de conduta está especialmente ligada às denúncias de que as empresas utilizavam mão-de-obra infantil no seu setor produtivo. Os códigos de conduta são uma resposta das empresas multinacionais que foram duramente criticadas por países em via de desenvolvimento[575] por não promoverem os trabalhadores e o ambiente do local em que se inseriam.

Para a OIT, as empresas gozam de plena liberdade para disporem a respeito de códigos de conduta.[576] Nesse sentido, há, inclusive, tentativas de negociação coletiva de códigos de conduta de empresas transnacionais.[577]

---

573 JUSTICE, Dwight W. idem.

574 Cfe. Janelle Diller existem processos pendentes de: Estados Unidos contra UNOCAL, baseado em acusações de que este companhia teria utilizado trabalho forçado para a construção de um oleoduto de óleo em Myanmar; contra NIKE Inc. por concorrência desleal, porque não adotou práticas corretas e não implementou corretamente um código de conduta; um processo em Hong Kong de China contra Adidas, por dissidentes chineses que reivindicam ter feito bolas de Adidas futebol como prisioneiros em um acampamento chinês. DILLER, Janelle. A social conscience in the global marketplace? Labour dimensions of codes of conduct, social labelling and investor initiatives. *International labour Review*, 1999, v. 138, n. 2, p 99-129.

575 LIEMT, Gijsbert Van. Production Conditions and International trade: Protection or protectionism? In: *The international Social Issue:* Social Dumping and Social Competition in the Global Economy. Ludo Cuyvers, Bart Kerremans Eds, 1998, p. 99 -100.

576 OIT: *Oficina Internacional de empleadores*. Codigos de Conduta. Posicion de la Organización Internacional de Empleadores. Ginebra, 1999.

577 A Companhia Nestlé pretende realizar um código de conduta para todas suas filiais negociando-o com os sindicatos de empregados. O detalhamento do código pode ser visto na

Entretanto, embora baseados em normas da OIT, examina-se uma seletividade evidente quanto ao conteúdo dos códigos de conduta: na maioria dos casos, não são abordados temas como liberdade sindical, sendo que outros argumentos, como igualdade de remuneração e trabalho infantil, são cláusulas recorrentes. Para Cleveland,[578] muitas das violações de direitos humanos básicas cometidas ao redor do mundo são relativas ao trabalho e têm-se como mira líderes sindicais que, freqüentemente, são as vítimas de execução sumária, tortura e detenção arbitrária, motivo pelo qual deveriam existir monitoramento maior quanto a estes fatos, por parte da sociedade como um todo.

Os códigos de conduta, portanto, indicam a contradição entre duas hipóteses: a da cooperação entre as empresas transnacionais e a OIT, por um lado, e, por outro lado, a hipótese de competição das transnacionais com as normas emanadas da OIT, num sentido negativo.

Num sentido positivo, a cooperação entre a OIT e as empresas transnacionais representaria uma melhora geral nas relações de trabalho. Num sentido negativo, a competição entre OIT e transnacionais relativizaria direitos e garantias, no momento em que as empresas transnacionais emanassem normas menos obrigatórias e cogentes: ou seja, as empresas poderiam promover algumas normas internacionais que lhes convêm, deixando outras de lado, ou, mesmo, descumprindo algumas outras. Obviamente, as normas cumpridas seriam publicamente divulgadas, enquanto as demais, ocultadas ou, no mínimo, não difundidas.

Embora existam estas dificuldades, para a OIT, os códigos de conduta são capazes de auxiliar na implementação dos direitos humanos fundamentais do trabalhador, que já estavam presentes em outros instrumentos de direitos humanos.

Entre as críticas feitas aos códigos de conduta, enfatiza-se que há uma tendência de privatizar as normas do trabalho. A partir da privatização, o passo seguinte pode ser a flexibilização de padrões estatais de proteção ou, ainda, a dispensa dos mesmos, via desregulamentação, em última análise. O retrocesso na proteção social dos trabalhadores é um efeito possível dos códigos de conduta. Do ponto de vista dos empregados, os códigos de conduta foram vistos como fórmulas usadas pela empresa para reconstruir a sua imagem, e não como uma possibilidade de melhorar as condições de trabalho, ou

---

obra de José Marcos-Sanches. OIT – Oficina Internacional do Trabalho. MARCOS-SANCHES, José: *Negociación colectiva y código de conducta: diagnóstico e propuestas para los sindicatos de Nestlé en América latina*, 2000.

578 CLEVELAND, Sarah H. Global Labor Rights and the Alien Tort Claims Act. *Texas Law Review*. Austin, v. 76, p. 1533-1579, May, 1998.

avançar na prática e concretização de direitos humanos dos trabalhadores.

Do ponto de vista fático, a questão sobre a qual os empregados destas multinacionais se perguntam é porque declarar que "lutaremos contra o trabalho infantil" quando a empresa, ao adotar esta bandeira, efetivamente não tinha histórico de contratação de crianças. Ou seja, muitas vezes os códigos de conduta são fantasiosos, como convém à idéia de propaganda, desligando-se dos reais problemas locais dos empregados de determinada empresa. Do ponto de vista competitivo, é interessante para as companhias que preparem metas e comparem desempenhos a partir dos códigos de conduta. Do ponto de vista da relação de emprego, tais códigos sofisticam a relação de emprego direta e ampliam a responsabilidade dos trabalhadores indiretos, que subcontratam e são subcontratados pelos fornecedores. Conforme Perulli,[579] os códigos de conduta unilaterais, do ponto de vista estritamente jurídico, apenas obrigariam o empregador com relação a seus empregados diretos, a exemplo de regulamentos da empresa. Ou seja, possuem a natureza jurídica de regulamento empresarial e, em outras palavras, representam tão-somente uma manifestação do poder hierárquico do empregador. A vantagem de provirem da vontade unilateral do empregador deve ser compensada por uma interpretação vantajosa ao empregado. Assim, toda a ambigüidade dos textos dos códigos de conduta deve ser interpretada a favor dos empregados, seguindo-se o princípio da aplicabilidade da norma mais favorável, cujo alcance pode ser definido como a possibilidade de, diante de várias fontes legais formais, aplicar-se a que mais favoreça os trabalhadores.[580]

No campo político, ao lado de se contemplar pressão sobre os governos para que cumpram sua função social distributiva, verifica-se uma ingerência em questões locais. Práticas que surgem de um certo sistema cultural correm o risco de serem desprezadas pelos códigos de conduta. Isso acarreta uma relativização da soberania dos governos locais e um enfraquecimento de padrões culturais locais.

Por receberem a atenção do público e da mídia, alguns setores, como têxtil, vestuário, calçado, alimentação e agricultura, são mais observados pelas ONGs que exercem excelente papel de monitoramento dos códigos de conduta, trazendo mais transparência aos reais objetivos pretendidos por estes. Algumas ONGs que trabalham com erradicação de trabalho infantil entendem que a responsabilidade das empresas deveria ir além de um combate formal ao uso de crianças como empregadas. Pretendem que as empresas verifiquem onde resi-

579 PERULLI, Adalberto. *Diritto del lavoro e Globalizzazione: clausole sociali, codici di condutta e commercio internazionale*. Padova: CEDAM, 1999, p. 304.

580 PLÁ RODRIGUEZ, Américo. *Princípios de Direito do Trabalho*. 3ª ed. São Paulo: LTr, 2000, p. 123.

dem estas crianças que trabalham e se foram recrutadas forçadamente. Após isso, a responsabilidade das empresas que adotam código de conduta, segundo as ONGs, deveria garantir a saída das crianças do mercado de trabalho com a fiscalização sobre o efetivo término do trabalho e participação habitual em atividades educacionais. Por fim, segundo certas ONGs, as empresas deveriam assegurar que as famílias tenham condições de dar suporte à educação dessas crianças. Em síntese, por vezes, as exigências das ONGs vão no sentido de ampliação das responsabilidades sociais da empresa, em pontos que estas não obrigariam voluntariamente e, muitas vezes, não pretenderiam atuar. Por outro lado, em contraste com as disputas entre empregados e empregadores, as ONGs trazem outra dimensão ao debate da responsabilidade social, aumentando o controle recíproco das ações de cada grupo e evitando que o código se torne um espaço de negociação coletiva típico da esfera sindical.

Do ponto de vista dos consumidores, compreende-se que há certa confusão, sobretudo porque não há confiabilidade na propaganda que representam os códigos de conduta. A noção de consumidor evoluiu para abarcar uma maior parcela da sociedade civil, e não apenas a pessoa que compra ou usa determinado produto. Consumidores são todas as pessoas que buscam informação sobre o produto, que estão envolvidas pela propaganda decorrente do consumo e da concorrência do produto no mercado. Assim, os consumidores estão cada vez mais conscientes e organizados diante da necessidade da responsabilidade social das empresas.

Quanto à OIT, a adoção de códigos de conduta por empresas multinacionais testa os limites do tripartismo. Ao lado de empresas, empregadores e governos, soma-se um quarto membro: as empresas transnacionais, estas com regras próprias, com tratamento diferenciado e hegemônico frente aos demais agentes.

Por fim, outro problema é que os códigos de conduta avançam sem um necessário comprometimento em relação aos fins almejados e com um fraco sistema de monitoramento. Mesmo para maioria dos códigos mistos ou híbridos (formulados com ONGs, sindicatos, participação dos consumidores e da sociedade civel) e que prevêem algum tipo de fiscalização externa e sistema de certificação, este controle não é plenamente confiável do ponto de vista dos consumidores e, especialmente, dos trabalhadores.

A leitura de argumentos favoráveis e contrários aos códigos de conduta passa pelo problema do direito do trabalho que é, em síntese, o problema de coordenação entre direito interno e internacional, uma vez que este último não pode substituir o direito interno, devido a suas peculiaridades sociopolíticas locais.

Emerge uma nova necessidade de equilíbrio entre as esferas internacional e nacional, pública e privada, no mundo do trabalho. Essa nova necessidade de equilíbrio passa por uma redefinição do princípio da subsidiariedade.[581] O princípio da subsidiariedade significa que toda a entidade de hierarquia inferior deve poder organizar tudo o que está no âmbito de sua competência.

O princípio autoriza a entidade maior a agir somente quando a de hierarquia inferior não o faça.[582] Em termos de direito internacional, e no tocante à questão dos direitos humanos, a comunidade internacional não deve intervir no plano interno, a menos que as comunidades nacionais não tenham condições de fazer respeitar os direitos humanos básicos. O princípio da subsidiariedade sofre, contudo, uma inflexão no contexto pós-moderno,[583] tendo seu significado alterado. Diante do pluralismo das fontes jurídicas internas e internacionais e o enfraquecimento da soberania estatal, a proteção dos direitos humanos impõe que exista o diálogo das fontes. Isto quer dizer que a determinação das esferas de competência da comunidade internacional, do Estado e das empresas não pode ser determinada por uma aplicação rígida do princípio de subsidiariedade. Essa relativização do princípio de subsidiariedade deve-se à importância dos direitos humanos. A concorrência de ações tendentes à efetivação dos direitos humanos não é vista como um mal a ser superado pela delimitação estanque de esferas de competência, mas, geralmente deve ser vista como algo benéfico.

Nesse ponto, ocorre, por vezes, que o princípio da subsidiariedade seja invertido, nada impedindo, por exemplo, que as entidades menores tomem a iniciativa de regulamentar direitos que seriam, inicialmente, de competência do ente estatal. Outra forma de inversão do princípio da subsidiariedade é que este se funda na consideração de que os Estados são entes maiores, ou seja, mais poderosos, do ponto de vista territoral, econômico e político. Entretanto, hoje existem empresas transnacionais que superam o Estado, especialmente no aspecto econômico e, deste modo, explica-se parcialmente o fenômeno, por exemplo, dos códigos de conduta, uma vez que as empresas podem implementar

[581] A origem do princípio da subsidiariedade encontra-se no ensinamento da Igreja Católica, na Encíclica *Mater et Magistra* na qual se observa: "*Assim como é injusto subtrair aos indivíduos o que eles podem efetuar com a própria iniciativa e indústria, para o confiar à coletividade, do mesmo modo passar para uma sociedade maior e mais elevada o que sociedades menores e inferiores podiam conseguir, é uma injustiça, um grave dano e uma perturbação da ordem social. O fim natural da sociedade e da sua ação é coadjuvar os seus membros, não destruí-los, nem absorvê-los.*" DE SANCTIS, Frei Antônio OFM (org). *Encíclicas e Documentos Sociais.* São Paulo: LTr, 1991, p. 238–9.

[582] Este princípio é constitutivo da União Européia. Visa garantir certa autonomia a uma autoridade subordinada em face da autoridade superior, ou um poder local, frente a um poder central. CASELLA, Paulo Borba. *União Européia: Instituições e Ordenamento jurídico.* São Paulo: LTr: 2002, p. 317.

[583] MARQUES, Cláudia Lima. Contratos Bancários em tempos Pós-modernos. Revista da Faculdade de Direito da UFRGS, 1998, v. 15, p. 33-53.

também políticas de direitos humanos para os trabalhadores, algo que sempre foi considerado função exclusiva ou típica do Estado.

Dessa forma, ao lado do Estado, a sociedade civil representada pelo mercado consumidor se articula de forma mais dinâmica na regulação do mercado, mais rápida do que regulamentações estatais.[584] Contudo, o mercado deve ser mero instrumento de efetivação dos direitos, mas nunca juiz da sua existência e do seu conteúdo.

Por outro lado, em casos de graves violações de direitos humanos, o direito internacional almejaria mais "dentes", maiores condições de sancionar ou coibir os abusos. Este ainda é um limite insuperável no aspecto jurídico do Direito Internacional do Trabalho.

3.3.3. A situação do Brasil: trabalho escravo e discriminação como limites ao direito internacional do trabalho

Em termos normativos e jurídicos, a questão do monismo dos planos jurídicos interno e internacional é enfocada como um limite para o Direito Internacional do Trabalho, no que tange à aplicação de normas de direitos humanos, no Brasil.

Os tratados internacionais incorporam-se à ordem jurídica brasileira como leis infraconstitucionais, o que se apreende pela exegese dos arts. 84, inciso VIII, e 49, da Constituição Federal de 1988.

Adota-se a teoria monista que, no entender de Süssekind,[585] pressupõe a interdependência entre ordem jurídica interna e internacional. O STF, no julgamento da ação direta de inconstitucionalidade do Decreto Legislativo n. 68/92 e do Decreto n. 1.855/66, que aprovaram e promulgaram a Convenção n. 158 da OIT, confirmou a interpretação de que o Brasil adotou a teoria monista, já estabelecida. Prevaleceu a tese de que o tratado internacional possui paridade normativa com a lei ordinária,[586] embora existam discordâncias quanto a posição hierárquica das normas de direitos humanos fundamentais, que teriam hierarquia superior à das leis complementares ou ordinárias.[587] Süssekind combate a idéia de que norma ordinária posterior ao tratado poderia revogar a norma internacional internalizada, sem haver denúncia no plano internacional. O autor preconiza que a norma internacional somente poderia ser alterada por norma de categoria igual ou superior,[588] constituindo-se em cláusula pétrea, à luz do art. 5º, § 2º, da Constituição Federal do Brasil.

---

584 FREEMAN, Richard B. Op. cit.

585 SÜSSEKIND, Arnaldo. *Convenções da OIT*. 2ª ed. São Paulo: LTr, 1998, p. 36.

586 Voto do Ministro Celso de Mello. *Revista LTr*, n. 7, julho de 1997, p. 1161-1169.

587 SÜSSEKIND, Arnaldo. *Direito Internacional do Trabalho*, 3ª ed. São Paulo: LTr, 2000, p. 71.

588 SÜSSEKIND, Arnaldo. *Convenções da OIT*. São Paulo: LTr, 1994, p. 35. Nesse sentido também se adianta Arnaldo Süssekind para quem "na verdade, ao impedir que emendas à Carta Magna

O problema jurídico presente nesse debate é a necessidade de uma crescente conscientização, por parte do governo, no sentido de que, as responsabilidades assumidas no plano internacional devem ser cumpridas, o que significa a elaboração de leis futuras que implementem estes compromissos e uma atitude de fato, que não seja contrária às conseqüências destas promessas.

Outro exemplo de limite da aplicabilidade das normas internacionais do trabalho no Brasil pode ser dado pela questão do trabalho escravo e da não-discriminação, dois direitos tidos como fundamentais pela OIT em 1998.

A Comissão de Peritos da OIT, em 1999,[589] expressava sua preocupação com as informações chegadas à OIT sobre as condições degradantes em que se impõe o trabalho forçado nas fazendas em várias regiões do Brasil, particularmente nas áreas rurais, incluindo jornadas de 18 horas de trabalho, maus-tratos físicos, carência de comida e de água, falta de equipamentos e de proteção apropriados, inexistência de facilidades sanitárias e oferecimento de álcool aos trabalhadores como estímulo para o trabalho. A "Central Latino-americana de Trabalhadores" (CLAT), denunciou o governo brasileiro, nos termos do art. 24 da Constituição da OIT[590] (reclamação), sobre a aplicação das Convenções n. 29 e 105, sinalando que este não conseguiu erradicar o trabalho forçado e que persistem sérios problemas na inspeção do trabalho, na imposição de sanções adequadas e na proteção das testemunhas. Observa-se que, apesar das ações empreendidas, em nível federal e em

possam 'abolir os direitos e garantias individuais' *(art. 60, § 4º, IV)*, é evidente que essa proibição alcança os direitos relacionados no art. 7º, assim como a liberdade sindical do trabalhador." E continua "Se os direitos e garantias individuais de índole social-trabalhista, afirmados na Lex Fundamentalis, não podem ser abolidos por emenda constitucional, certo é que não será defeso ao Congresso Nacional alterar a redação das respectivas normas, desde que não modifique a sua essência de forma a tornar inviável o exercício dos direitos subjetivos ou a preservação das garantias constitucionais estatuídos no dispositivo emendado." *Direito Constitucional do Trabalho*, Rio de Janeiro: Renovar, 2001, p. 87-8. Cita Süssekind, no mesmo sentido, a posição de Paulo Bonavides, que em obediência aos princípios fundamentais que emergem do Título II da Lei Maior, faz-se mister, em boa doutrina, interpretar a garantia dos direitos sociais, como cláusula pétrea e matéria que requer, ao mesmo passo, um entendimento adequado dos direitos e garantias individuais do art. 60 In: *Curso de Direito Constitucional*, São Paulo: Ed. Malheiros, 1997, p. 594 e do Ministro Sepúlveda Pertence (Voto na ADIn-I. 675-1, acolhido pelo Plenário do STF em 24/9/97), que reafirma: "os direitos sociais dos trabalhadores, enunciados no art. 7º da Constituição, se compreendem entre os direitos e garantias constitucionais incluídas no âmbito normativo do art. 5º § 2º de modo a reconhecer alçada constitucional às convenções internacionais anteriormente codificadas no Brasil". Voto na ADIn-I. 675-1, acolhido pelo Plenário do STF em 24/9/97. Também José Martins Catharino afirma que reformas constitucionais não podem tender à abolição dos direitos trabalhistas por serem fundamentais, por exegese do art. 60, § 4º, da Constituição Federal. CATHARINO, José Martins. *Direito Constitucional e Direito Judiciário do Trabalho*. São Paulo: LTr, 1995, p. 119.

589 Conferência Internacional do Trabalho, 87ª Reunião, 1999. Informe de la Comisió de Expertos en Aplicación de Convenios Y Recomendaciones (Informe III (Parte 4A)).

590 Documento da OIT: GB. 264/16/7.

alguns estados, com objetivos de erradicação do trabalho forçado, subsistem importantes carências na aplicação destas convenções. Em resposta, o governo brasileiro criou o GERTRAF (Grupo Executivo de Repressão do Trabalho Forçado), cujo primeiro objetivo seria o de "definir sanções realmente rigorosas para quem transforme brasileiros em escravos". O governo alegou a ausência de definição de trabalho escravo no Código Penal, o que cria dificuldades para impor sanções mais rigorosas a quem utiliza mão-de-obra escrava. Das muitas sentenças que o governo apresentou apenas uma condenava a dois anos de prisão a um empregador por violação ao artigo 149 do Código Penal.

Nas conclusões sobre a reclamação da CLAT, o Comitê Tripartito, instituído pelo Conselho de Administração, salientou a morosidade dos procedimentos e as poucas sanções penais impostas aos responsáveis pela exação do trabalho forçado. O Comitê Tripartito observou, ademais, que nos poucos casos em que se indiciou responsáveis de haver exigido trabalho forçoso, tratavam-se de intermediários ou pequenos proprietários ou arrendatários, ficando impunes os legítimos proprietários de grandes fazendas ou empresas que recorrem aos "serviços" de "terceiras" empresas o intermediários individuais para assegurar parte de suas atividades de produção em condições de trabalho forçado. A Comissão de *experts* da OIT concluiu que era interessante a atitude do governo de declarar várias fazendas, cujos proprietários se dedicavam a práticas degradantes do trabalho, como sendo de interesse social, para fins de reforma agrária.

As ações do grupo de inspeção móvel alcançaram, entre 1996 e 1998, a 112.551 trabalhadores em 370 empresas e que se incrementou o número de inspeções realizadas em estabelecimentos rurais de 1.628 em 1995; a 5.858 em 1996 e 9.737 em 1997, visto que foram contratados 1.000 novos agentes de inspeção e atualmente se conta com 3.192 agentes em nível nacional. O governo brasileiro sublinha que a sociedade civil (incluídos os sindicatos) integraram-se ao combate contra o trabalho forçado e "degradante", denunciando sua prática ao Ministério do Trabalho, que, de imediato, aciona as equipes do Grupo Especial de Fiscalização Móvel.

Em função da pressão internacional da OIT, no Brasil, hoje se discutem reformas no artigo 149 do Código Penal, para que inclua o trabalho escravo na definição do crime que configura o fato de "reduzir alguém a condição análoga a de escravo" punido com reclusão de dois a oito anos.

Há um projeto de emenda constitucional, do art. 243 da Constituição Federal, para incluir a possibilidade de expropriação de terras nas quais forem constatadas a existência de trabalho forçado, revertendo a área para os colonos que ali trabalham (PEC – Projeto de Emenda

Constitucional n. 438/01). Também tramita no congresso o Projeto de Lei 6823/02, que pretende seja assegurado ao empregado o seguro-desemprego, como forma paliativa para sobrevivência do ex-escravo.[591]

No âmbito das relações de trabalho, casos de discriminação foram criticadas pela Comissão de Experts da OIT, de 2002, que identifica algumas evoluções e problemas do Brasil em termos de políticas antidiscriminatórias. A comissão acolheu como positiva a adoção da Lei n. 10.224, de 15 de maio de 2001, que incluiu no Código Penal um artigo, 216-A, que tipifica como delito o assédio sexual, para os funcionários que utilizarem sua posição funcional, posto ou cargo a fim de exercer pressão sobre outra pessoa para obter vantagens ou favores sexuais. A comissão observa que, embora aumente a participação da mulher, sua mobilidade ocupacional é maior e persiste a segregação no emprego e a diferença de salários por motivo de sexo, tendo aumentado a taxa de desocupação de mulheres. A mulher de raça negra, segundo as informações do próprio governo brasileiro, possui uma situação de discriminação múltiple por motivos de sexo, raça e cor. O governo narra que a situação das minorias étnicas e raciais no mercado de trabalho é crítica, uma vez que mais de 50% dos brasileiros que vivem abaixo da linha de pobreza são negros ou mulatos. O Ministério do Trabalho e Emprego informou, em julho de 2001, que 20 por cento dos recursos do Fundo de Assistência ao Trabalhador (FAT), em 2000, foram investidos em formação profissional para a população negra e mulata, concedendo preferência para a mulher.

Entretanto, no Brasil existem poucas queixas por discriminação, o que pode ser atribuído à dificuldade de se obter provas deste fato.

É importante sinalar que leis específicas de proteção à mulher têm sido editadas nestes últimos anos. Cita-se a Lei n. 9.029, de 13.04.1995, publicada em 17.04.1995, que proíbe a exigência de atestados de gravidez e esterilização e outras práticas discriminatórias, para efeitos de admissão ou de manutenção da relação de emprego, regulamentando o art. 7º, inciso XXX, da Constituição Federal. Nessa lei, é tipificado o crime de discriminação, com a sanção penal de detenção de um a dois anos. Cria a multa de 10 vezes o valor do maior salário pago pelo empregador, elevado em 50% em caso de reincidência. Ainda estipulando regras sobre o acesso da mulher ao mercado de trabalho, foi editada a Lei n. 9.799, de 26 de maio de 1999.

A discussão atual quanto à discriminação no Brasil, entretanto, tem saído do plano legal para o plano político através das discussões sobre ações afirmativas, que podem ser tipificadas como: políticas antidiscriminatórias preventivas e as corretivas. As primeiras, que

[591] Informações do site: www.anamatra.org.br, capturadas em 08/11/02.

concentram sua ação em regulamentos que proíbem condutas discriminatórias, autorizando as vítimas a reclamarem por compensações.

As políticas corretivas reconhecem que a discriminação se produz num complexo sistema de relações e tem múltiplas manifestações. Este tipo inclui medidas para remediar os efeitos de discriminações no passado contra um determinado grupo, o que pretende, por exemplo, o governo brasileiro ao criar a política de cotas para estudantes negros nas Universidades Federais. Ampliam-se oportunidades mesmo que as desigualdades tenham origem fora do mercado de trabalho. Além do exemplo da vaga para estudantes negros que envolvem diretamente a formação profissional, políticas de ocupação profissional já possuem previsão legal para pessoa portadora de deficiência em cargos e empregos públicos (art. 37, inciso VIII, CF), e nas empresas com mais de cem empregados (art. 93, Lei 8.213/91), além da adoção de uma política nacional de integração, Lei 7.853/89.[592] O mesmo se verifica com relação à reserva de vagas nos estabelecimentos industriais (de 5% no mínimo até 15% no máximo dos empregados da empresa) para os adolescentes aprendizes matriculados em cursos mantidos pelo SENAI (art. 429, da CLT). Além disso, visando à igualdade de oportunidades prevista em norma internacional e prevenindo a discriminação baseada em sexo (art. 7º, XXX, Constituição), a Lei 9.799/99, que acrescentou o artigo 373A à CLT, objetivamente quanto às preferências na admissão, promoção ou dispensa, e outros fatores inerentes ao contrato de trabalho.

Conclui-se, portanto, que, no Brasil há dificuldades jurídicas, no tocante ao trabalho escravo,[593] no sentido de leis claras que enquadrassem criminalmente o responsável, e, no caso da discriminação, embora existindo leis, as provas da discriminação são difíceis, dificuldade também encontrada para que se apliquem normas antidiscriminatórias.

---

592 GUGEL, Maria Aparecida. *Discriminação no Trabalho:* Atribuições do Ministério Público do Trabalho. http://www.pgt.mpt.gov.br/noticias/agosto2001/140-1anexo2.html, capturado em 17 de fevereiro de 2003.

593 Casos de trabalho forçado têm sido localizados na mineração e no trabalho sazonal de desmatamento, na produção de carvão vegetal e numa série de atividades agrícolas entre as quais o corte da cana, a plantação de capim e a colheita de algodão e de café. Trabalhadores são efetivamente traficados, pelos *gatos* intermediários, de regiões com graves bolsões de pobreza, afetadas pelo desemprego sazonal ou pela seca. Outro exemplo envolve famílias inteiras na produção de carvão. Essas famílias se instalam em regiões de derrubada de árvores, constroem fornos para queimar madeira e transformá-la em carvão vegetal para intermediários para a produção de ferro gusa e aço. Por se tratar de regiões remotas, em que as famílias dependem de intermediários para a alimentação e transporte, criam-se de novo as condições para a fraude e a servidão por dívida. A mobilidade dos trabalhadores do carvão dificulta principalmente serviços de inspeção para fiscalização de suas condições de trabalho. Também os povos indígenas são particularmente vulneráveis às condições coercitivas de trabalho quando fora de suas próprias comunidades. Conforme http://www.ibge.gov.br.

Considerações finais

Um dos maiores problemas do Direito do Trabalho diz respeito à compatibilização e coordenação entre direitos interno e internacional, uma vez que este último não pode substituir o direito interno. Ao mesmo tempo, o direito nacional, em uma sociedade globalizada, não pode pretender uma independência absoluta em relação ao direito internacional. Com efeito, hoje há uma relativização da soberania entendida como o poder de ditar o direito em última instância. Os Estados operam uma cessão de parcelas de suas soberanias à organizações internacionais ou a blocos regionais ou, ainda, à conglomerados transnacionais, que podem, como em um *shopping*, escolher a aplicação das normas legais que mais lhes convém.

Novas redes normativas internacionais são edificadas sem a possibilidade de resistência de sistemas de proteção local e sem que se saiba, *a priori*, em que medida serão alterados os Estados nacionais que estão em crise como sujeitos independentes de Direito Internacional e procuram proteger aspectos da sua soberania formal. O Estado Social investiu marginalmente nas novas necessidades da globalização. Questões como barreiras tarifárias e investimentos superam as discussões locais, e os processos econômicos e sociais mundiais estão em assimetria com a soberania estatal do ponto de vista político e jurídico.

Dessa forma, há uma crescente ausência de proteção ao trabalhador dentro de uma situação global em que as normas da OIT, ao reproduzirem os mecanismos dos Estados, com suas fragilidades, não facultam a integração social.

Uma regulamentação precisa dos direitos sociais no campo internacional ainda não surgiu em plenitude, mas o certo é que as legislações nacionais no âmbito social não são suficientes para resolver a totalidade dos problemas do trabalho.

Fundada sobre uma ordem internacional a partir da iniciativa de um poder hegemônico das potências vencedoras da Primeira Guerra, em 1919, a OIT, em 1945, tornou-se organização especializada das Nações Unidas, dependente do Conselho Econômico e Social (ECOSOC) da ONU, conforme arts. 57 e 63 da Carta das Nações Unidas.

No conjunto das instituições criadas por decisão das Nações Unidas, estabeleceu-se uma hierarquia a partir do nível hegemônico, nas quais questões econômicas e comerciais ocuparam posição superior em detrimento das matérias relacionadas a trabalho, saúde e cultura. Apesar de gozarem de um prestígio inferior no plano das organizações internacionais, paradoxalmente, sobre os princípios sociais de bem-estar no campo do trabalho, saúde e cultura é que se legitimou o discurso da ordem internacional vigente. O poder hegemônico se manifesta dentro da OIT pela estruturação dos problemas de forma eficiente e mediante a despolitização dos mesmos. Forma-se uma administração burocrática para a resolução dos problemas e um controle operacional para a aplicação das normas de forma neutra. Como organização internacional, a OIT possui vida e responsabilidades próprias, personalidade jurídica distinta das demais organizações internacionais, que se expressa de modo jurídico e simbólico.

O apelo ao valor simbólico na formação da opinião pública internacional e a importância do apelo moral aos interlocutores sociais não exime a OIT de cumprir papel de adequação, seguindo a pauta ditada pelo poder hegemônico dos Estados que a compõe. Ao ajustar seu perfil institucional e funcional de cooperação técnica em matéria laboral a uma pauta de congruência internacional, a OIT sofre dificuldades e tensões que se refletem em não atender plenamente os anseios originários, ora das próprias funções, ora dos interesses de alguns membros, e ora das outras organizações internacionais que requerem sua colaboração.

No plano interno da OIT, os atores que participam da estrutura tripartite da OIT alimentam expectativas de que seus interesses sejam maximizados pela agenda técnica da organização. O marco dinâmico da estrutura da OIT pressupõe que haja um equilíbrio simétrico de forças entre sindicatos e governos. A Organização requer que os participantes compatibilizem e acomodem interesses, excluindo-se posições antagônicas. As grandes empresas transacionais, entretanto, discutem seus interesses no plano bilateral, de modo preferencial e diretamente com governos e sindicatos, por vezes dispensando a participação da OIT. Ao lado disso, os processos de integração regionais criam seus próprios sistemas normativos e tratam de atribuir coação a estes. Observa-se uma inclinação no plano político internacional, no sentido de recompor hierarquicamente a OIT como agência secundária no plano internacional, tendo-se em vista os programas de ajustes do FMI e condicionamentos impostos pelo Banco Mundial aos países subdesenvolvidos, que se preocupam mais com os financiamentos que podem ser obtidos do que com as obrigações para com seus cidadãos trabalhadores, decorrentes de responsabilidades para com a OIT.

É neste contexto de obstáculos e resistências que a OIT vincula seu papel originário de proteção dos trabalhadores ao discurso dos direitos humanos. Ao apresentar a Declaração de 98, refere a OIT, no texto preliminar, que desempenhou uma tarefa cooperativa, encomendada pela comunidade internacional, no sentido de fixar os direitos humanos básicos no trabalho. Portanto, a declaração emerge uma nova necessidade de equilíbrio entre as esferas internacional e nacional, pública e privada, no mundo do trabalho, e para a OIT atualiza seu mandato constitucional, sintonizando-se com a problemática central jurídico-política da atualidade, a saber, aquela ligada aos direitos humanos. A estratégia da OIT revela uma reaproximação dos direitos humanos aos direitos sociais, trazendo argumentos novos ao debate que coloca em oposição a esta perspectiva, outra, a economicista, segundo a qual o direito do trabalho é subproduto do direito de concorrência. Questiona-se, por fim, a possibilidade de redefinição dos direitos humanos com o resgate de um nova consistência para o conceito de justiça social e quais os limites o Direito Internacional do Trabalho encontra atualmente para a realização desta tarefa.

No campo específico do trabalho, plano internacional, desde a sua fundação, em 1919, a OIT editou normas que representam aspectos da dignidade do trabalhador e, portanto, se relacionam com direitos humanos. A proteção ao trabalhador, tratada como direitos humanos, esteve presente em outras esferas mundiais e no interior dos Estados. Instrumentos que regulamentam o trabalho, como direitos humanos, são encontrados, por exemplo, nas Declarações da ONU, de 48, e nos Pactos de 66, bem como nas normas de outras organizações internacionais e nas legislações dos blocos econômicos.

Direitos humanos são direitos compartilhados por todos, bens devidos a cada um, cujo dever é formulado na base de que cada indivíduo deva auxiliar na implementação dos direitos humanos. Representam o que na teoria da justiça se compreende por justiça social. Por outro lado, são direitos que não podem ser suportados singularmente, apenas por um indivíduo ou instituição, ou somente pelos Estados. Pretende-se a atuação dos Estados nacionais para alcançar estes objetivos, promovendo-os mediante uma cooperação subsidiária.

Portanto, fixar direitos humanos no trabalho significa, para OIT, harmonizar e explicitar os limites do trabalho decente no mundo. O modo como estes direitos foram tratados pela OIT mostra que ela endossou mais de uma concepção de direitos humanos, ao longo de sua história.

Os direitos dos trabalhadores na OIT, de 1919 até a Declaração de Filadélfia, de 1944, revelam preocupações no sentido de que as normas internacionais do trabalho se tornassem direitos subjetivos, no interior dos Estados-Membros. Num segundo momento, a partir de 1944, quando adotada a Declaração de Filadélfia e incentivadas políticas sociais amplas, percebe-se uma inclinação pelos direitos humanos como princípios, sem que o aspecto de direitos subjetivos seja dispensado. Quando a OIT deflagra a guerra contra a necessidade, em 1976, propondo o conceito de necessidades básicas, vem à tona a formulação da OIT da concepção de direitos humanos como necessidades. E, ao final, a concepção de direitos humanos como princípios, que sempre esteve presente na ação da OIT, é adotada nas suas Declarações e mais enfaticamente redimensionada na *Declaração da OIT, relativa aos princípios e direitos fundamentais no trabalho*, de 18 de junho de 1998.

A tese que se sustenta é que os direitos trabalhistas tidos como direitos humanos, em 98, se vinculam basicamente à concepção de direitos humanos como princípios de enunciação genérica, tomando secundariamente as concepções de direitos humanos como direitos subjetivos e como necessidades.

Isso não significa que as convenções relativas à liberdade sindical (Convenção n. 87), direito à negociação coletiva (Convenção n. 98), idade mínima para a admissão de menores (Convenção n.138) e proibição das piores formas de trabalho infantil (Convenção n. 182), proibição de toda a discriminação no emprego e na ocupação, por motivo de raça, cor, sexo, religião, opinião política, (Convenção n. 111) e proibição de trabalho forçado (Convenção n. 29 e 105) deixam de ser cogentes. Ao contrário, os países-membros que as ratificaram permanecem com o ônus de se empenhar em cumpri-las. Aqueles que não as ratificaram se vêem compelidos a relatar anualmente à comunidade internacional os motivos pelos quais não promoveram estes direitos humanos básicos. Trata-se de uma combinação de um máximo de exigibilidade com respeito tanto ao trabalhador como à soberania dos países membros da OIT. São essas possibilidades de implementação das normas fundamentais de forma gradual, mediante um programa estratégico de ação que traz a vantagem de vincular o tema dos direitos humanos dos trabalhadores à concepção de princípios.

Entretanto, problemas de ordem econômica, política e social impedem uma implementação mais eficaz de direitos humanos no interior dos Estados, obstaculizando a atuação da OIT e sua atividade normativa.

Do ponto de vista econômico, é a crise do capitalismo como sistema de produção a barreira principal da proteção aos trabalhadores. Na passagem do liberalismo para o neoliberalismo, o primeiro elemento do capitalismo, produção de bens, passa para um segundo plano, já que o capital originalmente utilizado como meio para aumentar a produção torna-se um fim em si mesmo, fato apoiado pela total financeirização da economia. Há uma produção que dispensa grandes contingentes de trabalho humano e desconsidera o trabalho como fator produtivo. Neste contexto, a ausência de limites para a ambição do capital gera tanta pobreza e exclusão pelo subdesenvolvimento econômico, que põe em risco o próprio capitalismo, como sistema econômico.

Por outro lado, a cooperação necessária para a proteção do trabalhador, no plano dos Estados, falha por dificuldades internas dos próprios membros da OIT. O Estado Social, definido como o Estado que trouxe as promessas de inclusão dos trabalhadores no bem-estar, enfrenta problemas intensos de governabilidade. Na dimensão financeira, cresce o desemprego estrutural, na dimensão ideológica, o acesso às demandas sociais está em alta sem que o Estado consiga dar uma assistência satisfatória a estas exigências sociais e, por fim, na dimensão filosófica, desagrega-se a ética solidária que forjou o Estado social. Estas questões sem ser solucionadas são herdadas pelo Estado Democrático de Direito, que, como sucessor do Estado Social, é chamado a redefinir seu papel regulador em meio a uma nova noção de soberania, que diz respeito a um conjunto de mecanismos de governabilidade que incluem a esfera internacional. Portanto, para criar empregos e estender direitos a grupos desprotegidos, o Estado Democrático de Direito considera as restrições criadas por novos padrões de competição e de inserção internacional, nos quais as pressões competitivas da economia geram empresas menos dispostas ou menos capazes de custear a proteção social, somado ao fato de que Estados estão com menor capacidade de recolher tributos e de financiar a política social.

Do ponto de vista jurídico clássico, a legitimação para que um país seja cobrado no plano internacional sobre a implementação de direitos trabalhistas mínimos nasce da ratificação das Convenções da OIT, que comportam normas que visam a difundir o respeito aos direitos humanos do trabalhador. Trata-se de obrigações precisas, formuladas perante a OIT com objeto determinado de acordo com o conteúdo das convenções ratificadas. Esta forma de vinculação jurídica dos Estados à OIT apresenta dificuldades de evasão normativa, quando os países não ratificam as convenções, bem como de monitoramento prático para que sejam apreciadas as violações das normas internacionais do trabalho. Neste ponto, fundamentação das normas internacionais do trabalho como normas de direitos humanos não soluciona a questão da exigibilidade e eficácia das normas internacionais do trabalho. Por exigirem políticas públicas que esbarram em considerações de caráter orçamentário, o pensamento jurídico tem dificuldades de determinar o que pode ser exigido em cada situação e o que conta como uma violação de direitos humanos no trabalho.

Os limites jurídicos do Direito Internacional do Trabalho se manifestam de forma nova, especialmente, quando atores, que ultrapassam o território dos Estados, se ocupam deste tema. As empresas transnacionais e outras organizações internacionais, como a OMC, por exemplo, tentam tornar o tema dos direitos humanos um debate privado. Neste campo, surge o debate das "cláusulas sociais", que seriam mecanismos de controle para os países que descumprem padrões mínimos de legislação trabalhista no comércio internacional. Por outro lado, as empresas transnacionais, sob o enfoque da responsabilidade empresarial, se arvoram em defensoras dos direitos humanos e tentam impor cumprimento de certas normas, no âmbito privado, através de seus códigos de conduta. A complexidade da ação do conjunto dos atores sociais no Direito Internacional do Trabalho, por vezes, ameaçam e pertubam o equilíbrio institucional da OIT e de sua atividade normativa. Porém, impulsionam novas demandas e novas soluções para que a questão do trabalho seja repensada. A produção normativa é impelida a adquirir uma consistência que seja adequada às exigências sociais, culturais, econômicas e políticas do nosso tempo.

Num momento em que o valor trabalho é questionado, a declaração da dignidade política, jurídica e econômica dos trabalhadores foi a opção viável para satisfazer as exigências de justiça social a que se propõe a OIT, que, dessa forma, cumpre sua função prática e simbólica. Portanto, na polêmica do particularismo e universalismo do Direito Internacional do Trabalho, encontrou-se uma solução de complementariedade destas tendências. A OIT consagra o universalismo de determinados direitos básicos, que serão executados de forma progressiva e, portanto, particular, no respeito às possibilidades concretas de desenvolvimento de cada Estado. O particularismo dos direitos humanos se depreende no evidente caráter programático daquelas normas tidas como direitos fundamentais no trabalho.

Para os que acusam a opção metodológica da OIT de ser apenas retórica e que não representa avanços na esfera da proteção do trabalhador, deve-se recordar que ao lado do discurso que soa abstrato aparecem os casos concretos que demonstram uma inquestionável sensibilização e visualização de uma linha de solidariedade para a solução dos problemas de trabalho escravo, trabalho infantil, discriminação e liberdade sindical. O caso do Brasil, com toda a mobilização política existente em prol do término do trabalho escravo e trabalho infantil, representa um forte indício de que a atividade cooperatória da OIT para garantir os direitos básicos do trabalhador ainda faz sentido.

Se o neoliberalismo, como cultura dominante, vê no trabalho uma mera força produtiva, e o trabalho é mercadoria cada vez menos valorizada e que perde importância, porque é reduzido a mero fato, mero dado, torna-se imperativo, em uma perspectiva humanista, recuperar o trabalho como valor e uma forma de expressão de dignidade do ser humano.

Com a discussão do trabalho visto como direitos humanos, culturalmente é reorientado o debate sobre o verdadeiro valor do trabalho humano. Há uma nova exigência, em toda a sociedade, que se mantenha a dignidade para todos os trabalhadores e este é, necessariamente, o contributo do atual debate da OIT sobre o enfoque dos direitos humanos do trabalhador.

Referências bibliográficas

ABRAMOVITCH, Víctor; COURTIS, Christian. Hacia la exigibilidad de los derechos económicos, sociales y culturales. *Contextos: Revista crítica de derecho social.* Buenos Aires, n. 1, 1997, p.3-56.

ADAMS, Roy J.; SINGH, Parbudyal. Early Experience with NAFTA's Labour Side Accord. *Comparative Labour Law Journal,* 18, 1997, p. 161-181.

ALBUQUERQUE MELLO, Celso D. de. *Curso de Direito Internacional Público,* 11ª ed. Rio de Janeiro: Renovar, 1°. Vol, 2001.

ALEXY, Robert. *Concepto y validez del derecho.* Barcelona: Gedisa, 1997.

——. *Teoria de los Derechos Fundamentales.* Madrid: Centro de Estudios Constitucionales, 1993.

AMARAL JR., Alberto do. Cláusula Social: o ressurgimento do protecionismo. *Revista da pós-graduação da Faculdade de Direito da USP.* Porto Alegre: Síntese, n °1, 1999, p. 119-134.

ANDERSON, Kym. The future agenda of the WTO. Lecture: 50 Years: looking back, looking foward. Geneva, 30/04/1998

ANDERSON, Perry. Balanço do neoliberalismo. *Pós-neoliberalismo: as políticas Sociais e o Estado Democrático.* São Paulo: Paz e Terra, 1995, p. 9 -20.

ANTUNES, Ricardo. *Os sentidos do trabalho,* São Paulo: Boitempo Editorial, 2ª ed., 2000.

ARENDT, Hannah. *A condição humana,* 7ª ed. Rio de Janeiro: Forense Universitária, 1995

——. *Origens do Totalitarismo: anti-semitismo, imperialismo, totalitarismo.* São Paulo: Cia.das Letras, 1990.

AVELÃS NUNES, A J Economia Política. *Introdução à História da Ciência Económica e do pensamento econômico.* Coimbra: Almedina, 1999.

BABACE, Héctor. Cláusulas sociales. *Derecho Laboral- revista de doctrina, jurisprudência e informaciones sociales.* Montevideo: abril-junho 2000, p.291-333.

BAKER, Mark B. Tightening the Toothless Vise: Codes Of Conduct In The American Multinational Enterprise. *Wisconsin International Law Journal:* Madison. n. 20, p. 89-141. Winter, 2001.

BARCELLONA, Pietro. *Le passioni negate: globalismo e diritti umani.* Troina: Città Aperta, 2001.

BARROS, Cassio Mesquita. As reformas necessárias na legislação trabalhista na perspectiva das novas diretrizes da OIT.*Revista do Tribunal Superior do Trabalho,* vol.67, n. 4, out./dez, 2001, p.82-91.

BECK, Ulrich. *O que é globalização?* São Paulo: Paz e Terra, 1999.

BEINSTEIN, Jorge. *Capitalismo senil: a grande crise da economia global.* Rio de Janeiro: Record, 2001.

BÉLANGER, Michel. *Instituições Econômicas Internacionais: a mundialização econômica e seus limites*. Lisboa: Instituto Piaget, 1997.

BEUCHOT, Maurice. *Derechos humanos. Historia y filosofía*. México: Fontanamara, 1999.

——. *Los fundamentos de los derechos humanos en Bartolomé de Las Casas*. Barcelona: Anthropos, 1994.

BOBBIO, Norberto *et alii*. *Dicionário de Política*. 5ª ed. Brasília: UNB, 2000, p.401-409.

——. *A era dos direitos*. Rio de Janeiro: Campus, 1992, p. 24.

——. *Estado, Governo, Sociedade*. 2ª ed. Rio de Janeiro: Paz e Terra, 1986, p. 81.

BOLLÉ, Patrick. Le contrôle des normes du travail et les droits de l'homme – L'exemple du travail forcé au Myanmar (Birmanie)137 (3) *Revue internationale du Travail*(1998) 419-438.

BRIE, Christian de. Comment l'AMI fut mis em pièces. *Le Monde Diplomatique*. Paris, dezembro/1998, p.21.

BROWNLIE, Ian. *Princípios de Direito Internacional Público*. 4ª ed. Lisboa: Fundação Calouste Gulbenkian, 1997.

CANÇADO TRINDADE, Antônio Augusto. *Direito das Organizações Internacionais*, Belo Horizonte: Del Rey, 2002.

——. *Direitos Humanos e Meio-ambiente: paralelo dos sistemas de proteção internacional*. Porto Alegre: Sergio Fabris Editor, 1993.

——. *Tratado de Direito Internacional dos Direitos Humanos*. Porto Alegre: Fabris, 1997.

CANOTILHO, José Joaquim Gomes. *Direito Constitucional*. 5ª ed. Coimbra: Livraria Almedina, 1992.

CAPELLA, Juán Ramón. *Fruta Prohibida*. Madrid: Editorial Trotta, 2001.

CAPPUYNS, Elizabeth. Linking labor standards and trade sanctions: na analysis of their current relationship. "in" *Columbia Journal of transnational law*, vol 36, n. 3. New York, p.659-686,1998.

CARRILLO SALCEDO, Juan Antonio. *Soberania de los Estados Y derechos humanos en el derecho internacional contemporaneo*. Madrid: Editorial Tecnos, 1995.

CASELLA, Paulo Borba e MERCADANTE, Aramita (coord). *Guerra Comercial ou Integração Mundial pelo Comércio? A OMC e o Brasil*. São Paulo: LTr, 1998, p. 299.

——. *União Européia: Instituições e Ordenamento jurídico*. São Paulo, LTr: 2002.

CASSESE, Antonio. *Los Derechos Humanos en el Mundo Contemporáneo*. Barcelona: Editora Ariel, 1993.

CASTELLS, Manuel. O *poder da identidade*. 3ª ed. São Paulo: Paz e Terra, 2001.

——. Para o Estado-rede: globalização econômica e instituições políticas na era da informação. In:*Sociedade e Estado em transformação*. BRESSER PEREIRA, Luis Carlos; WILHEIM, Jorge; SOLA, Lourdes (org), 1998.

CATHARINO, José Martins. *Direito Constitucional e Direito Judiciário do Trabalho*. São Paulo: Ltr, 1995.

CHARNOVITZ, Steve. Book Review: Trade, Employment and Labour Standards: The OECD Study and Recent Developments in the Trade and Labor Standards Debate. *Temple International and Comparative Law Journal* Spring, vol. 11, n. 1, Philadelphia: 1999, p. 131-163.

——. La influencia de las normas internacionales del trabajo en el sistema del comercio mundial: resumen histórico. *Revista Internacional del Trabajo*, vol.107, 1988, n. 1, p.69-93.

——. The global market as friend or foe of human rights. New York: *Brooklyn Journal of International Law*. April, 1999.

CHESNAIS, François. *A mundialização do capital.* São Paulo: Xamã Editora, 1996.

CLEVELAND, Sarah H. Global Labor Rights and the Alien Tort Claims Act. *Texas Law Review.* Austin. V. 76, May, 1998, p. 1533-1579.

COMPA, Lance. *The Multilateral Agreement on Investment and International Labour Law: a failed conection.* Cornell International law Journal, v. 31, n. 3, New YorK: Cornell University, 1998, p. 683-712.

COMPARATO, Fábio Konder. *A afirmação histórica dos direitos humanos.* 2ª ed. São Paulo: Saraiva, 2001.

COOMBS, Sara Elizabeth. *The genesis of the International Labour Organization and international regime theory: Labour and social justice, social movements and ideas.* Dissertation of MA. The University of Werstern Ontario, 1997, p. 98.

COONEY, Sean. Testing Times for The ILO: Institutional Reform For The New International Political Economy. *Comparative Labor Law & Policy Journal,* Spring, 1999, n. 20 , p. 365–375.

CÓRDOVA, Efrén. Some Reflections on the Overproduction of International Labour Standard. *Comparative Labour Law Journal,* n.14. Champaign: 1993, p. 138-141.

CORNIL, Pierre. "Le rôle de la Commission d'experts de l'O.I.T. dans le contrôle de l'application des conventions internationales du travail" 6(1) Paris: R.B.D.I, 1970, p. 265-277

COUTINHO, Aldacy Rachid (orientadora) et alii. Direito Constitucional ao Salário Mínimo. In *Revista da Academia Brasileira de Direito Constitucional.* Vol. 2, 2002, p.221-253.

——. Tutela jurisdicional de los derechos sociales. *Contextos: Revista crítica de derecho social.* Buenos Aires, n. 3, 1999, p.27-38.

COUTINHO, Jacinto Nelson de Miranda (org.) et alii. *Canotilho e a constituição dirigente.* Rio de Janeiro: Renovar, 2003, p. 17-18.

——. Direito e Neoliberalismo no Brasil hoje. *Síntese trabalhista,* n. 100(63), 142-150, out, 1997.

DÄUBLER, Wolfgang. *Direito do Trabalho e Sociedade na Alemanha.* São Paulo: LTr, 1997.

DE LA TORRE, Angel Sanches, et alii. *Los princípios generales del Derecho.* Madrid: Actas, 1993.

DE SANCTIS, Frei Antônio OFM (org). *Encíclicas e Documentos Sociais.* São Paulo: LTr, 1991, p. 129.

DESGARDINS, Bruno e LEMAIRE, Jean-Paul. *O novo ambiente internacional: desenvolvimento internacional da empresa.* Lisboa: Instituto Piaget, 1997.

DILLER, Janelle. A social conscience in the global marketplace? Labour dimensions of codes of conduct, social labelling and investor initiatives. *International labour Review,* v.138, n. 2, 1999, p 99-129.

DOBB, Maurice. *A evolução do capitalismo.* 7ª ed. Rio de Janeiro: Editora Guanabara, 1987.

——. *Teorias do valor e distribuição desde Adam Smith.* Lisboa: Editora Presença, 1973.

DORNBUSCH, Rudiger. North american free trade. in *Columbia journal of world business.* New York, vol XXVI, n. II, 1991.

DUBOIS, Daniel. *L'OIT et les normes internationales du travail.* Centre Régional Africain d'Administration du Travail.Yaoundé: 1984, p.23-24.

DWORKIN, Ronald. *Levando os direitos a sério.* São Paulo: Marins Fontes, 2002.

——. *O império do Direito.* São Paulo: Martins Fontes, 1999.

FARIA, José Eduardo. *O direito na economia globalizada.* São Paulo: Malheiros, 1999.

FERNÁNDEZ PARDO, Carlos Alberto. *Régimen Internacional del trabajo. La OIT en la política mundial.* Buenos Aires: Ad-Hoc, 2001.

FERRAJOLI, Luigi. *Derechos y garantias.* Madrid: Editorial Trotta, 2001.

——. *Diritti Fondamentali: un dibattito teorico.* Roma: Editori Laterza. 2001.

FERRAZ JUNIOR, Tércio Sampaio. A trivialização dos direitos humanos. *Novos estudos Cebrap.* São Paulo: Cebrap, n. 28., p.107-108, outubro, 1990.

——. *Constituição de 1988: legitimidade, vigência, eficácia.* São Paulo: Atlas, 1989.

FINNIS, John. *Ley natural Y derechos naturales.* Buenos Aires: Abeledo-Perrot, 2001.

FIORAVANTE, Maurizio. *Los Derechos Fundamentales. Apuntes de la historia de las constituciones.* Madrid: Editorial Trotta, 2000.

FIORI, José Luís. *Os moedeiros falsos.* Petrópolis: Vozes, 1998.

FISS, Owen. *La autonomía del derecho.* http://www.yale.edu/lawweb/lawfac/fiss/sfiss.pdf.

FIUZA DE MELLO, Alex. *Marx e a globalização.* São Paulo: Boitempo, 1999.

FONTOURA, Jorge. Múltiplos de cidadania: o modelo da neojusrisdição comunitário-européia. Estudos Sobre Integração. "in" *Estudos sobre integração.* FARIA, Werter (org) et alii. Porto Alegre: Livraria do Advogado Editora, 2000, p. 65-67.

FREEMAN, Richard B. A hard-headed look at labour standards. In International labour standards and economic interdependence: *Essays in commemoration of the 75th anniversary if the International Labour Organization and the 50th anniversary of Declaration of Fhiladelphia.* International Labour Organization (International Institute for Labour Studies). Geneva, 1994, p. 79-91.

——; OOSTENDORP, Remco H. Nuevo banco de datos sonre los salarios por ocupación en todo el mundo. *Revista Internacional del Trabajo.*4, 2001, p.443-468.

FRUNDT, Henry J. Trade Conditions and Labor Rigths: U.S. Initiatives, Dominican and Central American Responses. Florida: University Press of Florida, 1998, p. 57-75.

FURTADO, Celso. *O capitalismo global.* São Paulo: Paz e Tera, 2000.

GALTUNG, Johan. *Direitos Humanos: uma nova perspectiva.* Lisboa: Piaget, 1994.

GARCIA-PELAYO, Manuel. *Las Transformaciones del Estado Contemporáneo.* Madrid: 2ª ed. Alianza Universidad, 1993.

GERNIGON, B.; ODERO, A.; GUIDO, H; Los principios de la negociación colectiva. *Revista Internacional del Trabajo,* vol. 119, núm. 1, Ginebra: 2000, p. 37-60.

GHERSI, Carlos Alberto. *La posmodernidad juridica* (una discusión abierta). Buenos Aires: GOWA Ediciones Profesionales, 1999.

GIDDENS, Anthony. *A terceira via.* São Paulo: Record, 2000.

——. *Para Além da Esquerda e da Direita.* São Paulo: UNESP, 1996.

GONÇALVES, Reinaldo. *O Brasil e o Comécio Internacional: transformações e perspectivas.* São Paulo: Ed. Contexto, 2000,.

GONELLA, Guido. *Bases de uma ordem social.* Rio de Janeiro: Editora Vozes, 1947.

GONZÁLEZ, Rodrigo Stumpf. *Direitos Humanos e Democracia na Transição Brasileira: OAB, CNBB e Anistia Internacional.* Dissertação (Mestrado em Ciência Política) UFRGS, 1994, p. 47.

GOUNET, Thomas. *Fordismo e toyotismo na civilização do automóvel.* São Paulo: Boitempo editorial, 1999.

GRAU, Eros Roberto. *A Ordem Econômica na constituição de 1988 (interpretação e crítica).* 5ª ed. São Paulo, Malheiros, 2000.

GROOTAERT,Christiaan; KANBUR, Ravi. Perspectiva económica del trabajo infantil. *Revista Internacional del Trabajo,* vol.114, n. 2, 1995, p.211-229.

GUGEL, Maria Aparecida. *Discriminação no Trabalho: Atribuições do Ministério Público do Trabalho* Disponível em http://www.pgt.mpt.gov.br/noticias/agosto2001/140-1anexo2.html, capturado em 17 de fevereiro de 2003.

GUIMARÃES, Fernando Resende. Não intervenção do Estado nas Relações de Trabalho – Cláusula social nos tratados internacionais. "in" *Revista do TST*: Brasília, vol.66, n.3, jul/set, 2000, p.178.

HANSSON, Gote. *Harmonization and International Trade*. New York and London: Routledge, 1990.

HEILBRONER, Robert. *El capitalismo del siglo XXI*. Barcelona: Ediciones Península, 2001.

HELLER, Hermann. *Teoría del Estado*. México: Fondo de Cultura Económica, 2002.

HEPPLE, Bob. Igualdad, representación y participación para un trabajo decente.*Revista Internacional del Trabajo*, vol.120, n. 1, 2001, p. 5-20.

HERRERA FLORES, Joaquín (org) . *El vuelo de Anteo: derechos humanos e crítica da razão liberal*. Bilbao: Editorial Desclée de Brouwer, 2000.

——. *Los derechos humanos desde la escuela de Budapest*. Madrid: 1989.

HOBSBAWM, Eric J. *Mundos do trabalho: novos estudos sobre a história operária*. 3ª ed. São Paulo: Paz e Terra, 2000.

HODGES-AEBERHARD, Jane. Affirmative action in employment: recente court approaches to a difficult concept. International Labour Review. Vol. 138, n. 3, 1999, p. 247-272.

——. Protección del derecho de sindicación: ¿a qué trabajadores, 'sin ninguna distinción', alude el artículo 2 del Convenio núm. 87?. *Revista Internacional del Trabajo*, vol. 128, núm. 2, 1989, p. 33-54.

HOEKMAN, Bernard; KOSTECKI, Michel; The Political Economy of the Word Trading System: From GATT to WTO. 2ª ed. Oxford; New York: Oxford University Press, 2001.

HONG, Jane C. Enforcement of Corporate Codes of Conduct: Finding A Private Right of Action for International Laborers Against MNCs For Labor Rights Violations. *Wisconsin International Law Journal*. Madison: n.19, Fall, 2000 p.41-63.

HUFBAUER, G. *Nafta and environment: seven years later*. Washington: Institute for International Economics, 2000.

HUNGTINTON, Samuel. *O choque de civilizações*. Rio de Janeiro: Objetiva, 1997.

HUNT, E.K. *História do Pensamento econômico: uma perspectiva crítica*. 7ª ed. Rio de janeiro: Ed. Campus, 1981.

ILO: *a future without child labour. Global report under the follow-up to the ILO Declaration on Fundamental Principles and Rights at Work*. Geneve: 2002.

ILO: *Report of the Committe of Experts on The Application of Conventions and Recommendations. Report III* (Part 1A): Geneve, 2002.

JAMESON, Frederic. Globalization and political strategy "in" *New left review*, n. 4: Oxford, Alden Press, p.49-68, 2000.

JAVILLIER, Jean-Claude. Pragmatismo e innovación en el derecho internacional del trabajo. *Revista Internacional del Trabajo*, v.113, n.4, 1994, p.551-569.

——; BANPLAIN, Roger. *Droit du travail communautaire*. 2ª ed. Paris: L.G.D.J. 1995.

JENKS, Wilfred. Les instruments internationaux à caractère collectif. *Recueil des cours de l'Académie de droit international de La Haye*, 69(III), 1939, p. 447-552.

JUSTICE, Dwight W. *The new codes of conduct and the social partners*. Disponível em http://www.icftu.org. Acesso em agosto/2002

KANT, Immanuel. *Crítica da razão prática*. São Paulo: Martins Fontes, 2002, p. 141.

——. *Fundamentação da Metafísica dos Costumes*. Lisboa: Edições 70, 1995.

KENWOOD, A. G. and LOUGHEED, A. L. *The growth of the internacional economy*. 1820-2000 4° Ed. London: Rouledge, 1999.

KHOR, Martin. *Globalization and the south*. Penang: Third world network, 2000.

KRUGMAN, Paul. What should trade negotiators negotiate about?. *Journal of Economic Literature*. Nashville, Tennessee, vol. 35, marzo, 1997, p. 113-120.

KURZ, Robert. O colapso da modernização: da derrocada do socialismo de caserna à crise da economia mundial. 2ª ed. São Paulo: Paz e Terra, 1993.

LA ROSA, Anne Marie; DUPLESSIS, I. Léxperience singulière du tripartisme au sein de lOIT. In *La démocratisation du système des Nations Unies*. Paris: Pedone, 2001.

LAFER, Celso. Dumping social. "in" Direito e Comércio Internacional: tendências e perspectivas. São Paulo: LTr, 1994, p. 161-164.

——. A OMC e a regulamentação do comércio internacional: uma visão brasileira. Porto Alegre: Livraria do Advogado Editora,1998.

LAFER, Celso. Comércio, desarmamento, direitos humanos. São Paulo: Paz e Terra, 1999.

LAJUGIE, Joseph. Os sistemas econômicos. 9ª ed. Rio de Janeiro: Bertrand Brasil S/A, 1988.

LEARY, Virginia A. Lessons from the Experience of the International Labour Organisation. In ALSTON, Philip. The United Nations and Human Rights: A Critical Appraisal, Oxford: Clarendon, 1992.

——. Worker's rights and International trade. "in" Bhagwati, J; Hudec, R. (ed) Fair trade and harmonization. Cambridge: MIT Press, 1997.

LEE, Edy. Origines Y vigencia de la Declaración de Filadelfia. Revista Internacional del Trabajo, vol.113, n.4, 1994, p. 531-550.

LEQUESNE, Caroline. Reforming Word Trade: The Social and Environmental Priorities. Oxford: Oxfam Publications, 1996, p. 62-64.

LIEMT, Gijsbert van. Normas laborales mínimas y comercio internacional: ?resultaria viable una cláusula social? Revista Internacional del Trabajo.vo.108. n.3, 1989, p.301-317.

——. Production conditions and international trade: protection or protectionism? "in" CUYVERS, L. (org). The international social issue: social dumping and social competition in the global economy. Antwerp: Intersentia, 1998.

LINS, Hoyêdo Nunes. Integração econômica e impactos territoriais. In ENSAIOS FEE - Fundação de Economia e Estatística: Trabalho, Emprego e Desemprego., Porto Alegre: Ano 18, n. 1, p. 236-271, 1997.

LOCKE, John. Segundo tratado sobre o governo civil. São Paulo: Abril (Os Pensadores), 1973.

LOPES, José Reinaldo de Lima. Direito subjetivo e direitos sociais: o dilema do Judiciário no Estado Social de Direito. "in" Direitos Humanos, Direitos Sociais e Justiça. José Eduardo Faria (org) São Paulo: Malheiros Editores, 1994.

MACIEL,George Alvares. A Dimensão Multilateral: o papel do GATT na expansão da economia, a Rodada Uruguai e a criação da OMC em 1994. Boletim de Diplomacia Econômica, Brasília, D.F., n. 19, fev. 1995, p.130-146.

MACKENZIE, Norman. Breve história do Socialismo. Rio de Janeiro: Zahar, 1967.

MAHAIM, Esnest. El derecho internacional del trabajo. Revista Internacional del Trabajo, vol.115, n.3-4,1996, p.312-316.

MANNRICH, Nelson. A Modernização do Contrato de Trabalho. São Paulo: LTr, 1998.

MARCHAND, Daniel. Rivalité entre normes européennes et normes internationales du travail. 7/8 Droit Social, juillet/-août. Paris: Editecom, 1993, p.702-706.

MARCOS- SANCHES, José: "Negociación colectiva y código de conducta: diagnóstico e propuestas para los sindicatos de Nestlé en América latina", 2000.

MARQUES, Cláudia Lima. Contratos Bancários em tempos Pós-modernos. Revista da Faculdade de Direito da UFRGS, V15, p.33-53, 1998.

MARSHALL, T.H. Cidadania, classe social e status. Rio de Janeiro: Zahar Editores, 1967.

MARX, Karl. A questão judaica. São Paulo: Centauro, 2000.

——. Manifesto do Partido Comunista. 10ª ed. Vozes: 2000.

——; ENGELS, Friedrich. A ideologia alemã (Feurbach).6ª ed. São Paulo: Editora Hucitec, 1987.

MATTIOLI, Maria Cristina. Cláusula social nos acordos de comércio internacional: necessidade de inserção. Tese apresentada na Pontifícia Universidade Católica de São Paulo, março de 2002.

MAUPAIN, Francis. L'OIT, La justice sociale et la mondialisation. London: Martinus Nijhoff Publishers, 2000, p.387-396.

——. Mondialisation de l'économie et universalité de la protection des droits des travailleurs. (Paper da Conferência, 26 ou 27 de julho de 2000, Strasbourg)

MONTOYA MELGAR, Alfredo; GALIANA MORMO, Jesus Maria; SEMPERE NAVARRO, Antonio V. Derecho Social Europeo. Madrid: Editorial Tecnos, 1994, p. 31.

MORELLET, Jean. Un type original de Traités: Les Conventions Internationales du Travail. Revue critique de droit international privé (janvier-mars, n. 1), 1938, p. 20.

MURRAY, Jill. Corporate Codes of Conduct and Labour Standards. ln: KILOF, Robert (edit). Mastering challenge of globalization: Towards a trade union agenda. Geneva:ILO, p. 47-115. 1997.

NORRIS, Roberto. Contratos Coletivos Supranacionais de trabalho e a Internacionalização das Relações Laborais do MERCOSUL. São Paulo: LTr, 1998, p. 30.

NYERERE, Julius K. Are universal social standards possible? In Development In Practice. Oxford: Oxfam. Vol. 9, n. 5, novembro, p. 583-587, 1999.

OCDE. Child labour and economic development. Documento DEELSA/ELSA 200213, de 30 de outubro de 2002.

OCDE: International Trade and Core Labour Standards. Paris: 2000.

OIT: Trabajo Decente. Memoria del director general. Oficina Internacional del Trabajo. Ginebra.

OIT: Las normas internacionales del trabajo. Manual de educación obrera. Oficina Internacional del trabajo. 4ª ed. Ginebra, 1998

OIT: Manual para la defensa de la liberdad Sindical. Ginebra, ACTRAV 1999.

OIT: Informe de la Comisión de Expertos en aplicación de Convenções y Recomendaciones. Informe III, parte 1A,2001.

OIT: La OIT y Bretton Woods: Una visón comum? Perspectivas. Revista Internacional del Trabajo.n. 113, 1994, p. 789-805.

OIT: Las normas internacionales del trabajo. Manual de educación obrera. Oficina Internacional del trabajo. 4ª Ed. Ginebra, 1998

OIT: Las normas internacionales del trabajo: Un enfoque global: Ginebra, 2002.

OIT: Manual de Procedimentos em matéria de Convenções e Recomendações Internacionais do Trabalho. Brasília, 1993.

OIT: Oficina Internacional de empleadores. Codigos de Conduta. Posicion de la Organización Internacional de Empleadores. Ginebra, 1999.

OKOGWU, Chike. Labour Standards across countries with different levels of development. In International labour standards and economic interdependence: Essays in commemoration of the 75th anniversary if the International Labour Organization and the 50th anniversary of Declaration of Fhiladelphia. International Labour Organization (International Institute for Labour Studies). Geneva, 1994, p. 145-157.

OLEA, Manuel Alonso. Introdução ao Direito do Trabalho. Curitiba: Gênesis, 1994.

ORTIZ AHLF, Loretta, VAZQUEZ PANDO, Fernando A., DIAZ, Luis Miguel. Aspectos jurídicos del tratado de libre comercio de América del Norte y sus acuerdos paralelos. 2ª ed. México: Editorial Themis, 1998.

PASTORE, José. A cláusula social e o comércio internacional. Brasília: Edição CNI, 1997,

PERONE, Giancarlo. Liniamenti di diritto del lavoro: Evoluzione e partizione della materia: tipologie lavorative e fonti. Torino: G. Giappichelli Editore,1999.

PERULLI, Adalberto. Diritto del lavoro e Globalizzazione: clausole sociali, codici di condutta e commercio internazionale. Padova: CEDAM, 1999.

PESO y CALVO, Carlos. Regulacion Internacional del derecho del trabajo. Barcelona: Bosch Editorial, 1958, p. 117-144.

PINILLA, Ignacio Ara. Las Transformaciones de los Derechos Humanos. Madrid: Editorial Tecnos, 1994, p. 38.

PIOVESAN, Flávia. Direitos Humanos e Globalização." In" SUNDFELD, Carlos Ari; VIEIRA, Oscar Vilhena.(coord)Direito Global. São Paulo: Max Limonad, 1999, p. 195-208.

——. Direitos Humanos e o Direito Constitucional Internacional. 5ª ed. São Paulo: Max Limonad, 2002, p.123.

PLÁ RODRIGUEZ, Américo. Princípios de Direito do Trabalho. 3ª ed. São Paulo: LTr, 2000, p. 123.

POCHMANN, Marcio. O emprego na globalização.São Paulo: Boitempo Editorial, 2001, p.92-109.

PRADO, Luiz Carlos Delorme. MERCOSUL como opção estratégica de integração: notas sobre a teoria da integração e estratégias de desenvolvimento. In ENSAIOS FEE (Fundação de Economia e Estatística): Trabalho, Emprego e Desemprego., Porto Alegre: Ano 18, n. 1, p. 287, 1997.

QUADROS, Fausto de; GONÇALVES PEREIRA, André. Manual de Direito Internacional Público. 3ª ed. Coimbra: Almedina, 1997, p. 555.

QUINTANA, Fernando. La ONU y la exégesis de los derechos humanos. Porto Alegre: Sergio Fabris Editor, 1999.

RACCIATTI, Octavio Carlos. El tratado Internacional como Fuente del Derecho del Trabajo. "in"Grupo de lo miércoles: treinta y seis estudios sobre las fontes del derecho del trabajo. Montevideo: FCU- Fundación de cultura universitaria,1995, p.179-180.

RALWS, John. Liberalismo Político. México: Fondo de Cultura Económica, 1995, p. 19.

RATNER, Steven R. Corporations and humam rights: a theory of legal responsability. Yale Law Journal, December, 2001, p. 452 – 518.

RAWLS, John. O direito dos povos. São Paulo: Martins Fontes, 2001.

RAYNAULD, André; VIDAL, Jean- Pierre. Labour Standards And International Competitiveness: a comparative analysis of developing and industrialized countries. Northampton: Edward Elgar Publishing, Inc., 1998.

REUTER, Paul. Introdución al derecho de los Tratados. México: Fondo de Cultura Económica, 1999, p. 173.

REYNALD, Adolfo Ciudad. Las Normas laborales Y el Proceso de Integración en las Americas. Oficina Internacional del Trabajo, 2001, p.85-92.

RICUPERO, Rubens. The world Trading System: Seattle and Beyond. in SCHOTT, Jeffrey (org). The WTO after Seattle. Washington: Institute For International Economics, 2000.

ROCKEFELLER JR., John D. L'esprit de collaboration dans l'industrie, artigo publicado na Revue internationale du Travail, vol. 2 (1921), n. 1 (avril) reproduzida em 135(3-4) Revue internationale du Travail, 1996, p. 319-332

RODRIK, Dani. Has globalization gone too far? Washington: Institute For International Economics, 1995.

ROIG, Maria José Añón. Necesidades y derechos: un ensaio de fundamentación. Madrid: Centro de Estudios Constitucionales, 1994.

ROLLO, Jim and WINTERS, Alan L. Subsidiarity and Governance Challenges for the WTO: environmental and labour standards. In The World Economy Journal. Oxford: Book Review Editor.Vol. 23,n.4, april, 2000, p.561-575.

ROOZENDAAL, Gerarda. Social challenges to trade: Trade Unions and debate on international labour. (Academisch Proefschrift) Amsterdam: Universiteit van Amsterdam: 2001.

ROSANVALLON, Pierre. A crise do Estado – providência. Brasília: UNB, 1997.

ROTH, André Nöel. O direito em crise: fim do Estado Moderno. Faria, José eduardo.(org) Direito e globalização econômica: implicações e perspectivas. São Paulo: Malheiros, 1988.

RUBIO, IgnacioA.Donoso. Economic Limits on International Regulation: a case study of ILO standard-setting. Queen's Law Journal. Fall, 1998, n.189 p.190-236.

RUSSONAMO, Mozart Victor. Curso de Direito do Trabalho. Curitiba: Juruá, 2001.

VAN DIJCK, Pitou; FABER, Gerrit. Challenges to the new word trade organization. Camdridge: Kluwer Law International, 1996.

SAMSON, Klaus. The protection of economic and social rights within the framework of the International Labour Organisation dans The Implementation of Economic and Social Rights: National, International and Comparative Aspects, Vol. 3, Strasbourg/Arlington: Publications of the Austrian Human Rights Institute, 1994, p.136-137.

SARDEGNA, Miguel Angel. Consideraçoes sobre a Teoria do "Direito do Trabalho Mínimo". Encarte da revista "In verbis" do Instituto dos Magistrados do Brasil, n. 20, ano 4, Brasília: 2000.

SARLET, Ingo Wolfgang. A dignidade da pessoa humana e direitos fundamentais. Porto Alegre: Livraria do Advogado, 2001.

SCHUTTE, Giorgio Romano; PORTELlA DE CASTRO, Maria Sílvia; JACOBSEN, Kjeld Aagaard. O sindicalismo na Europa, Mercosul e Nafta. São Paulo: LTr, 2000.

SCHWARTZMAN, Simon. O trabalho infantil no Brasil. Brasília: OIT, 2001.

SEN, Amartya. Desenvolvimento como liberdade. São Paulo: Cia das Letras, 1999.

——. Sobre ética e economia. São Paulo : Companhia das Letras, 1999.

——. Work and rights. International Labour Review. v. 139. Geneva, 2000, p. 119-128.

SEPÚLVEDA, César. El derecho de gentes y la organización internacional en los umbrales del siglo XXI. Cidade del México: UNAM e Fondo de Cultura Econômica, 1995.

SERVAIS, Jean-Michel. Elementos de Direito Internacional Comparado do Trabalho. São Paulo: LTr, 2001.

SERVAIS, Jean-Michel. La clausula social en los tratados de comercio: ¿Pretensión ilusória o instrumento de progreso social? Revista Internacional del Trabajo, v.108,n.3, 1989, p.289-299.

SHOTWELL, James T. The Origins of the International Labor Organization, vol. 1. New York: Columbia University, 1934.

SINGER, Paul. Aprender economia. São Paulo: Ed. Contexto, 2000.

SOARES, Guido Fernando Silva. Curso de Direito Internacional Público. São Paulo: Atlas, 2002.

SOHN, Louis B. The Contribution of the International Labor Organization to the Development of the Concept of Economic, Social and Cultural Rights dans Mélanges en l'honneur de Nicolas Valticos: Droit et justice. Paris: Pedone, 1999..

SOMAVIA, Juan. Informe de la Comisión de Expertos CIT 2001, Oficina Internacional del Trabajo. Ginebra, 2001.

SORIANO, Ramón. Valores Jurídicos y derechos Fundamentales. Sevilla: Editorial Mad, 1999, p. 133.

SOUSA SANTOS, Boaventura (org). A globalização e as ciências sociais. São Paulo: Cortez, 2002.

STEINER, Henry; ALSTON, Philip. International Human Rights in Context: Law, politics, morals. 2ª ed. New York: Oxford University Press, 2000.

SÜSSEKIND, Arnaldo. Direito Internacional do Trabalho. 3ª ed. São Paulo: LTr:, 2000.

——. Convenções da OIT. 2ª ed. São Paulo: Ltr, 1998.

——. Curso de Direito Constitucional, São Paulo: Malheiros, 1997.

——. Influencia de las normas de la OIT en el Brasil. Revista Internacional del Trabajo, v. 103., n. 3, 1984, p. 341-357.

SWEPSTON, Lee. Desarrollo de las normas sobre derechos humanos y libertad sindical mediante el control de la OIT. Revista Internacional del Trabajo (Número especial), vol. 137, 1998, p. 189-215.

TAYLOR, Charles. Multiculturalismo.Lisboa: Instituto Piaget, 1994.

TAYLOR, C. O'Neal. Linkage and rule-making: Observations on Trade and investments and trade and labour. Journal of International Economic Law, v. 19, p. 639-678, 1998.

THOMAS, Albert, L'Organisation internationale du Travail. Origine – Développement -Avenir, artigo publicado na Revue internationale du Travail, vol. 1 (1921), n. 1 (jan.) reproduzida em n.135(3-4) Revue internationale du Travail, 1996, p. 283-299.

THOMPSON, Grahame e HIRST. Paul. Globalização em questão. 2ª ed. Petrópolis: Vozes, 1998.

THORSTENSEN, Vera. OMC – As regras do comércio internacional e a rodada do milênio. São Paulo: Aduaneiras, 1999.

TRINDADE, José Damião de Lima. História Social dos Direitos Humanos. São Paulo: Petrópolis, 2002.

TSOGAS, George. Labour standards in international trade agreement: an assessment of the arguments. International Journal of human resource management, vol. 10, n. 2, abril 1999, p.351-375.

URIARTE, Oscar Ermida. Características, conteúdo e eficácia de uma eventual Carta Social do Mercosul "in" Direito Constitucional do Trabalho. Vol.II. Coord. Aluísio Rodrigues. São Paulo: LTr, 1997.

——. Globalizaciòn Y Relaciones Laborales. Revista de Derecho da Universidad Católica del Norte- Campus Guayacán- Santiago: 2000, p.137-152 URIARTE, Oscar Ermida. Globalizaciòn Y Relaciones Laborales. Revista de Derecho da Universidad Católica del Norte- Campus Guayacán. Santiago: 2000, p.137-152.

URIARTE, Oscar Ermida. La declaracion sociolaboral del Mercosur y su aplicabilidad judicial. Revista de Direito do Trabalho. São Paulo: RT, 2000.

VALTICOS, Nicolas "L'OIT et le droit international" dans 75e Anniversaire du Bureau International du Travail, Revue française des Affaires sociales, Novembre 1994, p. 81-91.

——. Nature et portée juridique de la ratification des conventions internationales du travail dans Y. Dinstein, éd., International Law at a Time of Perplexity. Dordrecht: Kluwer, 1989.

——. Cincuenta años de actividades normativas de la OIT. Revista Internacional del Trabajo, vol. 115. Genebra: 1996, 443 -453.

——. Normas internacionales del trabajo y derechos humanos: como estamos en vísperas del año 2000? Revista Internacional del Trabajo, Ginebra: vol.117, n ° 2, p. 153-166.

——; ROSSILLION, C. Organisation Internationale du Travail. Encyclopedie Dalloz, out., 1988, p. 1-8.

——; VON POTOBSKY, Geraldo. International Labour Law.2ª ed. Boston: Kluwer law and Taxation publishers, 1995.

VIGORITA, Luciano (org.) *et alii*. Qualità totale e diritto del lavoro. Milano: Giuffrè, 1997.

VILLEY, Michel. Estudios en torno a la nocion de derecho subjetivo. Santiago, 1976.

VIRALLY, Michel. El devenir del derecho internacional. México: Fondo de Cultura Economica, 1998.

VON POTOBSKI, Geraldo. Los convenios de la OIT: ¿Una nueva dimension en el orden juridico interno? "in" Evolución del pensamiento juslaboralista. Estudios en homenaje al Prof. Héctor-Hugo Barbagelata. Montevidéo: Fundación Cultura Universitária, 1997, p. 577 – 597.

VON POTOBSKY, Geraldo; BARTOLOMEI DE LA CRUZ, Héctor. La Organización Internacional del Trabajo. Buenos Aires: Astrea, 1990.

WAER, Paul. Social Clauses in International Trade – the Debate in the European Union. Journal of World Trade , n. 30, 1996, p.25-42.

WALZER, Michael. Da tolerância. São Paulo: Martins Fontes, 1999

WEBER, Max. Economia y sociedad. México: Fondo de Cultura Económica, 1992.

WEIL, Prosper. Cours géneral de droit international public. In Recueil des cours of the hague academy of international law. London: Martinus Nifhoff Publishers, 1992, p. 227-247.

WEISS, Friedl. International Economic Law with a Human Face. London: Kluer Law International, 1998.

ZARCONE, Fabrizio. La economía política del neoproteccionismo. (Tesis doctoral). Barcelona: Universidad de Barcelona, 1999.

ZARRAS , Jean Le contrôle de l'application des Conventions internationales du Travail, Paris, Recueil Sirey, 1937, p. 286-332.

Sites visitados:

www.anamatra.org.br, capturadas em 08/11/02.

http://www.citinv.it/associazioni/CNMS/a..one_SA8000.html

http://europa.eu.int/comm/employment_social/soc-dial/csr/greenpaper.htm

http://www.ibge.gov.br/

http://www.ilo.org/public/english/standards/relm/gb/refs/gbguide.htm#SDG
http://www.ilo.org/public/portugue/region/ampro/brasilia/inst/struct/comit/index.htm
http://www.ilo.org.
http://www.ilo.org/public/english/dialogue/infocus/about.htm
http://oitamericas99.org.pe/spanish/conclus/text_por.shtml XIV Reunião Regional Americana Limal-Perú, del 24 al 27 de agosto, 1999.
http://www.forumsocialmundial.org.br/portugues/biblioteca/textos/ Noam Chomsky
http://www.ibge.gov.br
http://www.oit.org.pe/ipec/tid/docs/sum_exe_tid_brasil.doc
http://www.revistadelsur.org.uy/
www.codesofconduct.org

Documentos da OIT e outras organizações internacionais

GB 261/WP/SLD/1/ Genebra, novembro de 1994.
Documento da OMC WT/GC/W 283, de 5 de novembro de 99
Documento OIT GB277/WP/SDL/2/ add1.
GB 280/wp/sdg/1, de março de 2001
Conselho de Administração, 27ª Reunião (2000), documentos GB.279/6/1 (Ver.1), GB 279/ 6/1 (Add.3) e GB. 279/6/2
GB277/WP/SDL/2, de março de 2000.
GB.277/ESP/4, março de 2000.
Conferência Internacional do Trabalho, 87ª Reunião, 1999. Informe de la Comisió de Expertos en Aplicación de Convenios Y Recomendaciones (Informe III (Parte 4A)).
Documento da OIT: GB.264/16/7
Documento do Conselho Econômico e Social das Nações Unidas E/CN.4/Sub.2/ 2000/13, de 15/06/2000
Documento GB.280/WP/SDG/1 baseado no Informe del Empleo en el Mundo 2001 da OIT.
Documento GB.280/ESP/4/1 (http://www.ilo.org/public/english/realm/ilc87/rep-i.htm)
OIT, doc. GB 280/wp/sdg/1, de março de 2001.

Anexo - Declaração da OIT

DECLARAÇÃO DA OIT SOBRE OS PRINCÍPIOS E DIREITOS FUNDAMENTAIS NO TRABALHO

Considerando que a criação da OIT procede da convicção de que a justiça social é essencial para garantir uma paz universal e permanente;

Considerando que o crescimento econômico é essencial, mas insuficiente, para assegurar a eqüidade, o progresso social e a erradicação da pobreza, o que confirma a necessidade de que a OIT promova políticas sociais sólidas, a justiça e instituições democráticas;

Considerando, portanto, que a OIT deve hoje, mais do que nunca, mobilizar o conjunto de seus meios de ação normativa, de cooperação técnica e de investigação em todos os âmbitos de sua competência, e em particular no âmbito do emprego, a formação profissional e as condições de trabalho, a fim de que no âmbito de uma estratégia global de desenvolvimento econômico e social, as políticas econômicas e sociais se reforcem mutuamente com vistas à criação de um desenvolvimento sustentável de ampla base;

Considerando que a OIT deveria prestar especial atenção aos problemas de pessoas com necessidades sociais especiais, em particular os desempregados e os trabalhadores migrantes, mobilizar e estimular os esforços nacionais, regionais e internacionais encaminhados à solução de seus problemas, e promover políticas eficazes destinadas à criação de emprego;

Considerando que, com o objetivo de manter o vínculo entre progresso social e crescimento econômico, a garantia dos princípios e direitos fundamentais no trabalho reveste uma importância e um significado especiais ao assegurar aos próprios interessados a possibilidade de reivindicar livremente e em igualdade de oportunidades uma participação justa nas riquezas a cuja criação têm contribuído, assim como a de desenvolver plenamente seu potencial humano;

Considerando que a OIT é a organização internacional com mandato constitucional e o órgão competente para estabelecer Normas Internacionais do Trabalho e ocupar-se das mesmas, e que goza de apoio e reconhecimento universais na promoção dos direitos fundamentais no trabalho como expressão de seus princípios constitucionais;

Considerando que numa situação de crescente interdependência econômica urge reafirmar a permanência dos princípios e direitos fundamentais inscritos na Constituição da Organização, assim como promover sua aplicação universal;

A Conferência Internacional do Trabalho,

1. Lembra:

a) que no momento de incorporar-se livremente à OIT, todos os Membros aceitaram os princípios e direitos enunciados em sua Constituição e na Declaração de Filadélfia, e se comprometeram a esforçar-se por alcançar os objetivos gerais da Organização na medida de suas possibilidades e atendendo a suas condições específicas;

b) que esses princípios e direitos têm sido expressados e desenvolvidos sob a forma de direitos e obrigações específicos em convenções que foram reconhecidas como fundamentais dentro e fora da Organização.

2. Declara que todos os Membros, ainda que não tenham ratificado as convenções aludidas, têm um compromisso derivado do fato de pertencer à Organização de respeitar, promover e tornar realidade, de boa fé e de conformidade com a Constituição, os princípios relativos aos direitos fundamentais que são objeto dessas convenções, isto é:

a) a liberdade sindical e o reconhecimento efetivo do direito de negociação coletiva;

b) a eliminação de todas as formas de trabalho forçado ou obrigatório;

c) a abolição efetiva do trabalho infantil; e

d) a eliminação da discriminação em matéria de emprego e ocupação.

3. Reconhece a obrigação da Organização de ajudar a seus Membros, em resposta às necessidades que tenham sido estabelecidas e expressadas, a alcançar esses objetivos fazendo pleno uso de seus recursos constitucionais, de funcionamento e orçamentários, incluída a mobilização de recursos e apoio externos, assim como estimulando a outras organizações internacionais com as quais a OIT tenha estabelecido relações, de conformidade com o artigo 12 de sua Constituição, a apoiar esses esforços:

a) oferecendo cooperação técnica e serviços de assessoramento destinados a promover a ratificação e aplicação das convenções fundamentais;

b) assistindo aos Membros que ainda não estão em condições de ratificar todas ou algumas dessas convenções em seus esforços por respeitar, promover e tornar realidade os princípios relativos aos direitos fundamentais que são objeto dessas convenções; e

c) ajudando aos Membros em seus esforços por criar um meio ambiente favorável de desenvolvimento econômico e social.

4. Decide que, para tornar plenamente efetiva a presente Declaração, implementarse-á um seguimento promocional, que seja crível e eficaz, de acordo com as modalidades que se estabelecem no anexo que será considerado parte integrante da Declaração.

5. Sublinha que as normas do trabalho não deveriam utilizar-se com fins comerciais protecionistas e que nada na presente Declaração e seu seguimento poderá invocar-se nem utilizar-se de outro modo com esses fins; ademais, não deveria de modo algum colocar-se em questão a vantagem comparativa de qualquer país sobre a base da presente Declaração e seu seguimento.

ANEXO
SEGUIMENTO DA DECLARAÇÃO

I. Objetivo Geral

1. O objetivo do seguimento descrito a seguir é estimular os esforços desenvolvidos pelos Membros da Organização com o objetivo de promover os princípios e direitos fundamentais consagrados na Constituição da OIT e a Declaração de Filadélfia, que a Declaração reitera.

2. De conformidade com este objetivo estritamente promocional, o presente seguimento deverá contribuir a identificar os âmbitos em que a assistência da Organização, por meio de suas atividades de cooperação técnica, possa resultar útil a seus Membros com o fim de ajudá-los a tornar efetivos esses princípios e direitos fundamentais. Não poderá substituir os mecanismos de controle estabelecidos nem obstar seu funcionamento; por conseguinte, as situações particulares próprias ao âmbito desses mecanismos não poderão discutir-se ou rediscutir-se no âmbito do referido seguimento.

3. Os dois aspectos do presente seguimento, descritos a seguir, recorrerão aos procedimentos existentes; o seguimento anual relativo às convenções não ratificadas somente suporá certos ajustes às atuais modalidades de aplicação do artículo 19,

§ 5º, e) da Constituição, e o relatório global permitirá otimizar os resultados dos procedimentos realizados em cumprimento da Constituição.

II. Seguimento Anual Relativo Às Convenções Fundamentais Não Ratificadas

A. Objeto e âmbito de aplicação

1. Seu objetivo é proporcionar uma oportunidade de seguir a cada ano, mediante um procedimento simplificado que substituirá o procedimento quadrienal introduzido em 1995 pelo Conselho de Administração, os esforços desenvolvidos de acordo com a Declaração pelos

Membros que não ratificaram ainda todas as convenções fundamentais.

2. O seguimento abrangerá a cada ano as quatro áreas de princípios e direitos fundamentais enumerados na Declaração.

B. Modalidades

1. O seguimento terá como base relatórios solicitados aos Membros em virtude do artigo 19, § 5º, e) da Constituição. Os formulários de memória serão estabelecidos com a finalidade de obter dos governos que não tiverem ratificado alguma das convenções fundamentais, informação sobre as mudanças que ocorreram em sua legislação e sua prática, considerando o artigo 23 da Constituição e a prática estabelecida.

2. Esses relatórios, recopilados pela Repartição, serão examinadas pelo Conselho de Administração.

3. Com o fim de preparar uma introdução à compilação dos relatórios assim estabelecida, que permita chamar a atenção sobre os aspectos que mereçam em seu caso uma discussão mais detalhada, a Repartição poderá recorrer a um grupo de peritos nomeados com este fim pelo Conselho de Administração.

4. Deverá ajustar-se o procedimento em vigor do Conselho de Administração para que os Membros que não estejam nele representados possam proporcionar, da maneira mais adequada, os esclarecimentos que no seguimento de suas discussões possam resultar necessárias ou úteis para completar a informação contida em suas memórias.

III. Relatório Global

A. Objeto e âmbito de aplicação

1. O objeto deste relatório é facilitar uma imagem global e dinâmica de cada uma das categorias de princípios e direitos fundamentais observada no período quadrienal anterior, servir de base à avaliação da eficácia da assistência prestada pela Organização e estabelecer as prioridades para o período seguinte mediante programas de ação em matéria de cooperação técnica destinados a mobilizar os recursos internos e externos necessários a respeito.

2. O relatório tratará sucessivamente cada ano de uma das quatro categorias de princípios e direitos fundamentais.

B. Modalidades

1. O relatório será elaborado sob a responsabilidade do Diretor-Geral sobre a base de informações oficiais ou reunidas e avaliadas de

acordo com os procedimentos estabelecidos. Em relação aos países que ainda não ratificaram as convenções fundamentais, referidas informações terão como fundamento, em particular, no resultado do seguimento anual antes mencionado. No caso dos Membros que tenham ratificado as convenções correspondentes, estas informações terão como base, em particular, os relatórios (memórias) tal como são apresentados e tratados em virtude do artículo 22 da Constituição.

2. Este relatório será apresentado à Conferência como um relatório do Diretor-Geral para ser objeto de uma discussão tripartite. A Conferência poderá tratá-lo de um modo distinto do inicialmente previsto para os relatórios aos que se refere o artigo 12 de seu Regulamento, e poderá fazê-lo numa sessão separada dedicada exclusivamente a esse informe ou de qualquer outro modo apropriado. Posteriormente, corresponderá ao Conselho de Administração, durante uma de suas reuniões subseqüentes mais próximas, tirar as conclusões de referido debate no relativo às prioridades e aos programas de ação em matéria de cooperação técnica que deva implementar durante o período quadrienal correspondente.

IV. Fica Entendido Que:

1. O Conselho de Administração e a Conferência deverão examinar as emendas que resultem necessárias a seus regulamentos respectivos para executar as disposições anteriores.

2. A Conferência deverá, em determinado momento, reexaminar o funcionamento do presente seguimento considerando a experiência adquirida, com a finalidade de comprovar si este mecanismo está ajustado convenientemente ao objetivo enunciado na Parte I.

3. O texto anterior é o texto da Declaração da OIT relativa aos princípios e direitos fundamentais no trabalho e seu seguimento devidamente adotada pela Conferência Geral da Organização Internacional do Trabalho durante a Octogésima sexta reunião, realizada em Genebra e cujo encerramento foi declarado em 18 de junho de 1998.

É FÉ DO QUAL foi assinado neste décimo nono dia de junho de 1998.

Presidente da Conferência
JEAN-JACQUES OECHSLIN

O Diretor Geral da Oficina Internacional do Trabalho
MICHEL HANSENNE

Gráfica
METRÓPOLE

www.graficametropole.com.br
comercial@graficametropole.com.br
tel./fax + 55 (51) 3318.6355